速卖通爆款攻略

地衣 修行 ◎ 著

中国海关出版社有限公司
·北京·

图书在版编目（CIP）数据

速卖通爆款攻略/地衣，修行著 .—北京：中国海关出版社有限公司，2021.8
ISBN 978-7-5175-0515-0

Ⅰ.①速… Ⅱ.①地…②修… Ⅲ.①电子商务—商业经营 Ⅳ.① F713.365.2

中国版本图书馆 CIP 数据核字（2021）第 179201 号

速卖通爆款攻略
SUMAITONG BAOKUAN GONGLUE

作　　者：地　衣　修　行	
选题策划：韦英平	
责任编辑：刘　婧	
社　　址：北京市朝阳区东四环南路甲 1 号	邮政编码：100023
网　　址：www.hgcbs.com.cn	
编 辑 部：01065194242-7544（电话）	
发 行 部：01065194221/4238/4246/5127（电话）	
社办书店：01065195616（电话）	
https://weidian.com/?userid=319526934（网址）	
印　　刷：北京圣艺佳彩色印刷有限责任公司	经　销：新华书店
开　　本：710mm×1000mm　1/16	
印　　张：20.75	字　数：319 千字
版　　次：2021 年 8 月第 1 版	
印　　次：2021 年 8 月第 1 次印刷	
书　　号：ISBN 978-7-5175-0515-0	
定　　价：68.00 元	

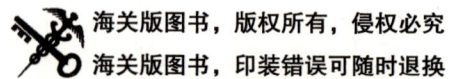
海关版图书，版权所有，侵权必究
海关版图书，印装错误可随时退换

做任何事情，从"0"到"1"这一步都是特别困难的，正所谓"万事开头难"，做跨境电商亦是如此。我认为，本书可以帮助速卖通新手卖家从"0"轻松地跨越到"1"。

从我自身经验来说，在开发一款软件前，首先要进行市场调研、用户需求分析及可行性研究，看我们的产品是否能真正帮助用户解决问题并提高运营效率。做完上述系统分析后，再以用户体验优先为基本原则进行立项研发。

本书的逻辑思维与我不谋而合，先借助大数据进行分析，得出要点，然后在保证品"质"的同时，大"量"上传产品信息，以达到快速抢占市场份额的目的。有很多速卖通卖家缺少前半部分大数据分析的环节，不注重"质"只注重"量"，按照自己的想法上传大量的产品，结果订单寥寥无几。在当下的大数据时代，卖家需要根据市场数据选择产品，大数据所示趋势就像是风向标，缺少风向标是无法取得成功的。

这本书给我最大感受就是层次分明，速卖通新手卖家可以通过此书清楚明白每一步应该做什么。本书将理论与实践相结合，旨在帮助速卖通新手卖家少走弯路，更好地在速卖通之路上前行。在我看来，重视基础营销规律与方法，脚踏实地，这是本书与其他速卖通类图书最大的不同。

本书的四个章节完美给出了从速卖通入门至速卖通精通运营的理念和方法。第一章是"入门",旨在缓解新手卖家想做速卖通,但怕做不好的尴尬,让其快速了解速卖通的整个市场,掌握开店的注意事项等。第二章重在"产品",希冀为速卖通新手卖家提供指路明灯,借助市场分析,进行选品,让新手卖家了解店铺前期工作内容,为提升店铺打下扎实的基础。第三章看"打造",做好产品的基本功后,进行店铺运营方向规划,打造单品潜力款,集中"火力"打造店铺引流款。第四章为"选修",进一步巩固成型的店铺,并对速卖通的未来进行展望。

　　本书为各个运营层次的速卖通卖家提供参考,让不同运营能力的卖家不再迷茫,明确店铺的运营思路。我强烈推荐各位读者认真学习《速卖通爆款攻略》,并将其运用到操作中。

武国鸿[1]

2021 年 6 月

---

[1] 武国鸿,店小宝(www.dianxiaobao.net)首席运营官(COO)。

前言

经常有朋友问笔者，现在跨境电商是不是和国内电商一样，竞争非常激烈，中小卖家没什么机会了？笔者的答案是，跨境电商才刚刚开始，2021年是跨境电商蓬勃发展的一年，也是全球进入互联网购物时代奠定基础的一年，为什么这样讲？大家还记得国内电商是什么时候正式开始的吗？答案是2003年。而速卖通始于2010年，从时间上看，速卖通不仅是海外淘金的风口，还是未来贸易出口的利好平台。

速卖通是阿里巴巴旗下跨境零售市场平台，近年来，淘宝大学与速卖通大学合并，吸引了大量国内卖家加入。但淘宝卖家使用"淘系"方法运营速卖通显然是行不通的，在速卖通"淘金"时会遇到种种困难。

在接触了许多速卖通新手卖家后，笔者发现了一些共同点。大部分新手卖家喜欢按照自己的想法选品、定价，而国内、国外买家的喜好存在差异，国外买家对一些选品"不买账"，导致店铺运营几个月，订单却寥寥无几。新手卖家往往比较欠缺知识产权方面的知识，导致店铺侵权，产品被投诉，触犯平台"红线"，使店铺降权，严重者资金受损，耽误店铺前三个月的最佳运营期。

基于以上情况，笔者特编写此书，从了解速卖通平台开始，带领新手卖家快速开通速卖通店铺，介绍如何利用数据分析进行布局、定价、选品，打造产品信息标题、运费模板、自主营销活动，上传产品信息，以及进行产品测款，再到上传产品信息后需要做的产品诊断优化、关联营销、制作精品详情图，直通车、联盟营销等，尽自己所能，毫无保留地将经验分享给速卖通卖家，希望能帮助卖家少走弯路，避免"踩坑"。

希望本书能为想要进入速卖通或者已经进行运营的速卖通卖家提供实用技巧和方法，可以帮助以下三类卖家。第一类是刚刚接触速卖通的新手卖家或对速卖通感兴趣的朋友，通过阅读本书，快速了解速卖通平台。第二类是刚开速卖通店铺的新手卖家，奠定产品基础。第三类是有一定基础的卖家，进一步使店铺规范化。

本书采用图文结合的方式，常以生活中熟悉方式为例，让读者更加轻松快速地学习相关知识与技能。速卖通后台页面以后可能会更新，与书中截图存在差异，但是运营的思维方式大同小异，希望读者能够"悟得"精髓。

最后，特别感谢知易商学院的长空、九幽等各位老师，在编写本书过程中为本书提供思路与方向。

虽然作者和编辑已细致编写和审校，但本书恐仍有不足之处，还望读者批评指正。读者若需要本书中提及的相关资料，可联系笔者获取。

地衣　修行
2021 年 6 月

目录

第一章 速卖通新手卖家入门攻略 ……001

第一节 初识速卖通 ……003

第二节 速卖通开店指南 ……006

第三节 速卖通后台功能介绍 ……022

第四节 速卖通发货流程及渠道对比 ……028

第五节 速卖通开店常见问题 ……031

第二章 打造速卖通"爆款"之产品攻略 ……037

第一节 店铺流量与结构布局 ……039

第二节 借助数据分析,锁定高潜力产品 ……054

第三节 选择合适物流,设置运费模板 ……065

第四节 多用关键词,打造爆款标题 ……098

第五节 巧妙设置有效店铺活动 ……116

第六节 重细节,高质量上传产品信息 ……129

第七节 运用测款,提升"爆款"概率 ……140

第三章 打造速卖通"爆款"之营销攻略 ……………………149

- 第一节 产品的深度关联技巧与设置 …………………………151
- 第二节 巧用橱窗推荐,达到产品收益最大化 ………………161
- 第三节 从细节入手诊断店铺,突破数据"瓶颈" ……………167
- 第四节 如何正确优化店铺 ……………………………………180
- 第五节 学习直通车推广策略,加速"爆款"打造 ……………185
- 第六节 做有"特色"的产品图片,抓住买家"痛点" …………239
- 第七节 营销型店铺装修技巧,引爆流量 ……………………260
- 第八节 多种平台活动参与方式与申请渠道 …………………276
- 第九节 巧用联盟营销,解锁流量极限 ………………………290

第四章 速卖通"进阶"攻略 ……………………………………299

- 第一节 速卖通客服的售前售后技巧 …………………………301
- 第二节 打败竞争对手的有效"姿势" …………………………307
- 第三节 速卖通运营趋势与展望 ………………………………314

第一章

速卖通新手卖家入门攻略

本章面向还没开店的卖家。很多人可能听到朋友或亲戚说跨境市场很好,速卖通前景光明,就也想开店,却不知所措,无从下手。希望大家认真看完本章后,对速卖通有一定的了解。

第一节　初识速卖通

一、速卖通是什么

速卖通，全名"全球速卖通"，英文名 AliExpress，是阿里巴巴面向国际市场打造的跨境电商平台，被广大卖家称为"国际版淘宝"，是阿里巴巴帮助中小企业把商品快速出口海外的 B2C 平台，实行小批量、多批次快速销售。

速卖通成立于 2010 年，经过十年的迅猛发展，买家范围已经遍及 220 多个国家和地区，覆盖服装服饰、3C 数码、家居、饰品、汽车摩托车配件、母婴玩具等共 30 个一级行业类目。其优势行业主要包括服装服饰、手机通信、鞋包、美容健康、珠宝手表、消费电子、电脑网络、家居、灯具等。

从 2010 年至 2020 年，速卖通已经运行了整整十年。从 2014 年开始，速卖通的市场成倍增长，笔者有幸见证着速卖通的成长。仅从开店门槛来说——从最开始不需要交保证金就可以开店，到后来需要交保证金才能开店，再到 2020 年需要交押金才可以开店，速卖通一直在不断发展中寻求突破。速卖通在不断地开发市场，从以前局限于俄罗斯、西班牙、美国，到现在的整个欧美市场，以及亚洲、非洲市场。

速卖通的物流服务商包括邮政、燕文，以及平台自有的无忧物流、菜鸟系列和一些其他商业物流，基本上在国内每一个省会城市都建有仓库。

二、速卖通与国内电商比较

1. 市场体量

截至2020年,全球人口约75亿人,中国人口约14亿人。国内电商主要针对中国买家,从市场体量来讲,做跨境电商的受众群体更大。

2. 人力开支

众所周知,想要做国内电商,美工、运营、打包、客服、采购缺一不可,缺乏精美图片和产品详细介绍很难出单。客服人员在与买家的沟通中忙碌不停。

而做速卖通的话,夫妻二人就可以很好地经营一家店铺。产品由于配有精美图片,极易出单,买家购买商品相对快速直接,可自主下单,能减少很大一部分人工成本。

3. 囤货风险

国内电商需要囤货,发货速度太慢会引起买家退货或者收到差评。如果囤货,必然存在一定的风险:产品一旦滞销,资金就会周转不开,但不囤货就没有价格方面的优势。虽然现在国内很多电商无货源依旧开店,但实际上很难做好。

对于速卖通而言,95%以上的卖家前期是不需要囤货的,因为在速卖通购买产品的买家,知道发货时间需要5~7天,运输时间需要15~30天,既然卖家有5~7天的备货时间,无须囤货也能做速卖通。所以可以在产品出单后,再让供应商一件代发;等商品热卖了,再少量囤货。这样既可以降低囤货风险,也可以减少资金压力。

4. 卖家情况

淘宝、天猫、京东、拼多多等主流国内电商平台门槛低、卖家多、竞争压力特别大,缺少团队、创新和价格优势的中小卖家基本上都充当"绿叶"的角色。而速卖通平台目前卖家较少,很多大卖家都是个人卖家。跨境电商是一个风口,未来3~5年也会迎来大批国内大卖家。

三、速卖通与其他跨境平台比较

与其他主流跨境平台如亚马逊、eBay、Wish 等相比，速卖通平台的优势在哪里呢？

笔者主要从佣金、市场覆盖情况、入驻难度、操作难度 4 个方面做一个对比，如表 1-1-1 所示。

表 1-1-1　速卖通与其他跨境平台对比

平台	佣金	市场覆盖情况	入驻难度	操作难度
亚马逊	15%	北美、欧洲、日本中高端市场	注册店铺需要 2~3 个月，且不一定能入驻成功	中英文操作后台
eBay[①]	9.15%	美国、欧洲中端市场	熟悉入驻流程，入驻店铺只需 1~5 天	纯英文操作后台
Wish	15%	以美国中低端市场为主	资料齐全，注册店铺需 5~30 天，且不一定能入驻成功	纯中文操作后台
速卖通	5%~8%	以全球中低端市场为主	资料齐全，注册店铺只需 15 个工作日，基本上能够入驻成功	纯中文操作后台

由上表可以看出，速卖通在佣金、市场覆盖情况及操作难度上都占有一定的优势。佣金少，就意味着在速卖通上售卖同样的产品，利润高一些；市场大，就意味着速卖通的订单可能会更多。速卖通作为阿里巴巴旗下的跨境电商平台，店铺操作更容易上手，运营方式更接近国内的电商平台模式，对于不会英文的国内卖家来说更加友好，便于上传产品信息、操作店铺。而其他平台的运营模式难度相对较大，卖家开通店铺 1 个月，很可能不会上传产品信息，并且平台的处罚也比速卖通更加严格；新手卖家很容易因为侵权，导致店铺封店。所以对国内新手卖家来说，做跨境电商，建议优先选择速卖通。

---

① 佣金收取比较复杂，大部分类目为 9.15%。

第二节　速卖通开店指南

一、速卖通店铺类型

速卖通店铺分为3种类型，分别是官方店、专卖店和专营店。不同的店铺类型，对应的账号、开通条件、账户权益等存在很大区别。了解店铺类型的区别，有助于卖家在开店时更好地掌握和理解相关技巧，使店铺运营得更加得心应手。

1. 官方店

官方店是指商家以自有品牌或者由权利人独占性授权（商标为®状态[①]）入驻速卖通开设的店铺，仅可申请经营一个品牌。

2. 专卖店

专卖店是指商家以自有品牌（商标为®或™状态），或者持他人品牌授权文件在速卖通开设的店铺，仅可申请经营一个品牌。

3. 专营店

专营店是指经营1个及以上他人或自有品牌（商品为®或™状态）商品的店铺，可申请经营多个品牌。

二、速卖通平台店铺比较

1. 店铺特点

（1）官方店特点：官方店要有自己的品牌。如果卖家有自己的工厂或

[①] "R标"用圆圈®表示，"TM标"用字母™表示，下同。

者自己的品牌产品,并且希望在速卖通平台进行品牌化运营,推广自有品牌或者扩大自有品牌在海外的影响力,可以选择运营官方店。

(2)专卖店特点:专卖店一般做代理。如果卖家仅拥有实力比较雄厚的品牌授权文件并成为其代理商,可以选择做专卖店。和官方店一样,专卖店只能做一个品牌的产品。

(3)专营店特点:专营店可以同时经营多个品牌,所经营的品牌可以自有,也可以由品牌商授权或品牌授权商授权,没有品牌经营数量的限制。相对于官方店和专卖店,专营店的经营更加自由、灵活。如果卖家仅在批发平台拿货出售,建议选择运营专营店。

2. 店铺选取

现实生活中,如果我们热衷于某个品牌,并且担心买到假货,一般都会选择去官方店或者专卖店购买。和线下实体店一样,线上的官方店和专卖店所出售的产品百分百是正品。比如我们要买一款新上市的苹果手机,通常首选"Apple Store 官方旗舰店",而不会随便到路边摊上去购买。

官方品牌店铺更容易通过速卖通的报名审核,同时速卖通对官方店还有一定的政策扶持。

(1)官方品牌店铺享有品牌搜索提示,如图 1-2-1 所示。

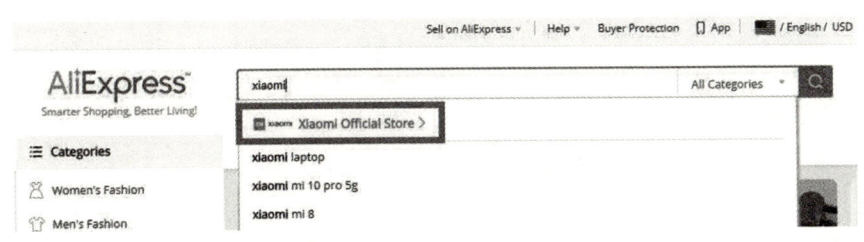

图 1-2-1 买家搜索页下拉框

(2)官方品牌店铺享有店招橱窗,如图 1-2-2 所示。

图 1-2-2 买家端品牌关键词搜索

（3）店铺装修和官方店铺专享品牌故事页装修页面，如图1-2-3、图1-2-4所示。

图1-2-3　店铺装修页面

图1-2-4　官方店铺专享品牌故事页装修页面

无论是官方店、专卖店还是专营店，都需要卖家具备一定的运营能力，才能真正将店铺运营好。

如果卖家刚接触速卖通，又没有自己的品牌，建议先选择专营店，准备好相关材料后，后期可以将专营店升级为官方店，如图1-2-5所示。

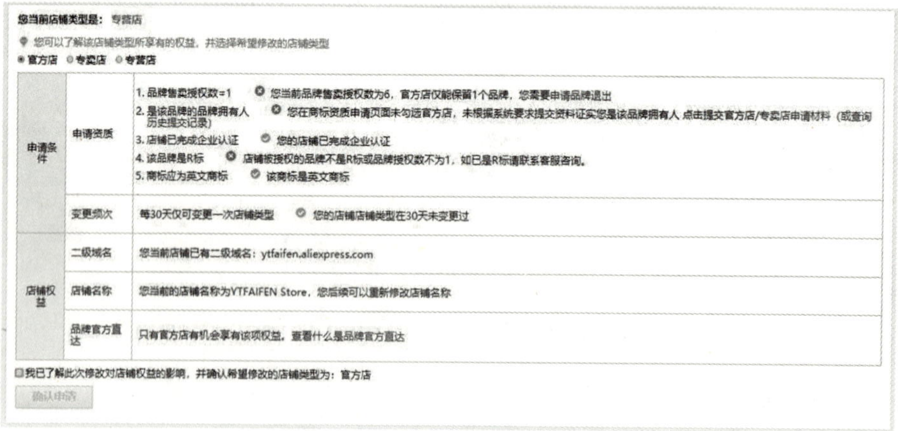

图1-2-5　申请升级官方店页面

3. 店铺比较

3 种店铺类型详细对比，如表 1-2-1 所示。

表 1-2-1　开设各类店铺的要求

项目	官方店	专卖店	专营店
店铺类型介绍	商家以自有品牌或由权利人独占性授权（仅商标为®状态且非中文商标）入驻速卖通开设的店铺	商家以自有品牌（商标为®或™状态且非中文商标），或者持他人品牌授权文件在速卖通开设的店铺	经营1个及以上他人或自有品牌（商标为®或™状态）商品的店铺
开店企业资质	需要完成企业认证，卖家需提供如下资料： 1. 企业营业执照副本复印件； 2. 企业税务登记证复印件； 3. 组织机构代码证复印件； 4. 银行开户许可证复印件； 5. 法定代表人身份证正、反面复印件； 6. 申请店铺类型所需的商标	同官方店	同官方店
单店铺可申请品牌数量	12个	1个	可多个
平台允许的店铺数	同一品牌（商标）仅1个	同一品牌（商标）可多个	同一品牌（商标）可多个
需提供的材料	1. 商标权人直接开设官方店，需提供国家知识产权局颁发的商标注册证（仅®）； 2. 由权利人授权开设官方店，需提供国家知识产权局颁发的商标注册证（仅®）与商标权人出具的独占授权书（如果商标权人为境内自然人，需同时提供其亲笔签名的身份证复印件。如果商标权人为境外自然人，提供其亲笔签名的护照/驾驶证复印件）； 3. 经营多个自有品牌商品且品牌归属同一个实际控制人，需提供多个品牌国家知识产权局颁发的商标注册证（仅®）； 4. 卖场型官方店，需提供国家知识产权局颁发的商标注册证（仅®）与商标权人出具的独占授权书（仅限速卖通邀请）	1. 商标权人直接开设的品牌店，需提供由国家知识产权局颁发的商标注册证（®）或商标注册申请受理通知书（™）； 2. 持他人品牌开设的品牌店，需提供商标权人出具的品牌授权书（若商标权人为自然人，需同时提供其亲笔签名的身份证复印件；如果商标权人为境外自然人，提供其亲笔签名的护照/驾驶证复印件）	需提供由国家知识产权局颁发的商标注册证（®）或商标注册申请受理通知书复印件（™）或以商标持有人为源头的完整授权或合法进货凭证（各类目对授权的级数要求，具体见品牌招商准入资料提交为准）
店铺名称	品牌名+official store（默认店铺名称）/品牌名+自定义内容+official store	品牌名+自定义内容+store	自定义内容+store
二级域名	品牌名（默认二级域名）/品牌名+自定义内容	品牌名+自定义内容	自定义内容

注：当卖家品牌名已被其他相同品牌名称注册，或当品牌名与平台其他规则相冲突时，可启用官方店自定义内容使用说明。

三、开店必备资料

速卖通的运营模式是B2C,即直接面向消费者销售产品和提供服务,因此不支持个人开店,必须具备公司或个体工商户的资质才能在速卖通开店经营,开店必备资料如下:

(1)营业执照电子版;

(2)银行开户许可证电子版;

(3)法定代表人身份证正、反面电子版;

(4)申请店铺类型所需的商标。

商标分为®和™两种状态,二者区别如表1-2-2所示。

表1-2-2 ®和™的区别

®	™
已通过商标局审核,成为注册商标	仅仅向商标局提出商标申请
拥有商标专用权,具有排他性、独占性、唯一性	能够起到一定的保护作用,但若该商标未经商标局核准注册,其受法律保护的力度不大
可作为无形资产,打造品牌有捷径	遵循申请注册时间优先原则,商标不一定能注册成功
商标是产品和包装装潢的重要组成部分	无法大批投入生产,也无法确定广告定位

开设官方店,商标必须为®,专卖店和专营店则®、™均可。

开设官方店和专卖店,商标需为非中文商标。

开设专营店所需商标可以自己注册,也可以直接在淘宝网上租赁商标,搜索关键词"速卖通商标"即可。

四、开店流程

申请速卖通店铺流程如图1-2-6所示。

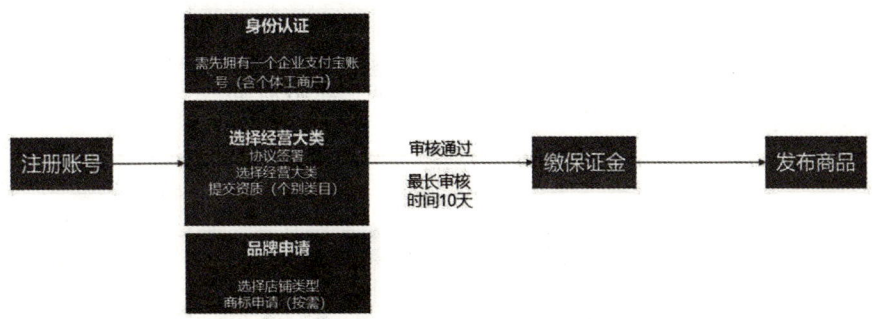

图 1-2-6　申请速卖通店铺流程

1. 注册账号

商家可通过邮箱或手机进行注册，官方注册地址：http://seller.aliexpress.com。

已在招商会现场完成注册的商家，可跳过此步骤，直接使用注册账户及密码进入卖家后台进行认证。

拥有淘宝企业店、天猫店的商家，可使用淘宝企业店、天猫店账号及密码直接点击入驻，如图1-2-7所示。

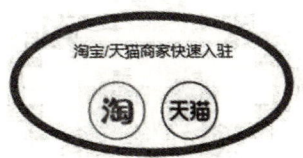

图 1-2-7　注册店铺页面

2. 身份认证

账号注册完成后，登录账号，进入卖家后台进行企业支付宝认证，如图1-2-8所示。

图1-2-8　身份认证页面

需先拥有1个企业支付宝账号或企业法人个人支付宝账号，通过账号、密码登录完成认证，1个企业可认证6个速卖通账号，如图1-2-9所示。

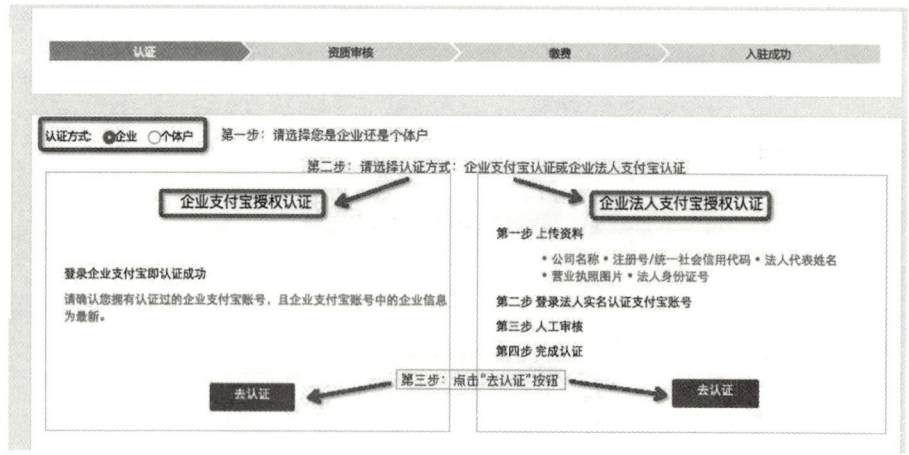

图1-2-9　认证方式页面

3. 申请经营大类

根据自己的经营方向，申请经营大类，即主营类目，如图 1-2-10 所示。不同经营大类对应不同的保证金，如表 1-2-3 所示。

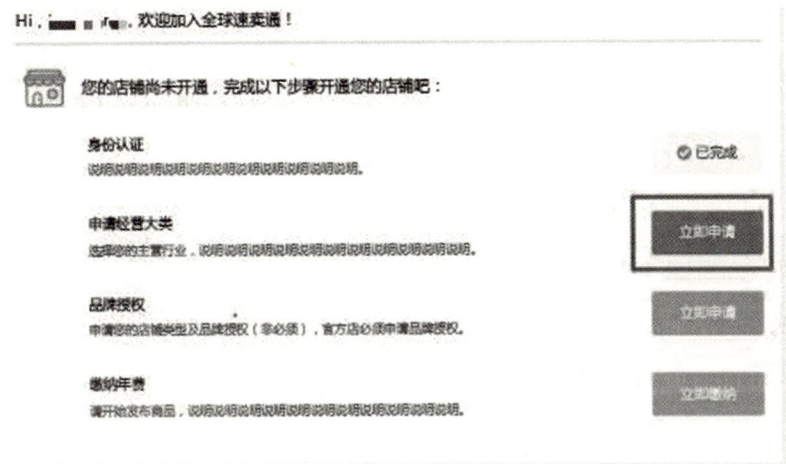

图 1-2-10　申请店铺经营大类示意

表 1-2-3　速卖通 2021 年度各类目保证金一览表

经营范围	2021 年经营大类	保证金/万元①	经营大类下可发布的类目
1	珠宝手表（含精品珠宝）	1	Jewelry & Accessories（珠宝饰品及配件） Watches（手表） 以下类目可共享发布： Apparel Accessories［服饰配饰（男/女/儿童配件，婴儿配饰发到婴儿服装）］ Men's Clothing（男装） Women's Clothing（女装） Novelty & Special Use（新奇特及特殊用途服装） Underwear, Socks, Sleep & Lounge Wear（男女内衣/家居服/袜子） Weddings & Events Wedding Accessories（婚庆配饰） Consumer Electronics>Smart Electronics>Wearable Devices>Wristbands（腕带） Consumer Electronics>Smart Electronics>Wearable Devices>Smart Watches（智能手表）

---

① "元"表示"元人民币"，"万元"表示"万元人民币"，下同。

表 1-2-3 续 1

经营范围	2021年经营大类	保证金/万元	经营大类下可发布的类目
2	服装服饰	1	以下类目可共享发布： Jewelry & Accessories（珠宝饰品及配件） Luggage & Bags（箱包） Parent-child Outfit（亲子装） Men's and Women's Shoes（男女鞋） Swimsuit（泳装） Apparel Fabrics & Textiles（服装面辅料和纺织品）
3	婚纱礼服	1	Weddings & Events（婚礼及重要场合） 以下类目可共享发布： Jewelry & Accessories Fashion Jewelry（流行饰品） Apparel Fabrics & Textiles（服装面辅料和纺织品）
4	美容个护（含护肤品）	1	Beauty & Health Tools & Accessories（工具/配件） Beauty & Health Tattoo & Body Art（文身及身体彩绘） Beauty & Health Skin Care Tools（护肤工具） Beauty & Health Shaving & Hair Removal（剃须及脱毛产品） Beauty & Health Sanitary Paper（卫生用纸） Beauty & Health Oral Hygiene（口腔清洁） Beauty & Health Nail Art & Tools（美甲用品及修甲工具） Beauty & Health Makeup（彩妆） Beauty & Health Hair Care & Styling（头发护理/造型） Beauty & Health Bath & Shower（沐浴用品） Beauty & Health Fragrances & Deodorants（香氛/除臭芳香用品） Beauty & Health Skin Care（护肤品） Home Appliances>Personal Care Appliances（部分类目） 以下类目可共享发布： Massage & Relaxation（按摩） Massage Products（按摩产品） Massage Appliance（按摩器具）
5	真人发（定向邀约制）	5	Hair Extensions & Wigs Beauty Supply（美容用品） Hair Extensions & Wigs Hair Salon Supply（发廊用品） Hair Extensions & Wigs Human Wigs（真人发套） Hair Extensions & Wigs Human Hair（真人发） 以下类目可共享发布： Beauty & Health-hair Care & Styling（美容、健康、头发护理造型）
6	化纤发	1	Hair Extensions & Wigs Synthetic Hair（化纤发） 以下类目可共享发布： Beauty & Health-hair Care & Styling（美容保健美发造型）

表 1-2-3　续 2

经营范围	2021年经营大类	保证金/万元	经营大类下可发布的类目
7	母婴玩具	1	Mother & Kids（孕婴童） Toys & Hobbies（玩具） 以下类目可共享发布： Shoes（鞋子）
8	箱包鞋类	1	Luggage & Bags（箱包） Shoes（鞋子） 以下类目可共享发布： Mother & Kids Children's Shoes（童鞋） Men's Clothing（男装） Women's Clothing（女装） Mother & Kids Baby Shoes（婴儿鞋） Apparel Accessories［服饰配饰（男/女/儿童配件，婴儿配饰发到婴儿服装）］ Novelty & Special Use World Apparel（世界民族服饰） Novelty & Special Use Stage & Dance Wear（舞台表演服和舞蹈服）
9	健康保健	1	Beauty & Health Health Care（健康保健） 以下类目可共享发布： Beauty & Health-sex Products-safer Sex（安全/避孕） Skin Care Tool（护肤工具）
9	成人用品	1	Beauty & Health Sex Products（成人用品） 以下类目可共享发布： Novelty & Special Use-exotic Apparel（情趣服装） （不要发布日常穿着的性感内衣）
10	3C数码（除内置存储、移动硬盘、U盘、刻录盘、电子烟、手机、电子元器件） （投影仪定向邀约）	1	Security & Protection（安全防护） Office & School Supplies（办公文教用品） Phones & Telecommunications（电话和通信） Computer & Office（电脑和办公） Consumer Electronics（消费类电子产品）
10	内置存储、移动硬盘、U盘、刻录盘	1	Computer & Office Internal Storage［内置存储（包含内置固态硬盘储存卡、存储卡）］ 配件（读卡器、存储卡卡套/适配器/转卡器/内存卡盒、固态硬盘托架和支架） Computer & Office External Storage［移动硬盘，U盘，刻录盘（包含刻录盘、外置机械移动硬盘、外置固态硬盘、硬盘壳包、硬盘盒、U盘）］
10	电子烟	3	Consumer Electronics Cigarettes（电子烟）

表1-2-3 续3

经营范围	2021年经营大类	保证金/万元	经营大类下可发布的类目
10	手机	3	Phones & Telecommunications Mobile Phones（手机）
11	电子元器件	1	Electronic Components & Supplies（电子元器件）
12	汽车摩托车配件	1	Automobiles & Motorcycles（汽车、摩托车）
13	家居、家具、家装、灯具、工具	1	Furniture（家具和室内装饰品） Home & Garden（家居用品） Home Improvement［家装（硬装）］ Lights & Lighting（照明灯饰） Tools（工具）
14	家用电器	1	Home Appliances（家用电器）
15	运动娱乐（含电动滑板车）	1	Sports & Entertainment（运动及娱乐） Sports & Entertainment Cycling Self Balance Scooters（平衡车） Sports & Entertainment Roller, Skateboard &Scooters Scooters Electric Scooters（电动滑板车）
16	特殊类		Special Category（特殊类）

单店只能选择1个经营范围，第9、10项经营范围下存在多个经营大类，可同时申请经营，但是单店只收1笔保证金，取最高金额。例如，卖家选择第10项经营范围，同时申请开通3C数码和手机类目，3C数码对应保证金1万元，手机类目对应保证金3万元，支付宝只冻结1笔3万元的保证金即可。

4. 选择经营大类与资料提交

（1）点击下拉菜单选择经营大类，如图1-2-11所示。

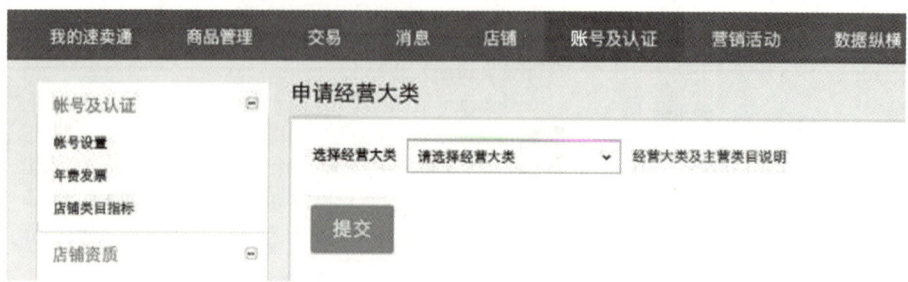

图1-2-11 选择店铺经营大类

(2)若该类目必须拥有品牌才可申请,则会出现"品牌"提示。

(3)若该类目需要额外资质材料,则会在页面下端展示,如图1-2-12所示。

图1-2-12　选择店铺经营子类目示意

(4)需要额外资料才可申请的类目,在勾选后会显示需要提交的材料内容,如图1-2-13所示。

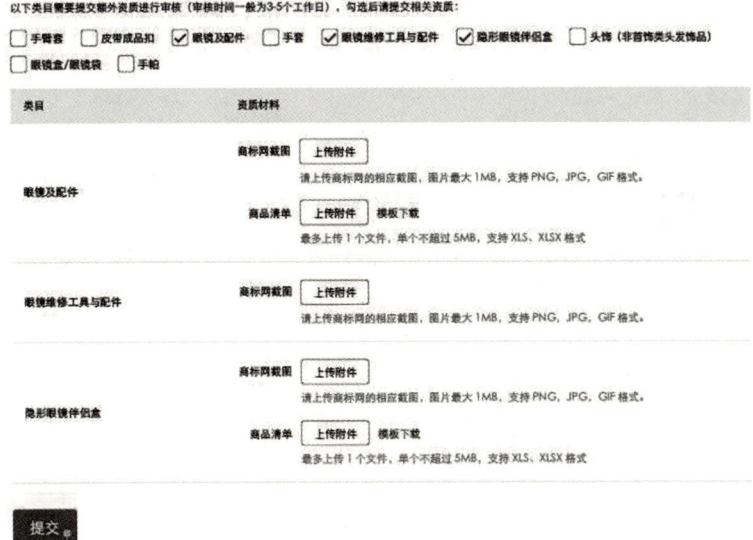

图1-2-13　上传授权资料页面

（5）资料提交以后会在3～5个工作日内完成审核，如图1-2-14所示。

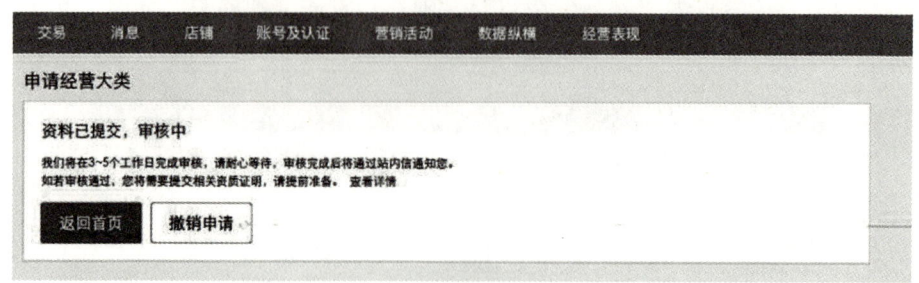

图1-2-14 提交资料成功页面

5. 店铺类型申请

提交资料并通过审核之后，可进行店铺类型申请，卖家可结合自身的运营目的，选择官方店、专卖店或专营店，如图1-2-15所示。

图1-2-15 选择店铺类型页面

官方店、专卖店、专营店必须有品牌授权才可申请。若不经营品牌商品，可直接选择"其他"。

6. 商标申请

（1）在提交品牌授权页面，输入品牌名称，点击"查看品牌"，可显示目前已经成功添加的类目，如图1-2-16所示。若无显示，需先点击"商标添加"添加平台没有的商标再进行商标资质申请，如图1-2-17所示。

（2）所需资质一致的类目，系统会自动全部勾选，若不需要，则可批量"全部取消"，如图1-2-18所示。

（3）资料提交以后进入审核状态，预计3～5个工作日处理完毕，如图1-2-19所示。

1 速卖通新手卖家入门攻略

图 1-2-16 提交品牌授权页面

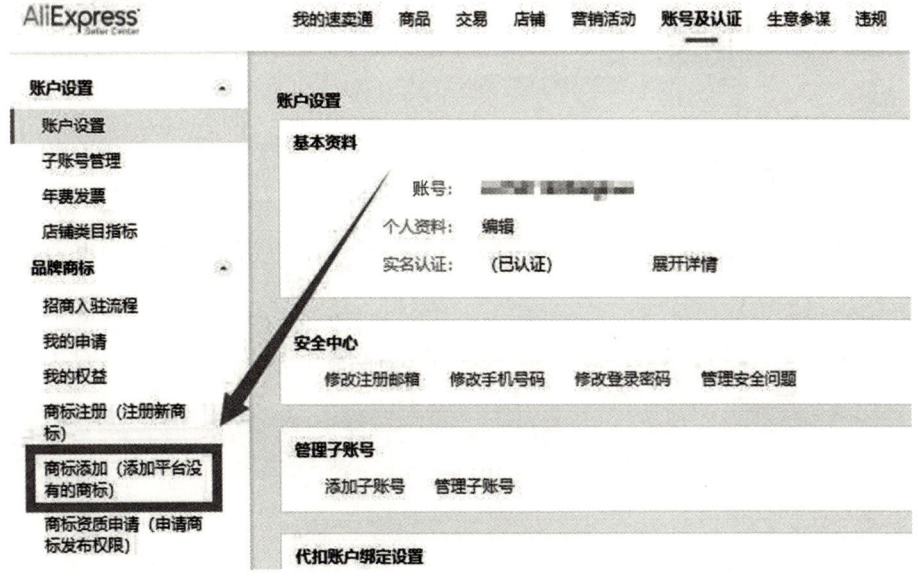

图 1-2-17 添加产品商标页面

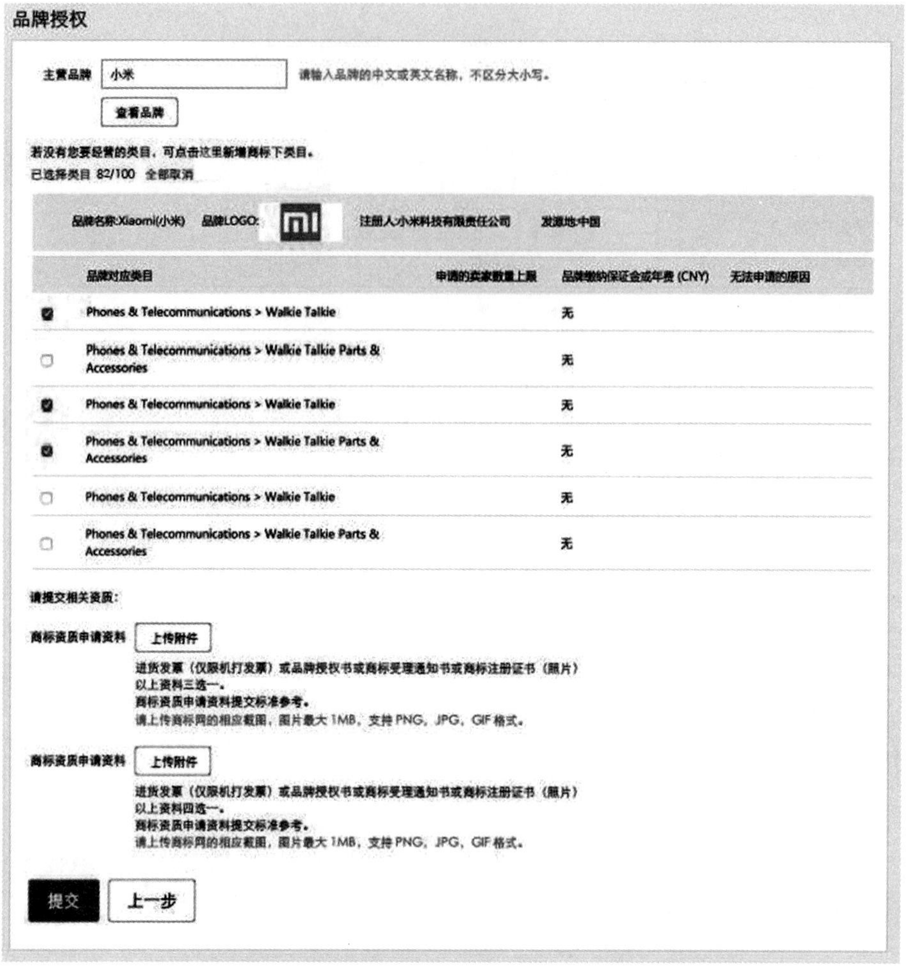

图 1-2-18　根据品牌范围选择子类目页面

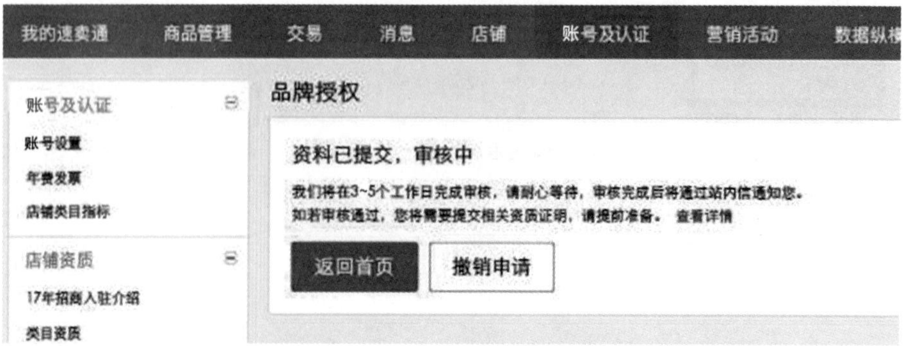

图 1-2-19　提交品牌授权成功页面

7. 缴纳保证金

通过审核后,卖家缴纳保证金,即完成入驻,如图 1-2-20 所示。

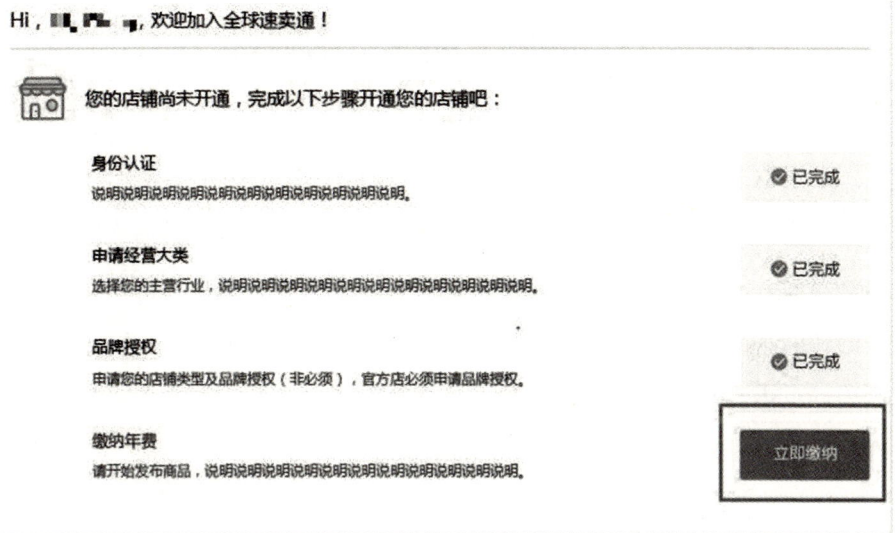

图 1-2-20 缴纳保证金页面

8. 发布商品

至此,整体开店流程全部完成,卖家可以开始发布产品,店铺装修和基础设置完毕后可进行售卖,如图 1-2-21 所示。平台入驻页面时有变化,但整体流程基本一致。

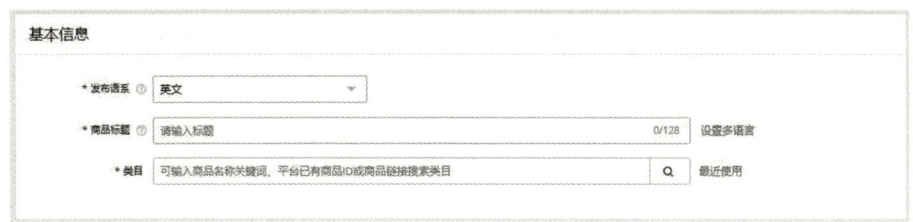

图 1-2-21 速卖通发布产品页面

第三节　速卖通后台功能介绍

速卖通店铺后台为全中文页面，历经多次改版。现在的后台页面整体简洁易懂，十分人性化。刚接触速卖通的新手卖家，对后台的每个页面对应的功能不熟悉，可能会觉得过于复杂，但认真阅读完本节内容，再到自己店铺点击查看页面，结合本节内容反复操作，就会快速上手。接下来笔者具体介绍速卖通店铺后台的几个主体页面。

一、店铺后台首页页面

在速卖通卖家端首页页面，新手卖家可以看到店铺基本信息，如店铺名称、店铺层级、店铺类型、综合运营能力得分和各项运营能力分数矩阵，如图1-3-1所示。对应店铺目前所享受的特权、平台所给出的优化建议以及各类最新公告、快捷入口和店铺各类主要数据、订单数据展示，如图1-3-2所示。后台首页包含了其他页面的快捷入口及简单的店铺主要数据。

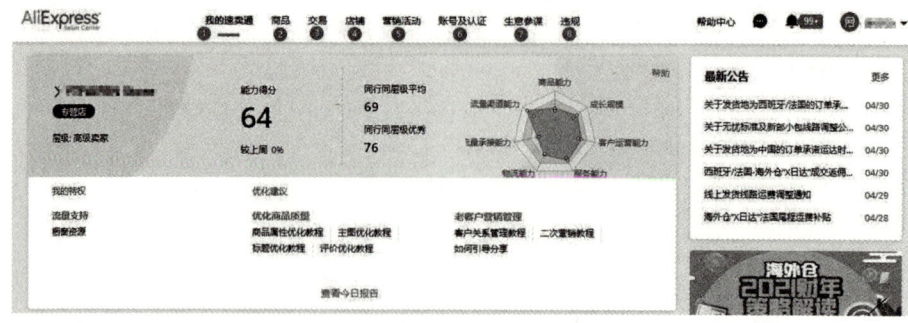

图1-3-1　速卖通卖家端首页基本信息页面

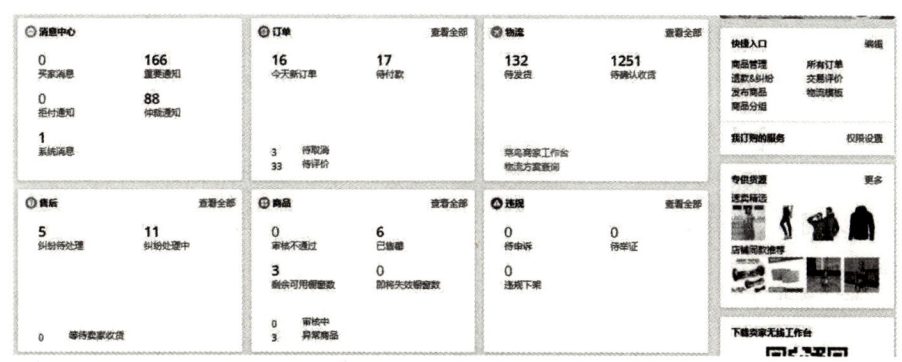

图 1-3-2　速卖通卖家端首页个性化信息页面

二、商品管理页面

商品管理页面主要包含商品、模板、搜索推荐运营中心、卖家商品共建管理、供应链管理 5 个方面的内容，如图 1-3-3 所示。

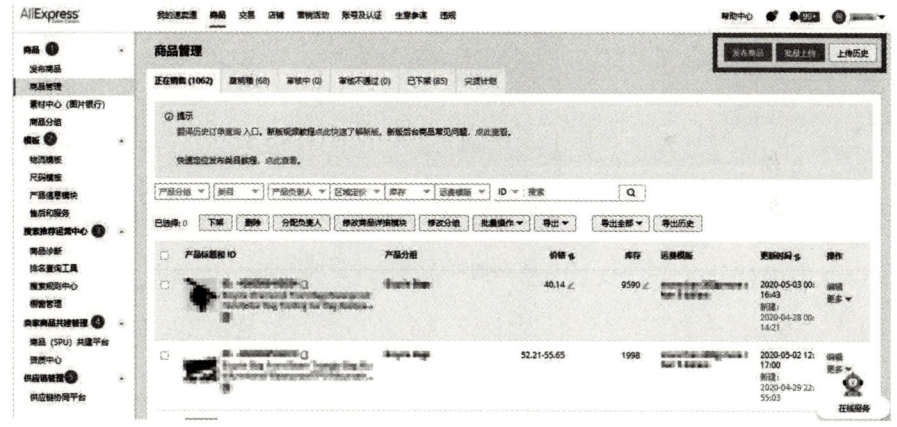

图 1-3-3　速卖通卖家端商品管理页面

店铺所有商品的发布、管理、分组、优化都在此页面进行。通过此页面，卖家可以查看目前店铺正在出售的产品数量，也可根据产品的不同信息及 ID 搜索店铺产品。

该页面还是各类模板（如物流模板、产品信息模板、尺码模板、售后和服务）设置的入口。比较重要的商品橱窗设置也位于此页面的"搜索推荐运营中心"。

关于商品诊断，比如店铺商品发布是否规范，是否重复铺货产品属性错选、关键属性缺失、标题类目不符、标题关键词堆砌等常见的重要问题，系统都会一一识别，并提示进行相关整改。

三、交易管理页面

店铺订单管理、物流管理设置、资金账户管理和评价管理4个部分所涉及的订单问题，均在速卖通卖家端交易管理页面进行处理，如图1-3-4所示。

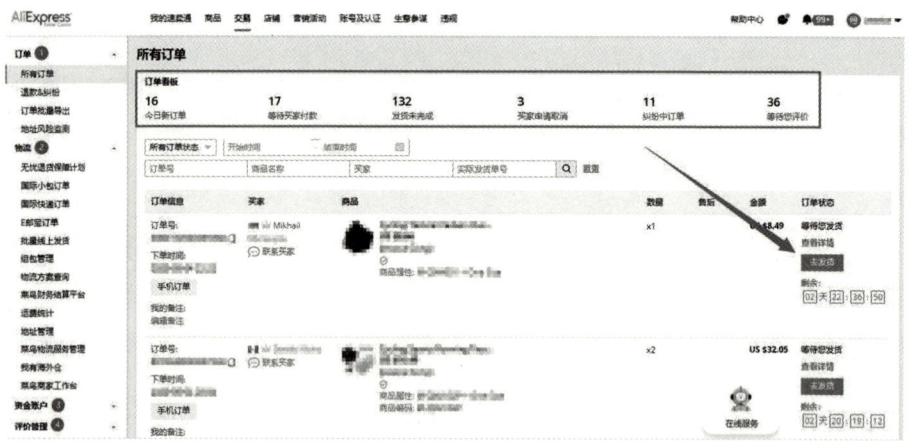

图1-3-4　速卖通卖家端交易管理页面

四、店铺管理页面

速卖通卖家端店铺管理页面主要包含店铺设置、店铺表现、店铺计划和卖家协作4个部分，如图1-3-5所示。具体来说，店铺设置包括店铺资产管理、App和电脑端装修、查看店铺首页前台、店铺商品分组。店铺表现包括卖家服务分、商品服务分，照顾买家的购买体验以及商品自身的质量把控。店铺计划包括AliExpress Plus、无忧集运计划，可结合店铺和产品实际情况，加入相应的店铺计划。卖家协作中可以针对行业小二所发起的协作任务选择参加。

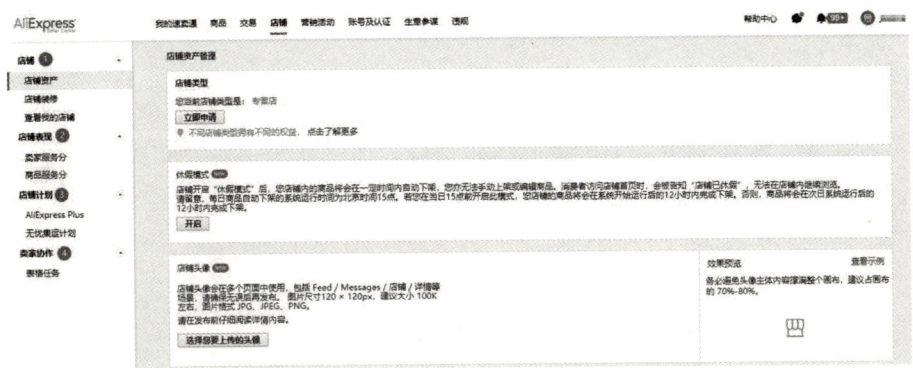

图1-3-5 速卖通卖家端店铺管理页面

五、营销活动页面

平台所有的免费或付费推广及相关的快捷入口（例如，平台官方活动报名、联盟营销和直通车推广设置）、老客户营销、店铺活动（例如，单品折扣活动、优惠券、满减活动、互动活动等）都在速卖通卖家端营销活动页面进行设置，如图1-3-6所示。该页面涉及内容比较多，前期熟悉各类推广设置入口及必用功能（例如，单品折扣活动设置）即可，后期需要使用时，再进一步熟悉相关的后台操作，其主要内容本书均有详细描述。

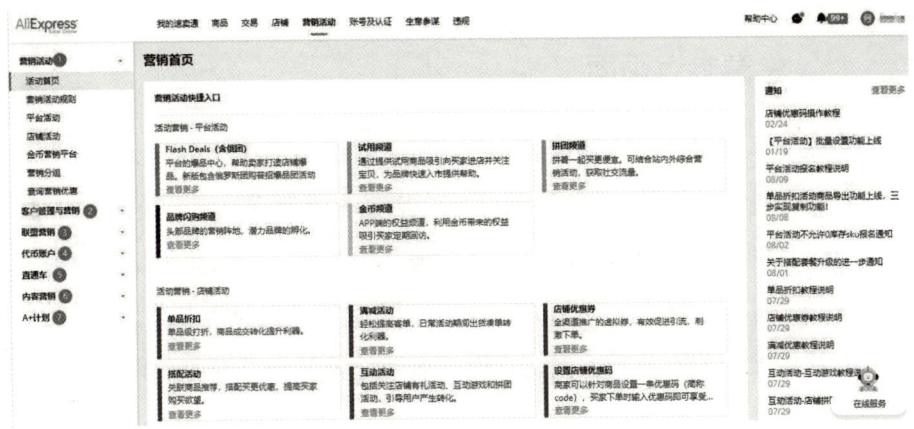

图1-3-6 速卖通卖家端营销活动页面

六、账号及认证页面

速卖通卖家端账号及认证页面包含针对账户所有者的个人资料编辑、实名认证、账户安全、子账号创建和管理、代扣账户绑定及相关的报税信息、相关的发票申请,如图 1-3-7 所示。

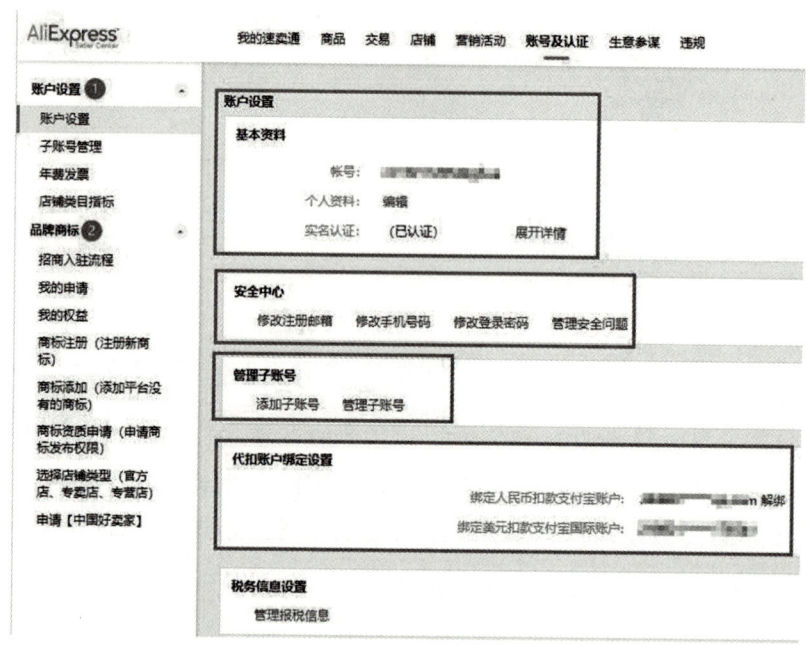

图 1-3-7　速卖通卖家端账号及认证页面

七、生意参谋页面

如图 1-3-8 所示,店铺运营前后的所有数据都可在速卖通卖家端生意参谋页面中进行查看、对比,该页面包含店铺各类数据:实时数据,每日、每周、每月的数据,流量来源,产品数据,历史数据,行业平均,优秀级店铺数据[1]对比,市场数据分析等。该页面提供的数据非常丰富,店铺数据在运营前期无须刻意查看,先认真做好店铺设置及产品发布,只有积累一

---

① 店铺数据包括浏览量、转化率、DSR 评分、纠纷率、客单价等店铺相关数据。

定数据基数后才能有效地进行数据分析。

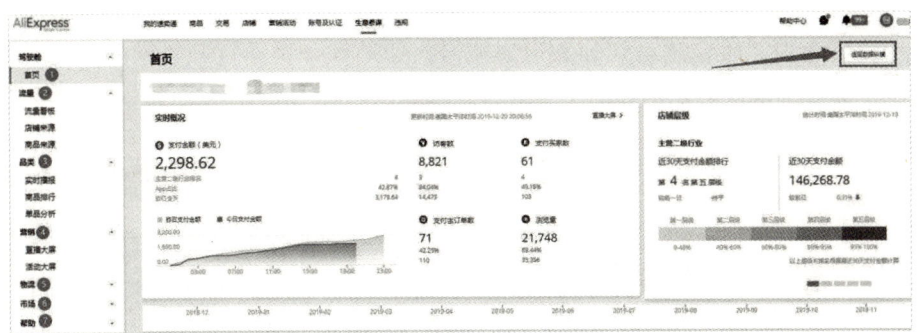

图 1-3-8 速卖通卖家端生意参谋页面

八、违规页面

速卖通卖家端违规页面主要针对店铺经营过程中出现的违规侵权明细、申诉及账号处罚信息进行展示，如图 1-3-9 所示。卖家运营店铺时，应熟悉知识产权规则，避免侵权被投诉。

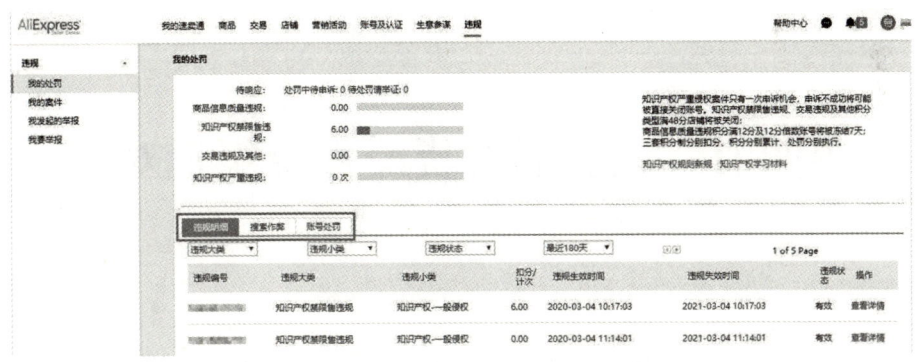

图 1-3-9 速卖通卖家端违规页面

以上为速卖通店铺后台的 8 大主题页面，每个页面都包含相关内容。希望新手卖家在学习本节内容的同时，结合实际操作，以便更好、更快地熟悉后台每个相关页面的功能。

新手卖家还有部分经常要查看的内容，如图 1-3-10 所示。序号①为买家发送的实时消息，若有买家来询单，实时消息图标会显示，如果所示的是小红点,代表有买家向你发送了信息,等待回复;序号②为平台发布的主要通知,后面的数值显示的是待阅读的通知数量,等待查看;序号③为部分页面的快捷入口、后台语言切换和退出账号,如果部分页面打开显示的是英文,则可通过这里变更为中文。

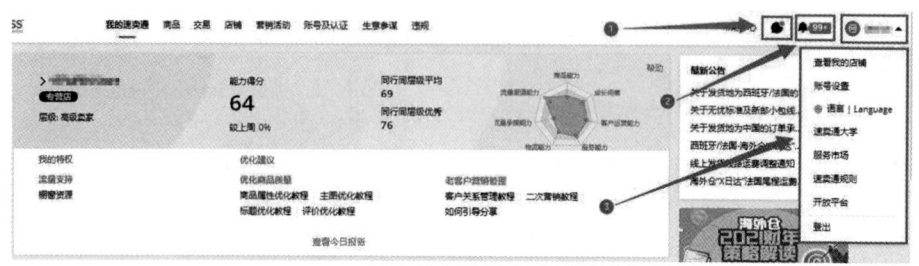

图1-3-10　速卖通卖家端首页工具栏解读

相对于其他跨境电商平台,速卖通的店铺后台应该是比较简洁的,操作起来比较容易。通过本节内容的学习,新手卖家可以简单了解一下速卖通后台相关页面功能,所涉及部分主要页面的内容,笔者在后文中均有详细描述。

第四节　速卖通发货流程及渠道对比

一、线上发货流程

对于新手卖家来说,第一次出单既开心又苦恼,开心的是店铺终于出单了,自己辛苦上传的产品有了成果;苦恼的是不知如何处理订单,更不知道怎么给买家发货。接下来笔者为新手卖家介绍在店铺有了订单后正确的发货流程。

1. 绑定运费代扣账户

新手卖家如果没有绑定运费代扣账户,须先登录速卖通后台,通过"账号设置"—"代扣账户绑定"进行设置。代扣账户主要用于支付线上国际小包订单运费,如果没有设置,卖家下次就发不了货了。如果设置了代扣账户,就可以忽略这一步。

2. 线上发货

在速卖通后台,卖家点击"交易"—"所有订单",找到发货的订单,在列表点击"发货"按钮,页面跳转后,选择"线上发货",勾选"物流渠道"。这里需要注意的是,勾选的物流渠道,应是买家下单时选择的渠道。如果买家未选择或者没有买家勾选的物流渠道,卖家最好和买家进行沟通,然后确定渠道,不按照买家勾选的物流渠道发货很容易造成纠纷。

选择对应的渠道后,卖家根据产品是否带电或是否为含液体化妆品等来判断是否属于哪种特殊类产品,勾选货物类型。确定后选择创建物流订单,页面跳转后,填写发件信息。

接下来是物流上门揽收。如果发货地址在揽收范围内,系统会自动匹配对应的仓库,点击提交生成运单号;如果发货地址没有推荐揽收仓库,系统会提示自送至中转仓库。当然卖家也可以单独和仓库人员沟通是否能上门揽收,因为有些地址虽然系统显示不在揽收范围内,但实际上仓库业务人员也会上门揽收的。如果仓库业务人员不能上门揽收,卖家需要通过国内快递送到仓库。这种情况下,包裹需有两层包装,里面一层是国际快递包装,外面一层是国内快递包装。仓库业务人员除去国内快递包装后,扫描入仓。卖家在创建物流订单的时候,在页面底部有关于无法投递包裹的处理方案,可以根据产品的价值选择退回或者海外销毁。当选择"退回"时,每单收取固定金额的退件服务费;当选择"销毁"时,不产生退件服务费,免费销毁包裹。

3. 填写发货通知

生成运单号后,点击"后台交易"—"国际小包",通过交易订单号找到物流订单号,点击"打印发货标签"贴在包裹外包装上。发货后,在订单详情页面点击"填写发货通知",完成发货流程。

如果订单较多，需要批量打印标签，通过点击"后台交易"—"国际小包订单"—"交易订单号"进行搜索，勾选需要打印的订单，选择批量导出发货标签，完成批量打印。

二、发货渠道对比

1. 线上发货与线下发货

以中国邮政挂号小包为例，不管是线上发货还是线下发货，都是发到同一个仓库，速卖通会收取邮政小包的手续费；线下发邮政小包，是直接将产品放到邮政仓库。如果免费上门揽收，同一个区域线上和线下很有可能是同一个工作人员负责。简单来讲，从后台点击发货，打印面单，就是线上发货；如果叫快递员上门揽收包裹，根据其打印的面单在后台填写单号，就是线下发货。

线上发货和线下发货如何取舍？笔者认为，如果是新店铺或订单较少，最好选择线上渠道：第一，在订单较少的情况下，线下渠道没有运费折扣或折扣很少；第二，线下发货是不对货物进行保障的，货物一旦丢失、损坏，平台一概不负责任。

2. 仓库业务员与货代

线下发货有仓库业务员与货代两种形式，这两者的区别如下：如果卖家选择仓库业务员，线下发货和线上发货没有区别；如果卖家选择货代，运费方面会有一定优惠。

为什么会有优惠？因为货代会和物流商之间签订一个协议，货代收集卖家的包裹，包裹达到一定数量后统一送去物流仓库，物流仓库就会给货代一定折扣。例如，卖家发一个包裹需要20元，货代只需要15元，所以货代为了多收集卖家的包裹，本来卖家发一个包裹需要20元，货代只收取卖家16~18元。这样，货代能从中间赚取一定的差价，卖家也能节省一定的运费，仓库还能省下揽收包裹的业务人员成本，属于三方受益。

三、如何寻找货代

寻找货代的方法有很多种，以下是几种主流方式：

（1）添加速卖通交流群；

（2）添加速卖通软件服务商的钉钉群；

（3）百度搜索"速卖通货代"。

寻找货代很简单，但是想找到靠谱的货代确实很难，很多卖家在寻找货代方面损失惨重。笔者教大家如何筛选靠谱货代，例如，你有10个订单，你可以多找几家货代公司，将10个订单分别发货。通过几次筛选，你就能够确定哪一个货代公司靠谱了。

一般较大的货代公司都有官网。卖家只需把自己的速卖通店铺授权到货代官网，在货代官网创建物流单号，再把物流单号填在速卖通后台发货通知中即可。

第五节　速卖通开店常见问题

一、没有货源能做速卖通吗

很多新手卖家准备做速卖通的时候，总会问我："没有优质货源，能做速卖通吗？"我的回答是："可以做的。"笔者的众多朋友中有来自浙江和广东等地的，他们都从当地的一些基地或者批发市场进货，如做饰品的在义乌小商品市场拿货，做3C数码产品的在深圳华强北进货，做服装的在广州白马、沙河、十三行服装批发市场进货。如果当地没有相关批发市场，也可以在 1688、淘宝、拼多多、17zwd 等平台进货。通过这些渠道进货的卖家占速卖通卖家总数的 95% 以上，并且在大卖家中的占比也很高，由此可见，并不是要一定具备生产厂家资源才能做速卖通。

没有货源不重要，重要的是想做什么产品。如果选品不对，那么一切努力都将付之东流。卖家做速卖通之前要考虑想做什么产品。如果以前做过饰品，那么可以继续选择做饰品；如果对箱包很了解，可以做箱包类目。笔者建议卖家选择类目之前先去速卖通买家首页（www.aliexpress.com）用行业英文关键词进行搜索（什么叫行业关键词？例如，卖家做连衣裙，可以搜索 dress；卖家做鼠标，可以搜索 mouse）。可将订单量从高到低排列，先分析一下市场，认为这个类目的卖家销量能够接受，就可以选择这个类目开始申请店铺（前台显示的销量是前 6 个月销量的总和）。

二、不懂英文能做速卖通吗

很多卖家想做速卖通，但是担心不懂英文不能跟买家顺利沟通，上传产品信息也看不懂。

其实这些问题卖家无须担心，因为和买家沟通时，卖家可以设置自动翻译，一般国家和地区的语言都能翻译成中文，除非是平台不能识别的语言。笔者建议使用"谷歌浏览器"或"火狐浏览器"，这样才能设置自动翻译。

上传产品信息的时候确实需要使用英语，如产品信息标题关键词、产品详情描述以及速卖通买家首页等。但是卖家不要担心，标题关键词与产品详情描述可以使用"谷歌翻译""有道翻译"，将需要翻译的语言复制到翻译器或软件中即可。速卖通买家首页可以使用"译库网页翻译插件""必应网页翻译插件"，下载安装后把速卖通买家首页的英文翻译成中文，这样卖家就可以轻松进行数据分析，以及查看同行产品的销量情况了。

安装了翻译软件和网页翻译插件之后，卖家即使不懂英语也可以轻松操作速卖通。笔者希望新手卖家在创业的道路上，不要被这些小问题难倒。

三、人人都能做速卖通吗

在速卖通卖家中，99%是创业者，只有1%的卖家是生产厂家。新手卖家不要觉得大卖家就一定是厂家，其实很多都是个人卖家成长为大卖家后才组建团队的，很多做速卖通的卖家都是个人创业者或者夫妻创业者。笔者的一个朋友，从最开始的一台电脑、一条网线、无货源优势，一个人承担所有工作——从选品到上传，出单后一件代发，通过2～3个月的运营，店铺出单之后，开始囤一点货，再到后来请人打包发货。不到一年时间，组建团队，现在运营店铺发展到5个，每个店铺月销5万～8万美元。这个朋友不懂英语，文化程度也不高，看了他的经历，大家是不是明白了什么。

其实想一百次不如做一次，对于想做速卖通的新手卖家来说，无论是创业大学生，还是在家带孩子的宝妈，抑或是在公司工作的职场人士，想兼职速卖通创业，都是很好的选择。很多卖家一开始做兼职，两三个月后，发现本职工作的收入还不如通过速卖通兼职卖货的收入高，最后果断辞职全身心运营速卖通，这种情况比比皆是。

无论你是兼职人员、全职人员、创业大学生还是宝妈，想要做好速卖通，最重要的是先掌握速卖通运营方法，愿意花时间学习，并且有强大的执行力；避免故步自封、闭门造车。相信看完本书，你对运营速卖通会非常有信心。

四、做速卖通需要多少启动资金

很多朋友想做速卖通，却担心自己的资金不够，望而却步。下面笔者具体分析一下做速卖通究竟需要投入多少资金。

首先，注册公司需要花费几百元，每个城市费用不一样；其次，电脑、网线等办公设备是必须准备的；申请商标需要花费几百元甚至几千元，一般新手卖家前期不需要申请商标，让供应商或者淘宝授权即可；最后，入驻速卖通需要缴纳1万～5万元押金，视类目而定，大部分类目是1万元左右；至于产品，前期是不需要囤货的，出单后再从供应商处一件代发即可。

当然，前期发出去的产品是需要一定流动资金的，比如需要支付前期货物的费用、运费等一系列费用，毕竟速卖通回款是需要一定时间的。

因为卖家所经营的产品不同，前期订单量不定，所以很难确定前期需要垫付的具体成本，包括产品成本费用、运费、包装费等。如果非要说个大概金额，准备两三万元即可。但如果卖家准备卖50元以上的产品，加上运费成本、包装成本，以一天销售20~30单来计算，需要准备的启动资金相对要多一些。众所周知，出单越多，成本、运费垫付越多，回款后赚得就越多。速卖通的启动资金，相对于其他电商平台低很多，特别适合中小卖家入驻。

五、不会编辑图片能做速卖通吗

很多卖家考虑到自己不会用图像处理软件处理图片，不敢接触电商，其实笔者觉得这种担心是完全没必要的。因为跨境电商与国内电商有本质的区别。如果是国内电商，你不会用图像处理软件处理图片，会受到限制，但是就跨境电商速卖通来说，卖家即便不会用图像处理软件也是能够正常运营速卖通的。速卖通上传产品信息，卖家只需用软件采集供应商的产品图片，去除图片上的中文，再把图片上的中文用翻译软件翻译成英文，上传产品信息时进行图文分离，把翻译好的英文复制到上传产品信息中就可以了。

速卖通前期上传产品信息使用供应商的图片即可。而到了后期，上传的产品要想稳定出单，就需要高质量打造详情页。假如卖家不会用图像处理软件处理图片，有两个方法可供选择：第一，在淘宝上或者经朋友介绍请专业的美工设计，卖家只需提供产品图片即可；第二，招聘一个专业美工。这两种方式如何选择，由店铺的稳定出单产品量决定。

为什么速卖通前期不需要高质量图片？因为一个店铺经营的产品至少有100款以上，甚至更多，而卖家上传的产品不一定会受到买家喜欢。如果买家不喜欢，产品就很难出单，那么打造高质量产品图片，就没有任何意义，白白浪费了时间。当经过测试，确定某款产品在速卖通有市场，并且能够稳定出单时再打造高质量产品图片,是比较合适的。

六、如何辨别所做产品的速卖通类目

新手卖家在申请速卖通店铺之前,如何在速卖通平台辨别市场大的类目及容易出单的类目呢?

新手卖家想做某个产品,却不知道该产品属于哪一个类目,可以任意点击一款产品,进入产品里面后,将鼠标一直滑到产品详情页底部,如图1-5-1所示。看不懂英语的话,可以复制这段话,用谷歌或有道翻译一下,就知道自己所做的是家居大类中宠物用品里面的产品。通过这种方法,卖家就可以轻松辨别所做产品属于速卖通哪个类别了。

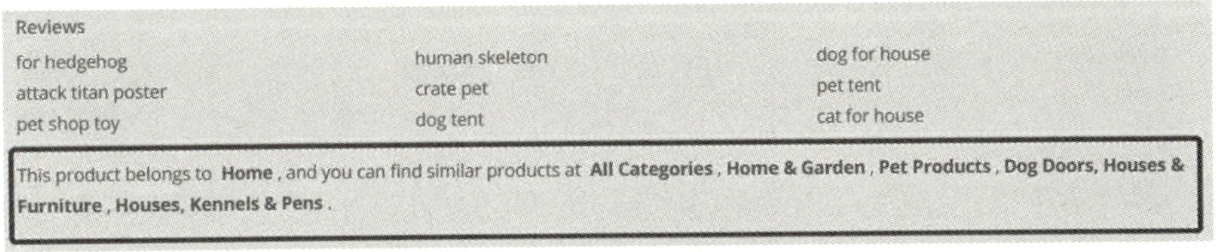

```
Reviews
for hedgehog                human skeleton           dog for house
attack titan poster         crate pet                pet tent
pet shop toy                dog tent                 cat for house

This product belongs to  Home , and you can find similar products at  All Categories , Home & Garden , Pet Products , Dog Doors, Houses &
Furniture , Houses, Kennels & Pens .
```

图1-5-1　商品详情页底部

第二章 打造速卖通『爆款』之产品攻略

本章主要介绍新手卖家入驻速卖通后快速打造爆款的步骤。很多新手卖家开通速卖通店铺后想打造爆款，但苦于不了解整个运营过程，不知道应该做哪些工作、重视哪些问题。99%的新手卖家开通速卖通店铺后，只顾埋头苦干，根据自己的想法上传产品信息，不重视数据分析、选品、标题、运费、定价、店铺营销、上传产品信息细节、测款等工作，这样是无法取得成功的，也无法打造爆款。希望读者看完本章后，能够掌握方法，轻松打造爆款。

第一节　店铺流量与结构布局

古人云："谋定而后动，知止而有得。"新手卖家开通速卖通店铺后，一定要先有一个整盘的计划：店铺中需要上传哪些产品？哪些产品需要优先上传？需要上传哪些价格的产品？哪些价格的产品需要优先上传？店铺的人群定位是哪一个层次？这都是需要新手卖家提前考虑的。只有做好整盘的计划，再按照计划上传产品信息，才能事半功倍。

一、尽可能多地覆盖店铺流量

每一个产品都能细分出很多市场。以连衣裙为例，市场上有紧身连衣裙、宽松连衣裙、迷你连衣裙、棉质连衣裙、性感连衣裙等不同类型的产品。如果卖家只做其中一款连衣裙，就相当于放弃了大片市场。对于女装连衣裙这个类目来说，市场非常大，购买人群也不一样，所以卖家需要覆盖多类型的产品，才能覆盖更多的市场流量。

在价格方面，所有产品都可分为高、中、低端。如喜欢迷你连衣裙的买家，还分为能接受什么价格的。如果卖家的店铺只卖低端连衣裙，那么会损失中端和高端的买家流量。

如果卖家能够覆盖整个产品的细分市场，并且覆盖价格的高、中、低端市场，无论是什么类型的买家来搜索，店铺中总有一款适合买家的产品，这就是覆盖店铺流量的好处。当然，笔者不是鼓励卖家做"杂货铺"，而是主做一种产品类型、一种价格类型，以其他产品、价格类型为辅。

二、店铺布局前的产品定位

店铺布局分为产品布局与价格布局,产品布局又分为多子类目与单子类目。举例来说,多子类目是指卖家申请的主营类目为流行饰品,其中包含戒指、项链、耳饰等子类目;单子类目是指卖家申请的主营类目为女装连衣裙,再将连衣裙细分为各种风格。

价格布局分为高、中、低端。同样是戒指,价格可分为2美元、5美元、10美元甚至更高。同样是连衣裙,低端售价10~15美元、中端售价20~30美元、高端售价40美元以上。为了不让店铺成为杂货铺,卖家在覆盖整个类目的流量的同时,需再选择一个主攻的方向。

战争类电视剧中常有如下情景,在攻取一座城池之前,需要排兵布阵。城池分为四门,将军会下令把城池团团围住,优势兵力主攻一门,选择防守比较薄弱的地方进攻,其他三门为佯攻。

笔者把一个主营类目看作"城池",想要整个类目的流量不流失,就需要把整个主营类目团团围住,找到这个类目的薄弱点进攻。什么是类目的薄弱点?其实就是市场占比较大的产品类型,产品价格区间受众群体较多,以确保产品有更多的人购买。

笔者举一个案例,更直观地定位店铺。

假设速卖通上连衣裙的访客占比和市场人群占比如图2-1-1和图2-1-2所示,作为新手卖家,你会怎么定位产品?毫无疑问,选择定位低端市场,并且以迷你连衣裙为主。

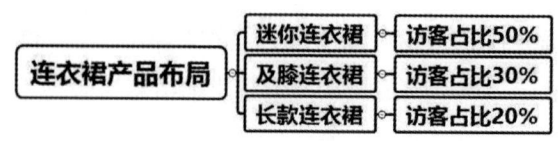

图2-1-1 不同类型连衣裙访客占比

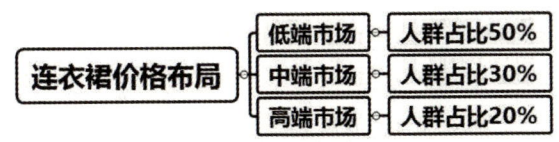

图 2-1-2　连衣裙市场人群占比

下面再根据速卖通实际数据对市场进行分析。

三、店铺的产品类型布局方法

新手卖家在开通速卖通店铺后，第一件事情是确定上传什么产品，上传多少产品，哪一些产品多上传，哪一些产品少上传。在大数据时代，卖家不能仅凭自己的感觉上传产品信息。速卖通后台为卖家免费提供了这么多数据，如果不分析使用就太可惜了。笔者做速卖通这么多年，见过很多店铺的产品布局一片混乱，完全是凭着卖家自己的想法上传产品信息，觉得这款产品不错，多上传一些，那款产品挺好，也上传一些，结果导致店铺不出单。学会如何分析数据，如何布局店铺产品类型之后，这些问题将不再是困扰。

首先，我们来了解一下产品布局需要从哪里获取数据。

1. 通过"市场大盘"功能调取数据

登录速卖通卖家后台，在"生意参谋"页面，有一个市场大盘功能，如图 2-1-3 所示。卖家可以在此页面根据自己所选择的行业调取数据。下面笔者以珠宝饰品及配件行业为例，逐步讲解产品布局的过程。

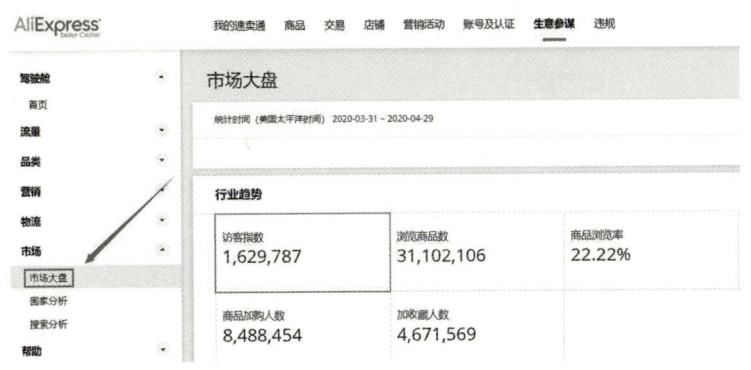

图 2-1-3　"生意参谋"中市场大盘

卖家将时间选择 30 天，确定好主营类目，下面就会显示珠宝饰品及配件行业的整体访客指数、浏览商品数、供需指数、客单价等数据，如图 2-1-4 所示。因为访客越多、市场越大，卖家只需调取访客指数数据即可。在速卖通卖家后台调取珠宝饰品及配件的访客指数，使用 Excel 表格收集。珠宝饰品及配件是一级类目，二级类目情况如何？调取数据后就一目了然了，见表 2-1-1。

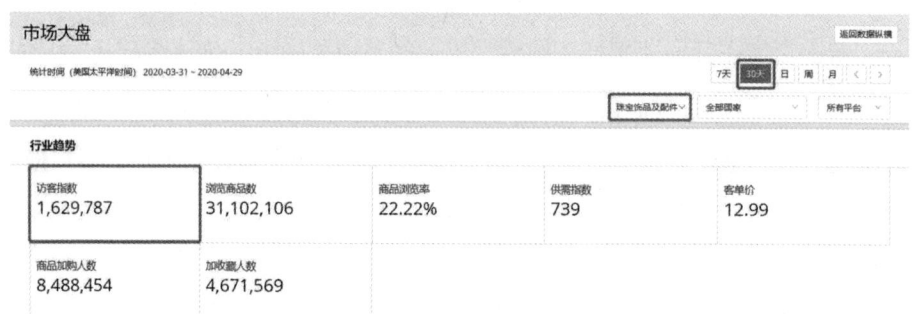

图 2-1-4　市场大盘类目数据页面

表 2-1-1　珠宝饰品及配件下二级类目访客指数

二级类目	访客指数
精品珠宝	54841
流行饰品	1529566
首饰包装和展示用具	370529
首饰工具	368671
定制珠宝饰品	210224
智能珠宝	60396
珠宝饰品手作	560791

那么接下来会选择主营哪一个二级类目？会做智能珠宝吗？会做定制珠宝饰品吗？答案肯定是不会，因为对绝大多数卖家来说，其难度太大了。如果卖家选择流行饰品，笔者相信店铺日出百单是很轻松的，因为市场大小决定了店铺以后的订单量；或者卖家选择了精品珠宝和珠宝饰品手作，

日出 30~50 单还是比较轻松的。有朋友会产生疑问，做流行饰品的卖家这么多，竞争压力这么大，怎么出单啊？要知道没竞争就没市场，竞争大，市场就大，剩下的就是拼运营能力了，运营能力强，店铺的提升空间就足够大。如果一个类目只有一个卖家做，会有市场吗？一个没市场的类目，运营能力强又有什么用呢？举个例子，例如，你去抽奖，摆在你面前有两个箱子，第一个箱子里面有 10 张有效奖券，第二个箱子里面有 50 张有效奖券，你会选择抽哪一个箱子？若能看懂这个例子，笔者相信你会明白为什么要选市场大的类目。

言归正传，当卖家选择流行饰品这个二级类目后，下面还有很多三级类目，又该怎么选择布局？笔者继续调取三级类目产品的访客指数，见表 2-1-2。

表 2-1-2 流行饰品下三级类目访客数据

三级类目	访客指数	三级类目	访客指数
项链	866713	小吊坠	416029
耳饰	819942	项链吊坠	403154
戒指	680805	首饰套装	393009
手链	665527	珠宝发饰	344289
钥匙链	622203	手镯	337529
胸针	566566	脚链	239591
珠子	478536	领带夹和袖扣	200726
身体及穿刺首饰	419353	珠宝面具	68782

调取三级类目访客数据后，我们发现项链、耳饰、戒指、手链、钥匙链五类产品访客是比较多的，出单量也会相应增多。既然出单比较多，卖家在做产品布局时可以多上传这五类产品，这样会有更多的选择，从而出更多的订单。

一个好的店铺产品布局标准是，访客多的类目多上传产品信息，访客少的类目少上传产品信息，这样才能更好地覆盖主营类目，覆盖更多的人群,也有助于买家"一站式"购物。店铺布局成型后,店铺营销才能收到良好效果。

2. 多子类目产品占比

如果店铺准备上传300款产品,那么如何分配各类产品的上传数量呢?卖家需要先根据子类目数据划分产品占比,见表2-1-3。

表2-1-3 根据子类目数据划分产品占比

三级类目	访客指数	产品占比/%	三级类目	访客指数	产品占比/%
项链	866713	60	小吊坠	416029	
耳饰	819942		项链吊坠	403154	
戒指	680805		首饰套装	393009	
手链	665527		珠宝发饰	344289	
钥匙链	622203		手镯	337529	
胸针	566566	30	脚链	239591	10
珠子	478536		领带夹和袖扣	200726	
身体及穿刺首饰	419353		珠宝面具	68782	

依据上图产品占比,进行店铺整体产品布局。按照店铺上传300款产品来计算,项链、耳饰、戒指、手链、钥匙链五类产品数量占店铺总产品的60%左右,其他各类产品占30%与10%左右。新店铺应主要以占比60%的产品为主。例如,前期准备上传100款产品,60款是主要的,优先上传;30款为次选,随后上传;最后上传10款,以此类推。

产品关系到店铺日后的市场大小,关系到日后店铺的订单量。如果有些卖家的店铺开了一段时间,主要以手镯、脚链、项链、吊坠为主,应该怎么调整布局?首先分类好店铺产品,分析店铺的产品布局数据,再与标准的产品布局作对比,卖家就知道以后应该以哪些产品为主,哪些产品为辅了。假设,店铺产品总量为300款,手镯、脚链、项链、吊坠上传了200款,其他产品100款,我们先对前面的200款产品进行筛选,删除无曝光、无访客、无订单的产品。如果删除数量过多，可分批次删除，删除的同时要上传产品信息，及时填补空缺，不然会对店铺造成不利影响，上传的产品以市场占比大的为主。

3. 单子类目产品布局

有些卖家会产生疑问，难道所有类目都是像流行饰品这样来布局吗？当然不是，但是布局的思维是类似的。请看下述案例。

案例一：如果速卖通店铺经营女装类目，并且店铺只做了单类目二级类目访客数据分析，如连衣裙或者牛仔裤，下面没有三级类目，那么如何布局呢？

卖家打开速卖通卖家后台，在选品专家中下载连衣裙的热销属性，通过产品属性的成交指数，细分连衣裙市场。从表2-1-4可知，连衣裙长度分为膝盖以上（迷你）、及膝长度、小腿中部、脚踝的长度、垂地长度；从表2-1-5可知，材质分为涤纶、棉、氨纶等；从表2-1-6可知，领口分为圆领、V领等。连衣裙长度成交指数最高的是迷你长度的连衣裙，中等的是及膝的连衣裙，低一点的是小腿中部和长款的连衣裙；材质成交指数最高的是涤纶，然后是棉；领口成交指数最高的是圆领，然后是V领。当然，卖家还可以分析一些袖长、季节等属性。成交指数高，就说明买家喜欢这种款式，所以卖家细分市场后，就知道哪些款式应该多上传，哪些款式应该少上传，这就是单类目的覆盖子类目产品布局方法。

表 2-1-4　选品专家调取产品衣长成交指数

属性名	属性值	成交指数
dresses length（衣服长度）	above knee, mini（膝盖以上，迷你）	160901
	knee-length（及膝长度）	85375
	mid-calf（小腿中部）	62639
	ankle-length（脚踝的长度）	58822
	floor-length（垂地长度）	37277

表 2-1-5　选品专家调取产品材料成交指数

属性名	属性值	成交指数
material（材料）	polyester（涤纶）	316656
	cotton（棉）	146934
	spandex（氨纶）	98477
	chiffon（薄纱）	29234
	lace（花边）	19833

表 2-1-6　选品专家调取产品领口成交指数

属性名	属性值	成交指数
neckline（领口）	o-neck（圆领）	146838
	v-neck（V领）	127396
	slash neck（斜颈）	30879
	strapless（无肩带）	18415
	turn-down collar（翻领）	17333

案例二：多个有相关性的单类目。例如，3C类目的手机壳，如果只做手机壳也是可以的，但笔者建议做一些手机壳的周边产品，如手机膜、手机支架、手机数据线、手机外观配件等产品。这样，购买手机壳的买家也可能选择手机膜、数据线等周边产品，客单价能够得到提升。周边产品的流量是通用的，这样能使流量利益最大化。手机屏幕、手机电池等产品就不要上传了，因为它们和手机壳的流量不通用，没有上传的必要。

如果店铺主营箱包类目，比如以手提包为主，也可上传一些周边产品，如零钱包、钱包，而腰包、旅行包等产品就不要上传了。女性特别能够理解为什么购买手提包的买家会有很大可能购买钱包，因为钱包可以放在手提包里面，这是不冲突的，但是购买手提包的买家很少会购买腰包与旅行包。

关于成品布局，笔者分别讲解了多类目布局、单类目布局以及多个相关性单类目布局，方法是一致的，就是尽可能地覆盖主营类目的流量，使流量的利益最大化。读者阅读完本部分后，一定要学会举一反三。

四、店铺的产品价格布局方法

学习完产品布局相关知识之后,卖家只是确定了店铺哪些产品需要上传,至于这些产品的价格如何进行布局,笔者将以图文结合的方式进行讲解。

卖家想要打造爆款,售价方面一定让买家能够接受。假设,100个买家购买T恤,45个买家能够接受5美元的T恤,25个买家能够接受8美元的T恤,20个买家能够接受12美元的T恤,10个买家能够接受16美元的T恤,作为卖家,你认为哪个价格区间更容易出爆款?毫无疑问,答案是5美元左右。在速卖通上,如果产品售价不在爆款定价区,想要成为爆款是相当困难的。

1. 调取买家端价格占比柱形图

如何确定速卖通上产品爆款的定价区间呢?首先卖家要知道卖什么产品,然后搜索产品的主关键词。例如,在速卖通上卖连衣裙,那么就在速卖通买家端搜索连衣裙主关键词dress。

如图2-1-5所示,连衣裙价格占比柱形图上有产品的价格区间,以及买家人群的分布情况,由此可知,什么价格区间会有多少买家下单购买。然后通过Excel表格把5个价格区间以及买家能够接受的人群占比统计出来,如表2-1-7所示。

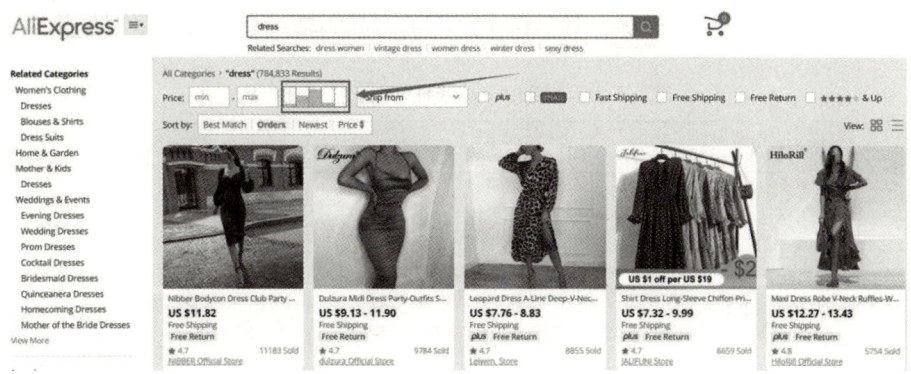

图2-1-5 连衣裙价格占比柱形图

表 2-1-7　根据价格区间分配人群占比

价格区间 / 美元	人群占比 /%
0 ~ 5.77	8
5.78 ~ 9.29	31
9.30 ~ 17.94	48
17.95 ~ 44.78	12
44.78 以上	1

根据调取出来的数据，笔者发现有 5 个价格区间，其中 9.30 ~ 17.94 美元这个价格区间人群占比较高，这意味着连衣裙买家购买这个价格区间的连衣裙概率最高。图 2-1-5 所示销量高的前 5 款产品中，9.30 ~ 17.94 美元这个价格区间的产品占了 4 款，这就证明了速卖通给出的数据是正确的。

2. 根据价格占比布局产品

卖家如何进行垄断性价格布局呢？可以根据人群的占比来进行分类。人群占比大，上传产品信息多；人群占比小，上传产品信息少。

如表 2-1-8 所示，第 1 类人群和第 5 类人群占比太低，暂且不考虑。也就是说，如果上传 100 款连衣裙，50 款定价区间为 9.30 ~ 17.94 美元，30 款定价区间为 5.78 ~ 9.29 美元，20 款定价区间为 17.95 ~ 44.78 美元，这样，店铺中就占据了 31%+48%+12%=91% 的人群。前期以 9.30 ~ 17.94 美元售价为主，上传这个价格区间的产品，其他两个区间的产品为辅，后期可以做利润款。

表 2-1-8　根据产品价格区间分配产品占比

价格区间 / 美元	人群占比 /%	产品占比 /%
0 ~ 5.77	8	
5.78 ~ 9.29	31	30
9.30 ~ 17.94	48	50
17.95 ~ 44.78	12	20
44.78 以上	1	

3. 手动调取热销产品价格区间

有些卖家会问,价格区间这么大,能不能精细一点,具体一点?还有些产品搜索主关键词后却不显示柱形图,如何知道爆款的价格区间是多少?针对这种情况,卖家可以手动调取数据,更加直观地了解爆款的价格区间。

第一步,在速卖通买家端(www.aliexpress.com)搜索主关键词,如图 2-1-6 所示,手动输入价格区间,订单从高到低排列,查看第一页第一名的销量及第三页最后一名的销量,使用 Excel 表格记录销量情况。

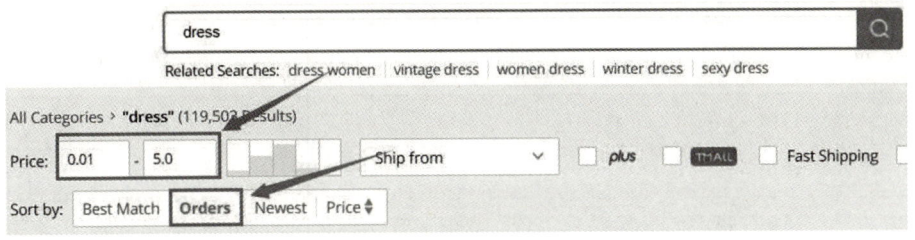

图 2-1-6 搜索页手动调取热销价格区间页面

根据产品的大概价格手动输入起步金额。连衣裙价格区间从 0~5 美元开始,5~6 美元,6~7 美元,7~8 美元,一直到 20 美元左右,调取相应的数据。如果卖家主营箱包,卖家可以从 0~6 美元开始输入,主营饰品的,可以从 0~0.5 美元开始输入。价值越高,设置的价格区间越大,价值越低,设置的价格区间越小。

如表 2-1-9 所示,使用 Excel 表格记录连衣裙每个价格区间中第一页第一名和第三页最后一名的销量。

通过调取出来的数据,卖家可以更加直观地看出,连衣裙的爆款区间在 7~13 美元,高于 13 美元,产品的实际销量急剧下降。由此可见,能够接受 13 美元以上的买家较少,所以卖家打造爆款的话,一定要以买家能接受的价格区间为主。

表 2-1-9 根据搜索页手动调取数据汇总

价格区间/美元	第一页第一名销量	第三页最后一名销量
0~5	5196	353
5.01~6	5398	202
6.01~7	3910	225
7.01~8	8855	187
8.01~9	3945	213
9.01~10	9779	214
10.01~11	5538	219
11.01~12	11183	186
12.01~13	5754	203
13.01~14	2817	172
14.01~15	2686	164
15.01~16	2993	178
16.01~17	1969	139
17.01~18	1989	120
18.01~19	2071	89
19.01~20	1499	97

还有卖家会问，万一类目市场比较小，第三页基本没有销量，如何调取数据？方法是把首页产品的全部销量相加，然后除以平均数，这样就可以有效调取数据，根据平均销量来分析爆款区间在哪里。

五、通过价格区间反推产品成本与产品重量区间

很多新手卖家在选品上存在一个误区，那就是感觉这个产品不错，不管价格是多少，先上传了再说。但价格不合适的话，上传了也可能白费力气，很难出单，即便出单了，销量也不会太大。做价格布局，就是为了让卖家选择的产品能够定价在爆款区间内。

由上文得知，连衣裙的爆款区间在 7~13 美元，如果卖家把产品售价定在 7~13 美元，产品成本价格应该定多少？这需要卖家仔细推算。产品售价 7~13 美元，总体成本应为 6~12 美元，卖家会产生疑问，才 1 美元的毛利，是不是有点少？除去损耗、包装费等，基本就没利润了。众所周知，爆款利润本来就比较低。对于在外面拿货的卖家来说，一开始的物流成本、产品成本都是比较高的，日后订单量变大了，物流可以获得优惠，产品也能够跟供应商还价了。拥有这两种资源后，差不多有 2 美元毛利，这么看来利润就相当可观的。爆款的订单量增多了，还可以给店铺带来更多的流量。按照最低 15% 的引流效果，一个爆款一天有 2000 个访客，其中有 300 个访客去购买店铺其他产品。在店铺的众多产品中，只有爆款利润低一点，与其他产品的利润综合一下，可以达到 15%~20% 的纯利。

连衣裙的总体成本为 6~12 美元，这里面包含了进货成本和物流成本，物流成本是根据产品的重量来计算的，笔者以俄罗斯无忧标准物流资费为准（在本章第三节"选择合适物流，设置运费模板"中，会详细讲解为什么要以俄罗斯无忧标准物流资费为准），使用表格公式反推进货成本区间和产品重量区间，如表 2-1-10、表 2-1-11 所示。

表 2-1-10　利用产品定价器计算售价 6 美元的产品成本和重量[①]

运费单价 /元	产品重量 /g	挂号费 /元	运费折扣 /%
66.63	180	14.79	100.00
产品成本价 /元	国内运费 /元	国际运费 /元	利润率 /%
12	0	26.78	0.00
假设 1 美元 =7 元	速卖通佣金 /%	利润 /元	速卖通售价 /美元
7	8.00	0	6.02

[①] 本图源自笔者所在团队自制产品定价器，表格中包含函数公式，精准计算产品售价。由于计算结果只取小数点后前两位数值，所以售价会存在 0.05 元以内的误差。产品定价器表格情况下同。

表 2-1-11　利用产品定价器计算售价 12 美元的产品成本和重量

运费单价 /元	产品重量 /g	挂号费 /元	运费折扣 /%
66.63	400	14.79	100.00
产品成本价 /元	国内运费 /元	国际运费 /元	利润率 /%
36	0	41.44	0.00
假设 1 美元 =7 元	速卖通佣金 /%	利润 /元	速卖通售价 /美元
7	8.00	0	12.02

通过推算，如果连衣裙的产品成本需要在 6～12 美元，那么找供应商拿产品的时候，产品进货成本需要在 12～36 元，产品重量需要在 180～400g。只有进货成本和产品重量在这个区间内，成本才能控制在 6～12 美元，爆款产品的售价才能控制在 7～13 美元。

最后，笔者以连衣裙为例，来回顾一下产品布局和价格布局。我们需要上传的连衣裙的细分市场以迷你连衣裙和及膝长度、圆领和 V 领、涤纶和棉、无袖和短袖为主，售价 7～13 美元，产品成本 12～36 元，产品重 180～400g[①]，如果按照这个方法挑选产品，相信店铺产品一定会受到买家欢迎。

六、店铺布局与关联模板和店铺活动之间的关系

在店铺运营中，卖家经常会遇到客单价很难提升的问题：明明做了关联模板，但是大部分买家只购买一件产品；明明店铺推出了优惠券，要么没人领取，要么领取了没人使用，其实这些问题和店铺布局有密不可分的关系。

如果店铺只出售一款产品，而且这款产品一般很少有买家购买多个，那么即使推出很多优惠券也是没效果的，可能会有个别买家购买多个单一类型产品，但是大部分买家只会购买一个。以手机壳店铺为例，如果店铺做了产品布局，不只是出售手机壳，还出售其他周边产品，如手机膜、

---

① 由于服装有季节性，如果读者们也做连衣裙类目，请以实际数据分析为主。

手机支架、数据线等产品，那么买家领取优惠券后就会有更多可使用的地方。

为什么说产品布局和关联模板有关系呢？因为需要合理推荐产品，来唤醒买家的购物欲望。可能买家只想买一个手机壳，但是看到卖家推荐的手机膜或者手机支架，并且刚好还有优惠券，买家就会想，这些产品都用得上，可能就一并购买了。店铺优惠加上关联模板的推荐，形成良性循环。关于有效活动的设置以及关联模板合理的推荐，笔者将在后文中做详细讲解，运营是整套的，也是连贯的，在这里读者只需先简单了解一下。

七、自带货源的卖家需要店铺布局吗

有些卖家自己有工厂，或者自己亲戚开工厂，生产单一产品，认为与店铺布局的多样性产生了冲突。这种情况，卖家无须担心，在进行店铺布局的时候，可以优先上传自己工厂的产品，根据市场行情调整工厂产品定位，满足市场需求。卖家要根据买家的需求来布局选品，而不是自己认定某种产品。所以作为卖家，第一件事是进行数据分析、市场调查，工厂里面生产的产品在速卖通有市场吗？速卖通市场体量能够接受吗？如果市场能够接受的，就进入第二步，热销产品的属性与工厂的产品相匹配吗？如果这两步都没问题，可以直接上传产品信息来检验。

关于店铺布局问题，大家可以后期再考虑。笔者有一个在速卖通上经营手机壳的朋友，他的工厂只生产手机壳。前期他上传最新手机壳，把手机壳市场稳稳占据。店铺初见成效后，他开始上传手机膜、手机支架、数据线等产品，利用手机壳带来流量，后面上传的产品也很容易出单，不仅客单价提高了，利润也增加了。

自己有货源的卖家，店铺布局是必须做的，作为自带优势的卖家——工厂能够生产产品，就会有价格优势，并且对自己产品有定价权，还可以根据市场来生产产品，市场能够很快做起来。前提条件是产品在速卖通有市场，价格是大部分买家能够接受的，市场体量自己能够接受。

第二节 借助数据分析,锁定高潜力产品

一、为什么要借助数据分析选品

通过本章第一节的学习,卖家了解了产品布局与价格布局,知道哪些产品市场大,哪些产品市场小,也知道了什么价格区间更容易打造爆款。卖家仅凭这些数据还无法选出爆款产品,因为选品要经过确定产品市场占比、确定产品热销价格区间、确定产品热销属性三个步骤,这样选择出来的产品才是真正的热卖产品。例如,买家在速卖通买家端搜索"项链",平台会跳转很多项链产品出来,但买家不会每一个都点击查看,而是选择喜欢的款式、价格能够接受的产品点击查看。每一个买家喜欢的款式、价格会有所差别。但是在大数据面前,买家的选择喜好会分成不同的类别,卖家只需通过数据分析去选择大部分买家喜欢的款式,当买家搜索产品的时候,卖家的产品就会有很大可能成为买家喜欢的一款。有些卖家运营店铺的时候,发现产品的点击率一直无法提升,这很可能是因为喜欢产品的买家人群太少,无论怎么优化图片,产品的点击率始终无法提升,所有努力都付之东流。

在大数据时代,想成功打造爆款,并且轻松打造爆款,卖家需要照顾大部分买家的想法。可能会有卖家问,都做热卖款,那么非热卖款是不是就卖不出去了?卖家不要理解错误了,笔者只是让卖家优先做热卖款,因为买家的受众群体大,更容易使产品出单,这样能够更快提升店铺前期权重[①]。后面卖家再覆盖其他产品,更容易出单。在速卖通买家端能够看到,大

[①] "权重"指搜索权重和推荐权重,即搜索流量与推荐流量。

卖家不管上传什么产品，都很容易出单，这是因为前期店铺基础运营做好了，店铺的权重比较高，能够给新品带来更多的流量。

假设需要购买项链的买家为 100 人，喜欢锌合金材质的买家为 60 人，喜欢不锈钢材质的买家为 30 人，喜欢其他材质的买家为 10 人。如果优先上传不锈钢材质的项链，由于买家受众人群较小，店铺的流量和订单就会受到限制；如果优先上传锌合金材质的项链，受众人群较大，这样能够轻松打造爆款。有了爆款的流量基础，后期再覆盖不锈钢材质的项链，无论上传什么产品都能有效带动流量。

做数据分析是为了让卖家通过数据的形式，清楚地知道每个产品的买家受众人群大小，这样容易出爆款产品，优先获得流量基础。接下来笔者将依次演示如何使用数据分析选品。

二、如何下载产品热销属性进行数据分析

1. 下载产品热销属性

首先打开速卖通卖家端后台，选择"生意参谋"—"商机发现"—"选品专家"，如图 2-2-1 所示。以后速卖通功能页面改版，可能会将"数据纵横"的"选品专家"调换到"生意参谋"里面，同样可以下载分析数据，思路是不变的。

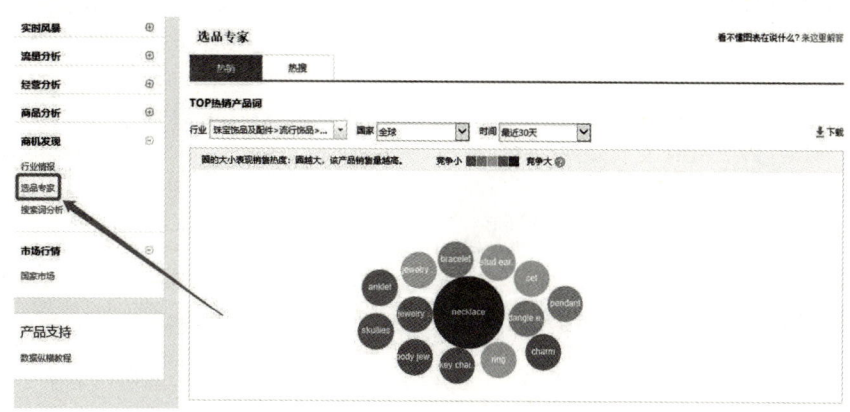

图 2-2-1　速卖通卖家后台选品专家页面

如图 2-2-2 所示,在这个页面卖家选择好产品类目,必须是最后的子类目,然后选择"最近 30 天的数据",点击圆圈里面需要下载的类目关键词进入下一个页面。

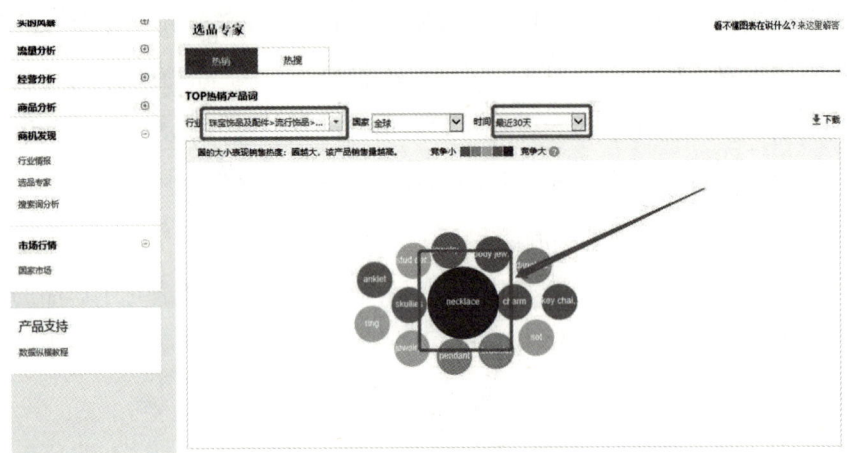

图 2-2-2　选择产品下载热销属性页面

在这个页面千万不要点"下载",这时候下载的数据是乱码,需要点击关键词进入下一个页面,如图 2-2-3 所示。

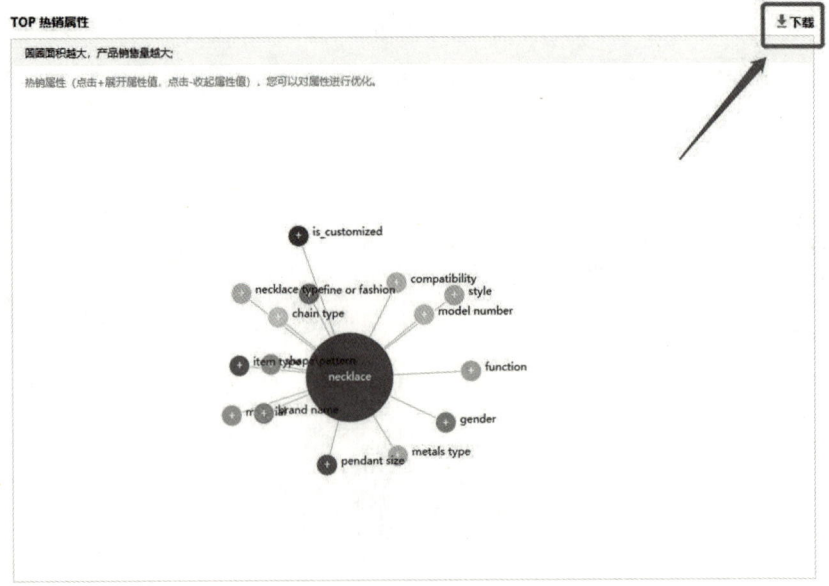

图 2-2-3　下载热销属性页面

在显示热销属性页面，点击下载"产品热销属性"。由于是英语显示，为了方便读者看懂数据，笔者将其做成中英文对照，见表2-2-1。

表2-2-1　产品热销属性数据

属性名	属性值	成交指数
function（功能）	other（其他）	772196
	none（没有）	125330
	mood tracker（情绪记录）	109625
	decoration（装饰）	105209
	message reminder（讯息提醒）	42887
metals type（金属类型）	zinc alloy（锌合金）	650341
	stainless steel（不锈钢）	150391
	copper（铜）	97317
	other（其他）	95983
	silver（银）	57253
shape/pattern（形状/图案）	geometric（几何）	280931
	round（回合）	212195
	heart（心）	129249
	animal（动物）	89320
	other（其他）	67125
material（材料）	metal（金属）	653177
	crystal（水晶）	67667
	cubic zirconia（立方氧化锆）	61629
	other（其他）	60765
	glass（玻璃）	43132

2. 分析有价值的热销属性

（1）什么是成交指数？下载热销属性后，卖家可以看到每一个属性名对应多个属性值，并且每一个属性值的成交指数都不一样。成交指数是指所有卖家在上传项链的时候填写的产品属性。买家购买一款项链，就会记录这款产品有哪些属性，数值高的属性就是买家比较看重的。卖家要选择有热销属性的产品上传，这样才会有更多的买家喜欢继而购买产品。

（2）组合热销产品画像。既然产品有这么多热销属性值，卖家应该选择有价值的属性来选品。表2-2-1中，项链的形状/图案分为几何、回合、心、动物、其他，其中几何、回合的图案成交指数较高，心形图案和动物图案成交指数较少。项链的金属类型分为锌合金、不锈钢、铜、其他、银，其中锌合金成交指数较高，不锈钢、铜成交指数较少。项链的功能、项链的材料方面，从这些数据可以得出，金属材质、锌合金、几何图案或回合图案比较时尚，买家挑选产品的时候以这些属性为主，心形图案、动物图案、不锈钢材质、铜材质为辅。有了数据的支持，分析出热销属性后，卖家的脑海里就会浮现出热销项链的大致特征。

（3）分析热销属性标准。不同的产品，选择的有效属性也不相同。卖家选择产品的时候，如果按照所有的热销属性挑选产品，基本上挑不到几个产品。卖家需要选择有效的属性，并不是所有属性都选择，否则就会出现无品可选的现象。一般来说，热销属性分为以下两类：

一是功能性产品。对于手机壳而言，热销属性需要参考的是什么品牌的手机壳、什么型号的手机壳、什么材质的手机壳。对于手表而言，热销属性需要参考的是功能、材质。

二是实用性产品。对于箱包而言，热销属性需要参考的是外观、装饰、材质、内部空间。对于鞋子而言，热销属性需要参考的是鞋面、鞋底、里料材质，鞋子的透气、防滑、防臭等功效。

产品不一样，参考的属性值也不一样，所以卖家需要根据产品核心属性来分析。根据大部分买家关注的属性选择产品，卖家所选产品就会成为买家的备选，否则卖家的店铺提升很容易遇到"瓶颈"。

（4）验证热销属性。分析了项链的热销属性后，卖家可以使用热销属性关键词验证其在速卖通是否真的有销量。以项链热销属性金属材质锌合金为例，使用关键词 zinc alloy（锌合金）+necklace（项链）在速卖通买家端搜索，如图 2-2-4 所示。

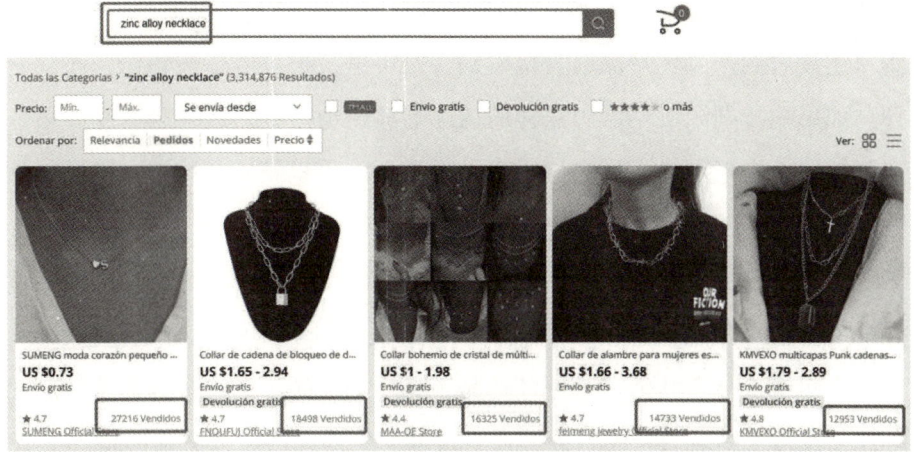

图 2-2-4　锌合金项链销量排名

搜索结果前 5 名的销量在 12000～27000 单，由此可以看出这个热销属性是没问题的。

三、优质的选品渠道有哪些

面对众多选品渠道，卖家如何选择质优的产品货源呢？一般选品分为线上和线下，下面笔者将介绍线上与线下选品渠道及其优缺点。

1. 线上选品渠道优缺点

线上选品是指在国内的电商平台采购，比如 1688、淘宝、拼多多等，当然还有很多单品采购平台，也有很多价格优势。在百度搜索 1688 的时候，百度会为卖家自动推荐这些单品采购平台。无论什么选品平台，卖家都可以了解一下，毕竟"货比三家不吃亏"。

（1）线上选品的优点是快捷、方便、节约时间。卖家可以在最短的时间内从大量产品中选择适合自己需求的产品，也可以在不同的平台对比产品的价格。卖家还可以通过供应商的销量来判断产品是否热销，这也可以为卖家提供不少数据。部分供应商还提供一件代发，让卖家不用囤货就能做速卖通。

（2）线上选品的缺点是不能直观地看到产品的实际情况。可能卖家看到的产品图片是不错的，但实际产品和图片存在差距。如果是一件代发，卖家还没看到产品，产品就直接发到买家手里，很可能造成纠纷、收到差评。如果能找到源头厂家，这样的情况能够避免一些；或者当产品有第一个订单时，先把产品发到自己手里，再从自己手里发到仓库，这样是最放心的。

2. 线下选品渠道优缺点

线下选品是指实体的工厂或者档口，比如深圳华强北适合3C数码选品，广州十三行、沙河适合服装选品，义乌小商品市场适合饰品选品，江苏扬州适合毛绒玩具选品，当然还有很多工厂或者档口都适合选品。

（1）线下选品的优点是卖家亲自选择产品，能够知道产品的质量好坏。最重要的一点是，产品出单了，直接拿货发出去即可，不用担心发货超时，也能够轻松找到源头厂家，使产品有一定的价格优势，并且节省不少国内运费。

（2）线下选品的缺点是卖家想找到适合速卖通市场的产品，需要每一家商铺都亲自了解一下，挑选一下产品，问一下价格，前期找产品确实比较辛苦。最重要的一点是，有一些供应商提供的价格确实便宜，但供应商对单次购买量的要求，可能对于前期卖家来说难以接受。

3. 卖家适合哪种选品渠道

无论是线上选品还是线下选品，都有优劣，所以卖家只需要选择适合自己的拿货方式就可以了。对于速卖通的卖家而言，在当地有货源的情况下，建议采用线下选品方式，就算线上也要选择当地的供应商。虽然前期选品辛苦一点，但是可以加强对产品质量的把控，避免纠纷或差评，还是值得的。最重要的是节省了国内运费。

四、如何在国内电商平台选择热销产品

假设确定热销产品为项链，项链的热销价格为 1～5 元，项链热销属性为金属类型，锌合金材质，几何或者回合图案，不需要额外功能。了解这些数据之后，笔者以 1688 为例选品。

速卖通属于跨境电商，所以笔者建议搜索 kj.1688.com，直接在搜索框中搜索"项链"，如图 2-2-5 所示。

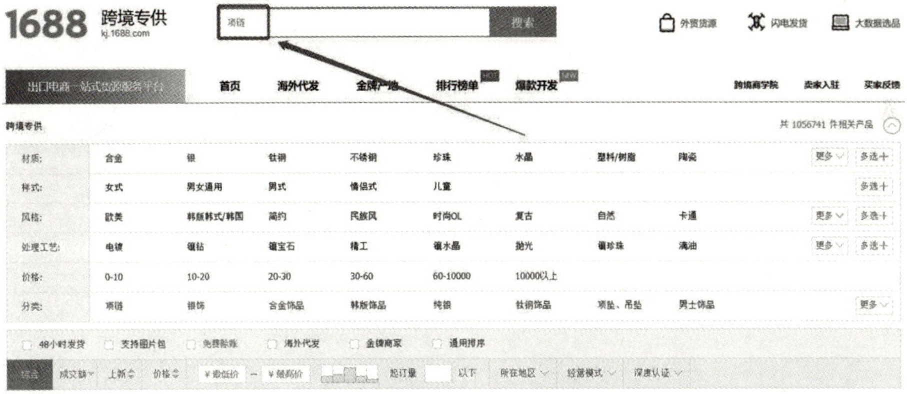

图 2-2-5　利用 1688 选品搜索框页面

根据热销产品的价格与属性，在 1688 平台筛选产品的属性，展示出的产品接近于想要挑选的产品类型，如图 2-2-6 所示。

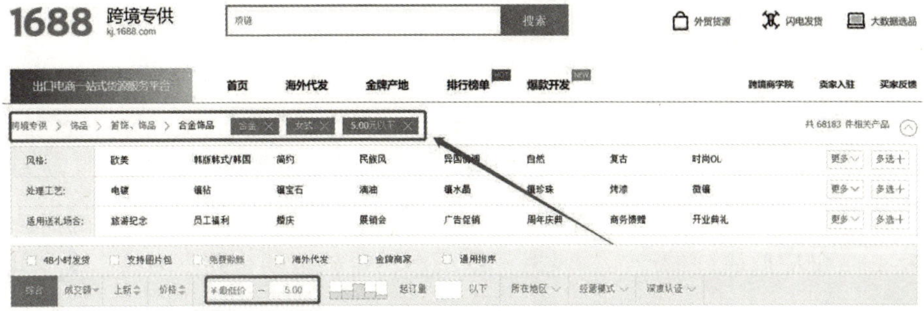

图 2-2-6　利用 1688 筛选产品属性页面

1. 选品注意事项

通过筛选之后,跳转出来的产品与卖家数据分析的结果大体一致,如图2-2-7所示。

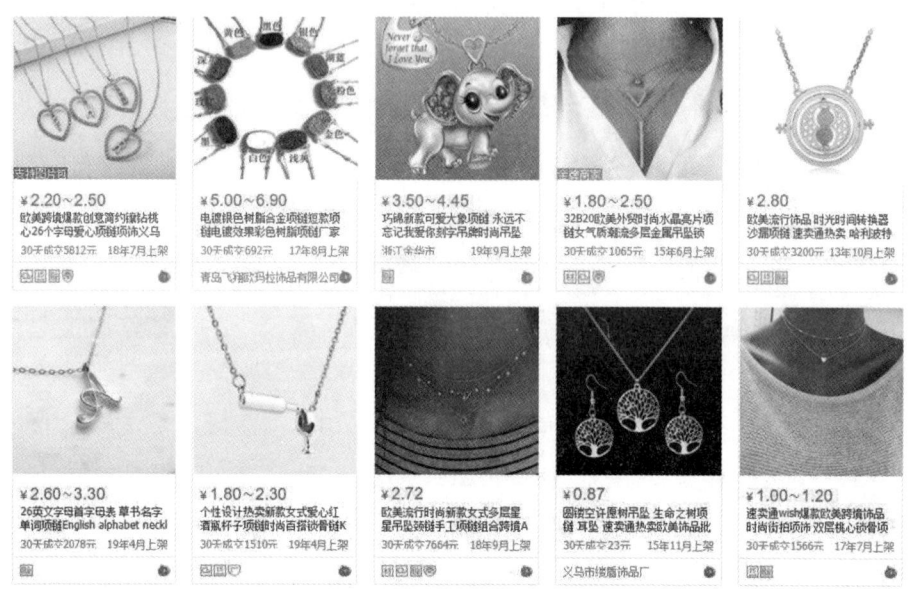

图2-2-7　1688产品展示

跳转出来的10款产品中,第2款的价格不在考虑范围,第3款的产品款式不在考虑范围,其余8款都可以作为卖家的备选产品。

备选产品较多的情况下,卖家优先考虑图片质量不错的供应商,这样上传产品信息时就不需要考虑为产品做图片了。优质的产品图片,能够提高产品的点击率与转化率。

2. 选品先选供应商

在选品环节,由于备选产品较多,需要上传的店铺产品也很多。如果卖家看到合适的产品就采集,这样就会有多个供应商,会产生很多问题。其实一个供应商店铺的产品,风格都差不多,价格区间也差不多,当卖家觉得有一款产品符合自己的选品要求,那么这个供应商店铺里面的产品会有很多符合需求的。可以选择多个符合选品需求的供应商进行筛选,选择图片好看的，产品丰富的，能够一件代发的，在符合的供应商里面筛选最优供应商，而不是看到合适的产品就采集。

（1）减少国内运费。店铺前期选品一般是不需要囤货的，买家下单后再联系供应商一件代发，或者从供应商发货到自己手中，大部分线上供应商发货是需要国内运费的。国内运费一般为4~8元，如果一个店铺一天产生5个订单，分别从5个供应商那里拿货，那么至少需要20元国内运费。但如果从一个供应商那里发货，5个产品的运费依然是4~8元。

有的卖家说，可以把国内运费成本加在售价中。这样显然是不行的。客单价高的产品加4~8元国内运费问题不大，但是对于饰品这类客单价低的产品，成本才2~3元，加上国内运费4~8元，国际运费5~8元，这款产品想出单就比较困难了。

（2）提高价格优势。店铺前期不囤货，卖家拿到的产品价格没有优势。而后期，如果选择的产品正常出单，这个时候卖家就需要稍微囤货了。如果店铺有3~5款产品每天产生10个订单，20~30款产品每天产生两三个订单，按照备货10天的数量计算，每次至少囤货500~1000个产品。从一个供应商拿货的话，卖家就有还价的资本，能够拿到更低的价格。如果从多个供应商拿货，每个供应商只拿50~100个产品，那么就是平台显示的价格拿货了。

（3）降低发货时效。速卖通很多订单，买家不只购买一个产品。如果买家一个订单购买5个产品，这5个产品来自5个供应商，先不说需要5单国内运费，每个供应商发货时间、发货速度都不一样，无法让供应商一件代发，只能发到卖家，再从卖家发到速卖通指定仓库，一来一回都需要时间，其中任何一个环节出现纰漏，这个订单就会超时关闭，其中的曲折不言而喻。

五、如何合理有效规避产品侵权问题

产品侵略是令很多卖家最头疼的问题，店铺产品一旦侵权，轻则警告降权，重则扣分封店。一般容易侵权的产品类目有 3C 数码、玩具、汽车摩托车配件等，其中 3C 数码类目是为一些品牌商服务的，玩具类目是根据动漫的模型生产的。想要降低产品侵权风险，就要从选择产品的源头避免，笔者接下来给卖家分享两种避免侵权的方法，虽然不能百分百地避免，但是能够避免大部分选品时的侵权问题。

1. 供应商的品牌授权

卖家选择供应商时，应确定供应商是否有产品品牌，如果卖家拿货的话，能否提供产品的品牌授权。有一些供应商虽然能够授权，但是需要达到一定的产品数量才会给予授权。当然不管卖家能否得到授权，只要供应商有品牌，并且能够授权，选择这类供应商的产品是比较放心的。

有部分供应商是一些"小作坊"，根本就没有自己的产品品牌，更别提授权了，选择这些供应商的产品上传速卖通店铺，侵权的概率会很大，所以一定要选择正规厂家的产品。

2. 通过识图识别仿品

卖家选择产品时，一些比较明显的侵权，如玩具类的皮卡丘、蜘蛛侠，箱包类的 LV、GUCCI 等仿品，都是容易识别的。如果不确定某一款产品是否存在侵权，可以通过百度识图、淘宝识图等电商平台进行查询，这样就能够看到可能与哪个品牌"同款"，卖家可判断有没有这个品牌的授权，避免上传这类产品。

值得注意的是，还有一种情况，虽然产品本身是不侵权的，但是图片中包含侵权的内容。

卖家选品的时候要格外注意这样的图片。比如，卖家是卖连衣裙的，但是供应商拍模特图片的时候，喜欢让模特搭配一些品牌包包、鞋子等，虽然连衣裙不侵权，但是图片中的品牌包包特别容易造成侵权，如图 2-2-8 所示，很多卖连衣裙的卖家容易因此被"坑"，所以选品的时候一定要注意，细节决定成败。

② 打造速卖通"爆款"之产品攻略

图 2-2-8　产品展示中涉及可能侵权的其他物品示例

第三节　选择合适物流，设置运费模板

笔者诊断过很多卖家的速卖通店铺，80%的卖家店铺不出单，就是因为运费的问题，包括热门国家和地区未设置包邮，导致转化率低或者全部国家和地区包邮，导致售价过高，转化率还是低。速卖通运费模板设置，是令很多新手卖家特别头疼的问题。运费设置若只遵循"不赔钱"的原则，肯定不行。笔者在本节内容中将带大家轻松学会运费模板设置。

一、速卖通物流类型

对于刚接触速卖通物流的新手卖家，首先要了解速卖通物流分为哪几种类型。目前，速卖通物流主要分为三大板块，即经济物流渠道、标准物流渠道、快速物流渠道。速卖通卖家常用经济物流渠道与标准物流渠道，经济物流渠道为售价5美元以下的产品设置，标准物流渠道为售价5美元以上的产品设置。物流渠道是根据克重计算运费，建议价格低廉、重量轻的产品使用经济物流渠道，这样也能获得售价优势。

1. 经济物流渠道

经济物流渠道一般不需要挂号费，所以物流是无法追踪的，也就是货发出去后，卖家就不知道包裹位置了。运费价格比较低廉，主要针对售价5美元以下的产品设置。经济物流常用渠道：中国邮政平常小包+、菜鸟超级经济Global、菜鸟超级经济燕文等。5美元以下的也包含简易类，一般售价超过2美元、低于5美元的产品，主要针对俄罗斯、西班牙等国家和地区。

2. 标准物流渠道

标准物流渠道主要针对售价高于5美元的产品。运费包含挂号费，一般包裹是有物流追踪的，也就是包裹发出后，买家与卖家都可以根据运单号查询到包裹的位置。平台明确规定产品售价在5美元以上的产品必须选择标准物流渠道。标准物流常用渠道：中国邮政挂号小包、燕文航空挂号小包、AliExpress无忧物流-标准等。

3. 快速物流渠道

快速物流渠道的特点是物流非常迅速，物流服务体验很好，但价格非常昂贵，一般很少有卖家设置快速物流渠道包邮，这种渠道适合高价值的产品。快速物流常用渠道：AliExpress无忧物流-优先、EMS、DHL、TNT等。

二、物流政策与模板设置

大部分卖家设置的运费模板不正确，明明设置了包邮，但是买家看到的是不包邮，所以买家很少，而卖家一直找不到产品转化率低的原因。卖家设置好物流模板后，一定要去速卖通买家端检查一下自己设置的运费模板是否正确，运费模板里设置包邮的国家和地区，在速卖通买家端是否显示包邮了。

第一步，在购买页面点击物流选项，如图 2-3-1 所示。

图 2-3-1 买家端产品购买页面

第二步，查看包邮渠道是否显示，如图 2-3-2 所示。

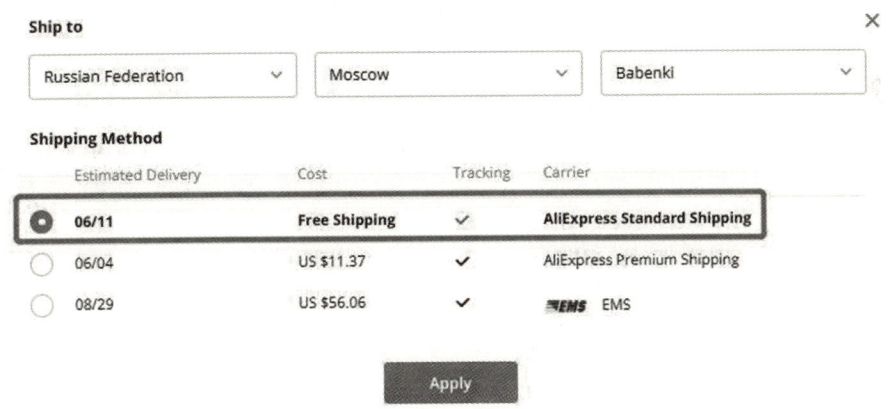

图 2-3-2 买家选择物流渠道页面

其实设置物流模板的时候，卖家只要根据速卖通物流政策设置运费模板，就可以避免设置包邮不显示的情况。打开速卖通卖家端操作后台，点击"商品"选择物流模板页面，就可以看到速卖通物流政策的下载入口，如图 2-3-3 所示。

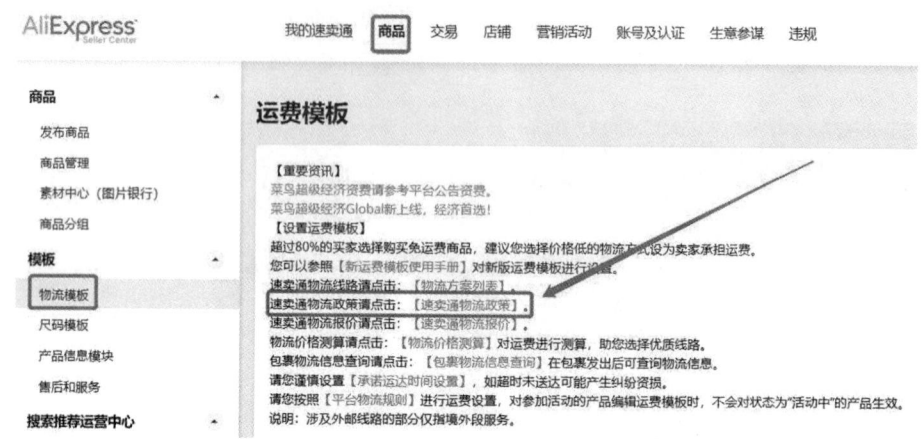

图 2-3-3　查看运费模板中速卖通物流政策

点击进去之后，卖家能够看到部分国家和地区有指定物流渠道，如表 2-3-1 所示。

表 2-3-1　速卖通物流政策

收货国家/地区	订单实际支付金额	经济类		简易类		标准类		快速类	
		线下发货	线上发货	线下发货	线上发货	线下发货	线上发货	线下发货	线上发货
美国	>5美元	不可用	不可用	—	—	AliExpress 无忧物流-标准、e邮宝、菜鸟专线-标准可用，其他不可用（特殊类目除外）		可用	可用
	≤5美元	不可用	可用	—	—	可用	可用	可用	可用
法国、荷兰、波兰	>5美元	不可用	不可用	—	—	AliExpress 无忧物流-标准可用，其他不可用（特殊类目除外）		可用	可用
	≤5美元	不可用	可用	—	—	可用	可用	可用	可用
智利	>5美元	不可用	不可用	不可用	不可用	AliExpress 无忧物流-标准可用，其他不可用（特殊类目除外）		可用	可用
	≤5美元	不可用	可用	不可用	可用	可用	可用	可用	可用
乌克兰、白俄罗斯	>5美元	不可用	不可用	不可用	不可用	可用	可用	可用	可用
	>2美元, ≤5美元	不可用	不可用	不可用	可用	可用	可用	可用	可用

表 2-3-1 续

收货国家/地区	订单实际支付金额	物流服务等级							
		经济类		简易类		标准类		快速类	
		线下发货	线上发货	线下发货	线上发货	线下发货	线上发货	线下发货	线上发货
乌克兰、白俄罗斯	≤2美元	不可用	菜鸟超级经济	不可用	可用	可用	可用	可用	可用
沙特阿拉伯、阿联酋	所有订单	不可用	不可用	—	—	可用	可用	可用	可用
巴西	所有订单	不可用	不可用	—	—	AliExpress无忧物流-标准可用，其他不可用（特殊类目除外）		可用	可用
其他国家和地区	>5美元	不可用	不可用	—	—	可用	可用	可用	可用
	≤5美元	不可用	可用	—	—	可用	可用	可用	可用

1. 两大热门国家的特殊物流政策

俄罗斯线上物流政策，如表 2-3-2 所示。

表 2-3-2 俄罗斯物流政策类

收货国家	订单实际支付金额	普货①类目							
		经济类		简易类		标准类		快速类	
		线下发货	线上发货	线下发货	线上发货	线下发货	线上发货	线下发货	线上发货
俄罗斯	>5美元	不可用	不可用	不可用	不可用	AliExpress无忧物流-标准 AliExpress无忧物流-自提 菜鸟特货专线标准 菜鸟大包专线	不可用	无忧物流优先 EMS e-EMS Fedex IP DHL UPS全球快捷 UPS全球速快 Fedex IE	无忧物流优先 EMS e-EMS Fedex IP DHL UPS全球快捷 UPS全球速快 Fedex IE
	>2美元，≤5美元	不可用	可用	无忧物流简易 菜鸟特货专线简易	不可用	AliExpress无忧物流-标准 AliExpress无忧物流-自提 菜鸟特货专线标准 菜鸟大包专线	中国邮政挂号小包 中国邮政大包 e邮宝		
	≤2美元	菜鸟超级经济 菜鸟特货专线超级经济 中国邮政平常小包+菜鸟大包专线	不可用	无忧物流简易 菜鸟特货专线简易	不可用	AliExpress无忧物流-标准 AliExpress无忧物流-自提 菜鸟特货专线标准 菜鸟大包专线			

① "普货"是指除"特货"外的其他货品；"特货"是指产品有液体或带电，这类产品需要设置指定的物流渠道。

西班牙线上物流政策，如表2-3-3所示。

表2-3-3 西班牙物流政策

收货国家	订单实际支付金额	普货类目							
		经济类		简易类		标准类		快速类	
		线下发货	线上发货	线下发货	线上发货	线下发货	线上发货	线下发货	线上发货
西班牙	>10美元	不可用	不可用	不可用	不可用	AliExpress无忧物流-标准	不可用	同上	同上
	>5美元,≤10美元	不可用	不可用	AliExpress无忧物流-简易	不可用	AliExpress无忧物流-标准 菜鸟特货专线标准	中国邮政大包	无忧物流优先 DHL EMS e-EMS Fedex IP Fedex IE UPS全球快捷 UPS全球速快	TNT DHL EMS E特快 Fedex IP Fedex IE UPS全球快捷 UPS全球速快
	>2美元,≤5美元	不可用	可用	AliExpress无忧物流-简易	不可用				
	≤2美元	中外运西邮经济小包 菜鸟专线经济	不可用	AliExpress无忧物流-简易	不可用				

2.认识物流政策规律

根据物流政策，笔者总结出一个规律，设置运费模板基本分为5美元以下模板和5美元以上模板，其中5美元以下模板又分为2美元以下与2～5美元模板。

2美元以下与2～5美元模板的主要区别是俄罗斯与西班牙两大热门国家，也就是说，2美元以下的产品，设置运费模板的时候，选择经济类物流渠道即可。设置2～5美元产品运费模板时，需要注意俄罗斯与西班牙这两个国家有指定物流渠道，需要设置经济类和简易类两种物流渠道，否则卖家设置了俄罗斯与西班牙包邮，速卖通买家端也不会显示包邮。

5美元以上产品，设置运费模板时，指定物流渠道的国家和地区比较多，如美国、法国、荷兰、波兰、智利、巴西、俄罗斯、西班牙等国家和地区有指定物流渠道，所以卖家设置运费模板的时候只需要注意这些国家和地区的指定渠道，其他国家和地区不受速卖通物流政策约束。

3. 特殊类目物流政策

笔者特别提醒卖家，在售价 5 美元以上产品的物流政策中，特殊类产品是不受物流政策约束的，有指定渠道的国家和地区不设置指定渠道，也是可以显示包邮的，如图 2-3-4 所示。

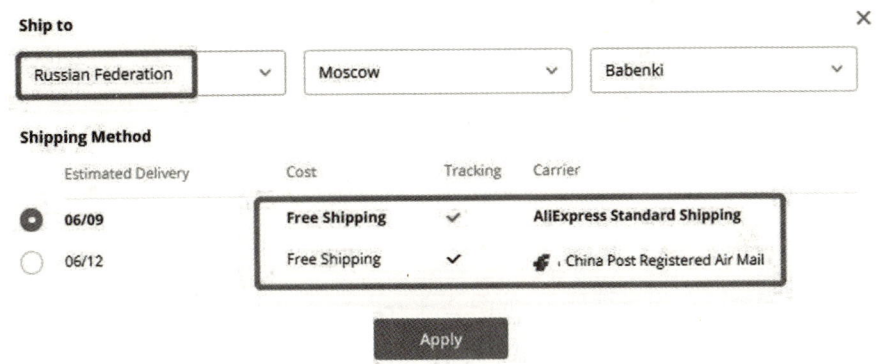

图 2-3-4　特殊类目产品，买家选择物流渠道页面

根据物流政策，售价 5 美元以上产品的订单，俄罗斯指定 AliExpress 无忧物流 - 标准、AliExpress 无忧物流 - 自提、菜鸟特货专线 - 标准、菜鸟大包专线这 4 条物流渠道。除特殊类目外，其他类产品设置线上发货，必须按照物流政策指定渠道设置运费模板。

卖家如何知道所选类目是不是属于特殊类目，需要参考网址：https://sale.aliexpress.com/zh/_pc/seller/shipping_rules_whitelist.htm，或者速卖通卖家后台，点击"帮助中心"，输入"物流政策的特殊类目"，就可以查看店铺产品类目是否属于特殊类目。

三、下载线上物流运费报价表

首先卖家打开速卖通卖家端后台，点击商品页面，选择物流模板，就可以看到速卖通物流报价，如图 2-3-5 所示。

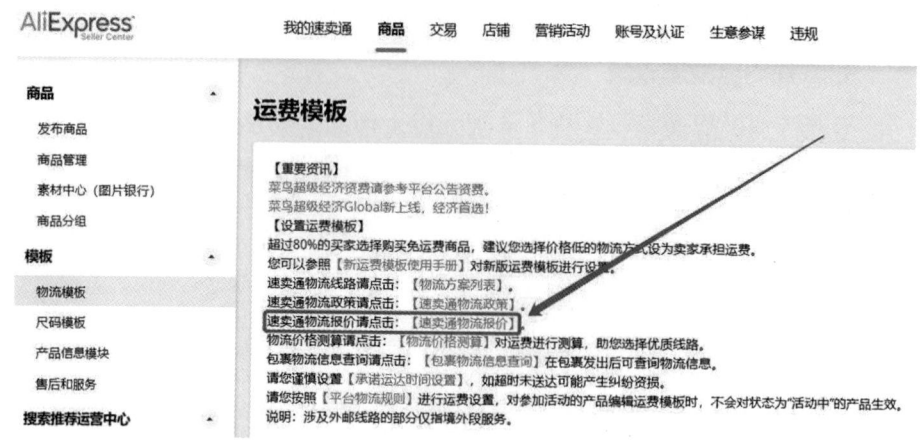

图 2-3-5 查看速卖通物流报价页面

点击进入，选择物流报价下载（由于物流运费报价每个月都有价格波动，建议卖家下载最新报价），如图 2-3-6 所示。

下载之后，卖家可以得到一份线上整套的物流运费报价表格，再根据报价表计算各个国家和地区的运费，设置线上运费模板。

AliExpress无忧物流-优先 燃油附加费率		菜鸟-DPEX 燃油附加费率	
2020年5月	11.00%	2020年5月	10%
2020年4月	15.50%	2020年4月	10%
2020年3月	17.75%	2020年3月	4%
2020年2月	18.75%		
2020年1月	18.25%		
2019年12月	17.50%		
2019年11月	17.75%		
2019年10月	17.00%		
2019年9月	18.00%		
2019年8月	17.25%		
2019年7月	18.50%		
2019年6月	18.50%		
2019年5月	18.00%		
2019年4月	18.00%		
2019年3月	16.00%		
2019年2月	15.25%		
2019年1月	17.25%		
2018年12月	19.75%		
2018年11月	19.5%		
2018年10月	17.75%		

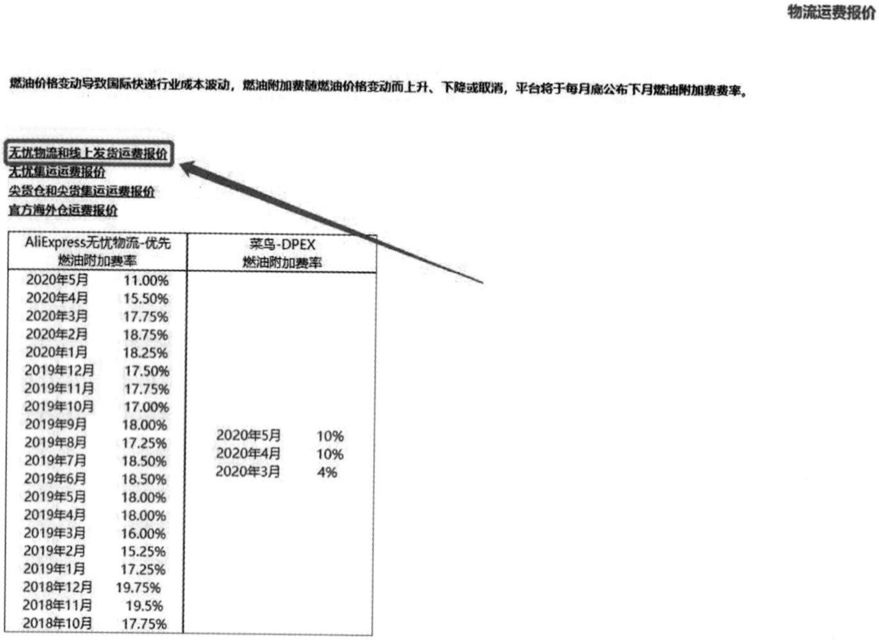

图 2-3-6 下载线上物流报价表页面

1. 标准运费减免

产品售价中如果包含了 20 元运费，实际 A 地运费为 25 元，卖家就需要给 A 地买家减免 20 元运费，20/25=0.8，即需要减免 80% 的运费，也就是说，只需要 A 地买家额外出 20% 运费（5 元），如图 2-3-7 所示。

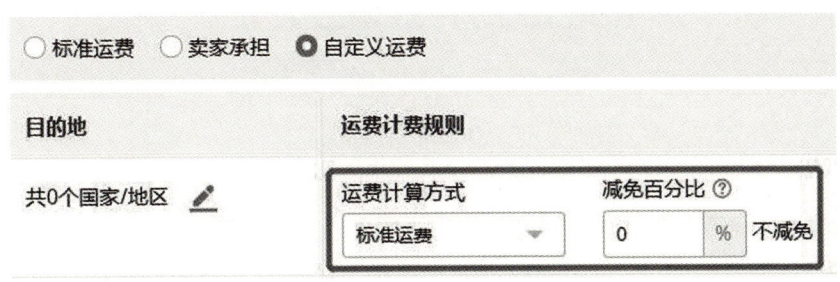

图 2-3-7　自定义标准运费页面

2. 卖家承担运费

产品售价中如果包含了 20 元运费，实际 A 地运费低于 20 元，卖家就给 A 地买家承担运费，不需要 A 地买家额外出运费，如图 2-3-8 所示。

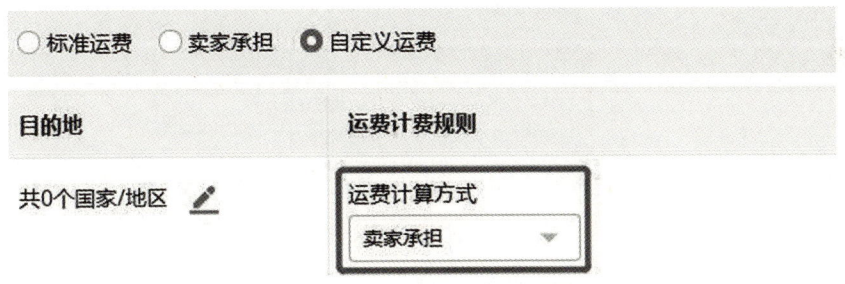

图 2-3-8　自定义卖家承担运费页面

3. 自定义运费

自定义运费分为两种。第一种是所有国家和地区不包邮，产品售价也不包含运费，按照实际的产品重量或者数量计算运费；第二种是产品售价中如果包含 20 元运费，按重量或数量实际需要 25 元运费，卖家设置额外多收 5 元运费，由于按重量或数量是以美元方式，所以额外的 5 元运费需要换算成美元填入。

按照重量计算，如图 2-3-9 所示。

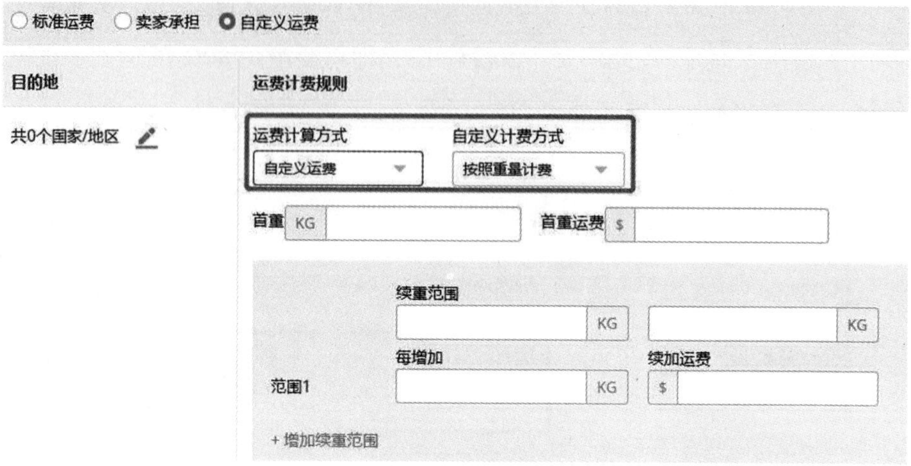

图 2-3-9　自定义按重量计算运费页面

按照数量计算，如图 2-3-10 所示。

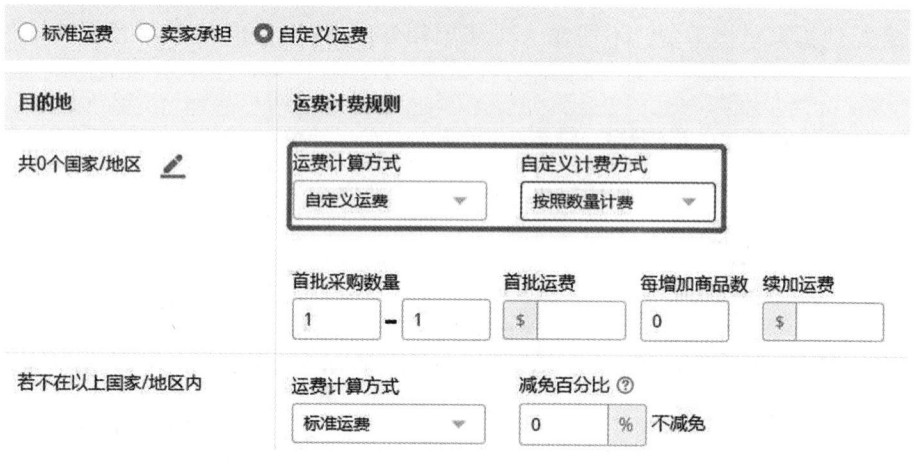

图 2-3-10　自定义按数量计算运费页面

四、什么是包邮单价

顾名思义，包邮单价就是加在产品中的运费。速卖通的产品售价大部分包含运费，买家也特别喜欢包邮的产品。包邮单价不能太高，也不能太低,当然也不能在产品中随意添加运费,而要根据产品实际重量、物流政策计算热门国家和地区的运费。再将热门国家和地区运费加入产品售价中,一个店铺的热门国家和地区订单占店铺订单70%左右。

1. 包邮单价过高的影响

产品售价中运费添加越多,能够包邮的国家和地区就越多,售价相应也越高,这样会降低产品的转化率。如果产品售价过高,买家很有可能会购买同行的同类型产品;如果店铺热门国家和地区运费为30元,那么卖家添加到产品中的运费就不能超出这个金额;如果产品中添加40元运费,那么热门国家和地区买家购买时的产品售价将很可能比同行的同类型产品售价高10元,这会造成大量的订单损失。

2. 包邮单价太低的影响

如果产品中包含运费太少,虽然降低了产品售价,但会出现两种情况:第一种,产品售价包含运费太低,热门国家和地区未包邮,当买家准备下单,看到不包邮的产品时可能会迟疑,然后选择其他产品;第二种,虽然产品售价包含运费低,但是热门国家和地区还是包邮了,那么产品利润就会降低,或者导致亏钱。

所以无论是包邮单价太高或太低,都是不可取的,笔者建议卖家根据热门国家和地区运费设置物流模板,低于热门国家和地区运费的国家和地区进行包邮,例如,热门国家和地区运费为30元,低于30元运费的国家和地区进行包邮;高于热门国家和地区运费的国家和地区进行减免或者自定义运费。例如,热门国家和地区运费为30元,部分国家和地区运费为35元,那么卖家为这些35元的国家和地区减免30元运费,也就是30/35,大约减免86%的运费,或者按照自定义公式(35-30)/美元汇率计算,额外收取0.74美元。

3. 什么是热门国家和地区

计算包邮单价,卖家首先要知道什么是热门国家和地区,并且知道自己店铺的热门国家和地区有哪些,新店铺与老店铺的热门国家和地区是否一样。不知道自己店铺的热门国家和地区就不能精准计算运费，毕竟卖家店铺运费模板是根据热门国家和地区的包邮单价来设置的。

（1）新店铺热门国家和地区。笔者个人理解，新开店铺是指入驻时间1~3个月或者总体订单低于100个的店铺。这种店铺，卖家需要根据速卖通给出的整体数据来提取热门国家和地区，如图2-3-11所示。

机会国家	单国家分析	商品研究							家居用品 > 宠物用品 >	所有平台
已选择	全部国家 ×	全部性别 ×	全部年龄 ×	全部子订单均价 ×						
国家&地区	全部国家	RU 23.86%	ES 12.34%	FR 6.74%	NL 6.11%	PL 5.43%	IL 4.96%	US 3.06%	UA 2.55%	CZ 2.28%	IT 2.18%
		CL 1.92%	LT 1.82%	BE 1.73%	PT 1.61%	CA 1.57%	KR 1.40%	BY 1.32%	DE 1.31%	GB 1.22%	SK 1.20%
性别	全部性别	F 58.42%	M 36.19%	unknow 5.39%							
年龄	全部年龄	未知 (5.83%)	18-24 (9.53%)	25-34 (43.14%)	35-44 (29.43%)	45-54 (9.39%)	55-64 (2.28%)	65-100 (0.40%)			
子订单均价	全部子订单均价	0-0.93 (10.43%)	0.93-2.73 (29.07%)	2.73-6.41 (29.45%)	6.41-15.31 (20.95%)	15.31-999999.99 (10.10%)					

图2-3-11 提取店铺热门国家和地区

在速卖通卖家端，点击"生意参谋"—"国家分析"—"商品研究"—"选择类目"，显示出来的前5个国家和地区即为热门国家和地区。设置运费模板是根据5个热门国家和地区来综合计算包邮单价的，图2-3-11中前5个热门国家的市场占比为50%左右。

（2）老店铺热门国家和地区。总订单量高于100个的店铺，每天或多或少都有订单，可以综合评判出单的国家和地区都有哪些。当然订单越多，越能直观体现出下单的国家和地区有哪些。卖家可以将出单较多的5个国家和地区作为热门国家和地区。如果自己的店铺以前没有根据热门国家和地区来设置运费模板，可以按照新店铺方法查询热门国家和地区进行设置，稳定出单后，再根据实际出单较多的国家和地区重新设置运费模板。如果稳定出单后，出单较多的国家和地区与速卖通查询热门国家和地区一致，卖家就不用重新设置运费模板了。

五、如何花同样的运费包邮更多的国家和地区

速卖通面向全球200多个国家和地区，速卖通买家大部分喜欢包邮的产

品。当卖家在设置运费模板的时候，一般是以热门国家和地区运费为分割线，低于热门国家和地区运费的进行包邮，高于热门国家和地区运费的进行减免或者自定义运费。

但在实际操作中，设置好一个运费模板后，真正能够包邮的国家和地区寥寥无几，大部分是不包邮的国家和地区，如果卖家既想给其他买家包邮，又不想在产品售价中加太多运费，要怎么做呢？可以在设置运费模板的时候设置多渠道包邮，这样既不增加额外的运费，又能为更多国家和地区的买家包邮。根据物流政策，一般只有热门国家和地区才会指定物流渠道，其他国家和地区是可以发任意物流渠道的。

为什么要设置多渠道包邮？同样的运费，不同的物流渠道，价格也不一样，所以设置多渠道物流，可以花同样的钱设置更多的国家和地区，减免率高于100%的国家和地区，卖家后台设置承担运费。

如图2-3-12所示，AliExpress无忧物流-标准渠道，220g，包邮单价33.87元，低于包邮单价的国家只有10个。如果只设置AliExpress无忧物流-标准单一物流，这就意味着95%的国家和地区是没法包邮的。如果卖家以同样的重量220g、包邮单价33.87元，再设置中国邮政挂号小包，其结果如图2-3-13所示。

国家/地区列表			配送服务费/(元/kg)	单件服务费/元	产品重量：220g	包邮单价：33.87元
					运费/元	减免率[①]/%
Singapore	SG	新加坡	66.85	10.29	18.31	151.65
Ukraine	UA	乌克兰	103.24	7.10	19.49	142.49
Indonesia	ID	印度尼西亚	85.35	11.58	21.82	127.26
Thailand	TH	泰国	85.35	11.58	21.82	127.26
Russian Federation	RU	俄罗斯	62.25	14.79	22.26	124.75
Vietnam	VN	越南	87.76	13.04	23.57	117.81
France	FR	法国	91.90	13.65	24.68	112.53
Malaysia	MY	马来西亚	59.10	18.65	25.74	107.88
Germany	DE	德国	93.00	16.35	27.51	100.95
Philippines	PH	菲律宾	99.31	15.85	27.77	100.01
Cambodia	KH	柬埔寨	100.39	15.85	27.90	99.55%
Negara Brunei Darussalam	BN	文莱	96.60	17.60	29.19	95.13%
Maldives	MV	马尔代夫	98.20	17.60	29.38	94.51%
Japan	JP	日本	56.65	22.73	29.53	94.05%
India	IN	印度	106.30	17.60	30.36	91.48%

图2-3-12　AliExpress无忧物流-标准计算减免率

国家/地区列表			配送服务费/(元/kg)	单件服务费/元	产品重量:220g 运费/元	包邮单价:33.87元 减免率/%
新西兰	New Zealand	NZ	69.00	8.50	16.78	165.49
法国	France	FR	67.00	13.00	21.04	131.99
斯洛伐克	Slovakia	SK	53.00	15.50	21.86	127.04
波兰	Poland	PL	64.00	15.00	22.68	122.44
德国	Germany	DE	58.00	15.80	22.76	122.01
捷克	Czech Republic	CZ	69.00	14.50	22.78	121.91
白俄罗斯	Belarus	BY	63.00	16.00	23.56	117.87
英国	United Kingdom	UK	51.00	17.50	23.62	117.57
泰国	Thailand	TH	47.65	18.01	23.73	117.03
韩国	Korea	KR	47.43	18.35	24.04	115.51
澳大利亚	Australia	AU	63.00	16.50	24.06	115.42
马来西亚	Malaysia	MY	51.47	18.01	24.19	114.82
匈牙利	HunGary	HU	77.00	15.00	24.24	114.56
新加坡	Singapore	SG	50.78	18.35	24.44	113.61
乌克兰	Ukraine	UA	54.00	18.30	24.78	112.07
挪威	Norway	NO	53.00	19.30	25.66	108.22
葡萄牙	Portugal	PT	58.00	19.00	25.96	106.97
荷兰	Netherlands	NL	50.00	20.00	26.00	106.81
加拿大	Canada	CA	59.00	19.00	26.08	106.48
西班牙	Spain	ES	53.00	20.00	26.36	105.35
斯洛文尼亚	Slovenia	SI	63.42	18.79	26.40	105.19
美国	United States	US	55.00	20.00	26.60	104.40
克罗地亚	Croatia	HR	59.84	19.43	26.61	104.36
哈萨克斯坦	Kazakhstan	KZ	43.48	21.42	26.64	104.25
爱沙尼亚	Estonia	EE	63.51	19.11	26.73	103.89
以色列	Israel	IL	74.00	18.50	27.38	101.42
罗马尼亚	Romania	RO	51.12	21.36	27.49	101.00
越南	Vietnam	VN	41.48	23.01	27.99	99.22
格鲁吉亚	Georgia	GE	72.44	19.66	28.35	97.94
蒙古	Mongolia	MN	44.83	23.01	28.39	97.82

图 2-3-13 邮政小包计算减免率

虽然邮政小包和无忧标准包邮国家和地区会有重叠,但是邮政小包覆盖的包邮国家和地区明显增加,由此可见,不同的物流渠道,优势不一样,包邮的国家和地区也不尽相同。一个运费模板中可以设置多个物流渠道,如果卖家再设置 e 邮宝、燕文航空挂号小包等渠道,可包邮的国家和地区会更多。所以,卖家设置运费模板的时候,尽量设置多个物流渠道,这样可以花同样的钱,包邮更多的国家和地区。

六、如何计算经济物流的包邮单价

产品售价在 5 美元以下的设置经济物流渠道,当然 5 美元以下又分为 2 美元以下、2~5 美元两种情况。首先查询 5 个热门国家和地区与物流政策,下

---

① 减免率 = 包邮单价 / 运费 ×100%。

载线上整套物流运费报价表，支持多个物流渠道，再根据产品重量来计算。

1.2 美元以下包邮单价计算

如表 2-3-4 所示，使用 Excel 表格根据物流政策计算包邮单价。

假设产品重量为 30g。

支持物流渠道：菜鸟超级经济 Global、菜鸟专线经济、中国邮政平常小包 +、菜鸟超级经济。

5 个热门国家[①]：俄罗斯、美国、法国、西班牙、波兰。

表 2-3-4　计算 30g 产品的包邮单价[②]

单位：元

物流类型	国家				
	俄罗斯	美国	法国	西班牙	波兰
菜鸟超级经济 Global	—	8.69	11.64	—	6.92
菜鸟专线经济	5.39	—	—	7.9	—
中国邮政平常小包 +	7.05	8.16	8.7	—	8.14
菜鸟超级经济	4.69	8.92	10.96	11.43	10.65

表格中 "—" 是不能计算的渠道；根据物流政策，2 美元以下，收货地为俄罗斯与西班牙时，物流须为 "菜鸟专线经济"，其他 3 个热门国家不受物流政策约束，选择最低运费——寄至俄罗斯为 5.39 元，寄至美国为 8.16 元，寄至法国为 8.7 元，寄至西班牙为 7.9 元，寄至波兰为 6.92 元，将这 5 个运费中最高者设为包邮单价，即包邮单价为 8.7 元。

2.2~5 美元包邮单价计算

如表 2-3-5 所示，使用 Excel 表格根据物流政策计算"普货"包邮单价。

假设产品重量为 80g。

支持物流渠道：AliExpress 无忧物流 - 简易、菜鸟超级经济 Global、中

---

① 以实际个人店铺热门国家和地区为准，下同。
② 除物流政策指定渠道外，其他渠道可以根据自己情况选择。物流报价每个月都有更新，请以实际报价为准，下同。

国邮政平常小包+、菜鸟超级经济-燕文。

5个热门国家：俄罗斯、美国、法国、西班牙、波兰。

表2-3-5 计算80g产品包邮单价

单位：元

物流类型	国家				
	俄罗斯	美国	法国	西班牙	波兰
菜鸟超级经济Global	—	13.47	15.58	—	9.47
菜鸟超级经济-燕文	—	14.07	15.74	—	12.8
中国邮政平常小包+	10.48	12.1	12.2	—	11.63
AliExpress无忧物流-简易	14.05	—	—	17.06	—

表格中"—"是不能计算的渠道；根据物流政策，2~5美元，收货地为俄罗斯与西班牙时，物流须为AliExpress无忧物流-简易，其他3个国家不受物流政策约束，选择最低运费——寄至俄罗斯为14.05元，寄至美国为12.1元，寄至法国为12.2元，寄至西班牙为17.06元，寄至波兰为9.47元。将这5个运费中最高者设为包邮单价，即包邮单价为17.06元。

3. 如何处理包邮单价相差过大

计算包邮单价时，如果5个热门国家和地区运费相差太大，以最高的热门国家或地区运费作为包邮单价，那么运费较低的热门国家和地区买家会觉得产品售价过高，相信这种情况很多卖家都遇到过。假设俄罗斯为16.3元，美国为12.14元，法国为12.49元，西班牙为18.31元，波兰为10.49元。如果以最高运费18.31元作为包邮单价，其他4个热门国家的产品售价会略高，产品售价在同行中没有优势，对店铺的影响会比较大。所以卖家需要对运费进行分析，美国、法国、波兰这3个国家运费是差不多的，俄罗斯与西班牙与它们存在差距，所以卖家的包邮单价可以取中间数，即12.49元，这样产品售价会均衡一点，并且有一定的价格优势。至于俄罗斯与西班牙应该怎么办，笔者提供两种处理方案。

（1）以12.49元为包邮单价，设置运费模板时，俄罗斯与西班牙不予

② 打造速卖通"爆款"之产品攻略

包邮,正常减免包邮单价,让俄罗斯与西班牙买家额外支付运费,这样的处理方式,对卖家而言比较轻松。但是不包邮的产品,买家是不太愿意购买的,并且会损失产品的部分曝光,买家搜索产品的时候,一旦勾选 Free Shipping(包邮),对俄罗斯与西班牙买家的曝光与转化会产生影响。

(2)同样以 12.49 元作为包邮单价设置运费模板,俄罗斯与西班牙单独包邮,但是俄罗斯的正常运费为 16.3 元,根据产品定价、折扣比例重新计算俄罗斯与西班牙售价。卖家上传产品信息的时候,调整俄罗斯与西班牙的售价,如图 2-3-14 所示。

图 2-3-14 上传产品信息区域调价页面

区域调价是指被调价的国家和地区与未调价的国家和地区的售价是不一样的,这样既可以为运费价格较高的国家和地区包邮,又不影响其他国家和地区的售价。

单个国家或地区区域调价后,区域调价国家或地区售价高于实际售价。

以产品成本 10 元为例,当俄罗斯运费设置为 12.49 元和 16.3 元时,对产品各项收支情况的影响如表 2-3-6 和表 2-3-7 所示。

表 2-3-6 利用产品定价器计算包邮单价为 12.49 元时产品各项收支情况

产品成本价 / 元	国内运费 / 元	国际运费 / 元	利润率 /%
10	0	12.49	226.00
假设 1 美元 =7 元	速卖通佣金 /%	利润 / 元	速卖通售价 / 美元
7	8.00	22.6	7
速卖通售价 / 美元	预留最大折扣 /%	折后售价 / 美元	折后利润 / 元
7	50.00	3.5	0.05

表 2-3-7　利用产品定价器计算包邮单价为 16.3 元时产品各项收支情况

产品成本价 /元	国内运费 /元	国际运费 /元	利润率 /%
10	0	16.3	263.00
假设 1 美元 =7 元	速卖通佣金 /%	利润 /元	速卖通售价 /美元
7	8.00	26.3	8.17
速卖通售价 /美元	预留最大折扣 /%	折后售价 /美元	折后利润 /元
8.17	50.00	4.085	0.0074

由上表可知产品的实际售价为 7 美元，区域调价的售价为 8.17 美元，有卖家产生疑问，实际包邮单价为 12.49 元，区域调价的运费为 16.3 元，实际上相差 4 元左右，为什么售价相差 1.17 美元？因为区域调价调的是原价，除非这款产品不打折，否则额外收取的运费也会随之打折，所以区域调价需要根据产品的折扣一起调整。其实卖家看到的折后价格就是相差的运费，表 2-3-6 中折后价格为 3.5 美元，表 2-3-7 中折后价格为 4.085 美元，两者相差 0.6 美元左右，人民币 4 元差价大约等于 0.6 美元，所以区域调价的原价为多少取决于产品折扣，实际的折后价格的差额等于相差的运费即可。

4. 哪些渠道支持"特货"产品

"特货"是指产品有液体或者带电，这类产品需要设置指定的物流渠道，"特货"的物流费用高于"普货"的物流费用。一般新手卖家选择线上物流渠道，速卖通线上渠道支持液体或者带电产品类型，如表 2-3-8 所示。

表 2-3-8　速卖通线上物流渠道支持产品类型

物流等级	线路名称	普货	带电	特货
经济类物流	菜鸟超级经济 Global	√		
	菜鸟专线经济	√	√	
	菜鸟特货专线 - 超级经济	√	√	√
	菜鸟超级经济	√		
	菜鸟超级经济 - 顺友	√		

表 2-3-8 续

物流等级	线路名称	普货	带电	特货
经济类物流	菜鸟超级经济 - 燕文	√		
	4PX 新邮经济小包	√		
	中国邮政平常小包 +	√		
	顺丰国际经济小包	√		
简易类物流	AliExpress 无忧物流 - 简易	√	√	
	菜鸟特货专线 - 简易	√	√	√
标准类物流	AliExpress 无忧物流 - 标准	√		
	AliExpress 无忧物流 - 自提	√		
	菜鸟专线 - 标准	√		
	菜鸟大包专线	√		
	菜鸟特货专线 - 标准	√	√	√
	燕文航空挂号小包	√		
	4PX 新邮挂号小包	√		
	速优宝芬邮挂号小包	√		
	中国邮政挂号小包	√		
	中邮 e 邮宝	√		

产品属于"特货"的话，卖家在计算包邮单价的时候，就需要以"特货"的物流渠道计算，线上的"特货"渠道是比较少的。一般运营时间较长的卖家，或者订单较多的店铺，会选择线下物流渠道。线下物流渠道计算包邮单价的方法和"普货"的计算方法一致，卖家在速卖通卖家端后台设置物流模板的时候，需要设置"卖家自定义"渠道。

七、如何计算标准物流的包邮单价

一般情况下，产品重量高于 150g、产品进货成本高于 15 元、产品售价高于 5 美元时才会设置标准物流渠道。若产品符合上述条件，却还是设置经济物流渠道的话，就会严重压缩产品利润，或者部分国家和地区不会显示经济物流渠道。所以，当产品符合上述条件时，笔者建议卖家计算标准物流包邮单价，这也是速卖通物流政策的硬性规定。

卖家在计算包邮单价的时候，需要灵活运用。其具体计算方式与经济物流的包邮一致。在 5 个热门国家和地区运费相差较小的情况下，包邮单价可以取 5 个热门国家和地区运费的最高值，这样无须设置区域调价，所有国家和地区看到的产品售价是统一的。在 5 个热门国家和地区运费相差较大的情况下，包邮单价可以选择相差不大的国家和地区运费最高值，单独一个或两个国家和地区运费过高，就设置区域调价。产品的售价除区域调价的国家和地区外是统一的，被区域调价的国家和地区，产品售价会略高一点。

假设产品重量为 220g。

支持物流渠道：AliExpress 无忧物流 - 标准、燕文航空挂号小包、中国邮政挂号小包。

5 个热门国家：俄罗斯、美国、法国、西班牙、波兰。

如表 2-3-9 所示，使用 Excel 表格根据物流政策计算线上"普货"包邮单价。

表 2-3-9　计算 220g 产品包邮单价

单位：元

物流类型	国家				
	俄罗斯	美国	法国	西班牙	波兰
AliExpress 无忧物流 - 标准	28.49	54.74	33.87	41.18	33.02
燕文航空挂号小包	—	49.2	41.87	38.83	37.56
中国邮政挂号小包	35.76	31.88	26.21	31.66	27.76

根据 5 美元以上的物流政策，AliExpress 无忧物流 - 标准、燕文航空挂号小包、中国邮政挂号小包 3 个渠道中，5 个热门国家全部支持 AliExpress

无忧物流-标准（除特殊类目）。

若简单取最高邮费作为包邮单价，即包邮单价为54.74元，由于5个热门国家实际运费相差过大，产品售价会过高，没有优势。

所以卖家设置运费模板的时候，采取区间调价，美国、西班牙单独包邮，美国实际运费为54.74元减去包邮单价33.87元，再换算成美元，对美国需要区域调价大约3美元。对西班牙实际运费为41.18元减去包邮单价33.87元，再换算成美元，西班牙需要区域调价大约1.2美元。如果产品折后售价为10美元，那么美国买家需要花13美元，西班牙买家需要花11.2美元才能购买该款产品。

八、如何快速设置物流模板

设置运费模板其实非常简单，前提条件是精准计算包邮单价，然后使用Excel表格，根据包邮单价统一计算各个国家和地区运费，低于包邮单价的国家和地区设置包邮（卖家承担运费），高于包邮单价的国家和地区设置减免（减去包邮单价，买家额外支付的运费百分比）；还可按数量或者重量设置（减去包邮单价，买家实际额外支付的运费）。新上传的产品，设置"包邮+减免"即可。

1. 经济类模板设置

以本节第六部分计算经济物流包邮单价数据为例，产品重量为30g，包邮单价为8.7元，支持渠道有菜鸟超级经济Global、菜鸟专线经济、菜鸟超级经济、中国邮政平常小包+。在物流报价表中设置参数填上重量与包邮单价，减免率100%以上的国家和地区为包邮，减免率100%以下的国家和地区按减免率设置，以菜鸟超级经济Global为例，如图2-3-15所示。

首先，卖家打开速卖通卖家端后台，创建物流模板，选择"经济类"，勾选"菜鸟超级经济Global"，如图2-3-16所示。

右侧运费和减免率是用于批量计算左侧各个国家实际运费和额外收取运费（里面包含表格公式，由于截图体现不出）						产品重量：30g	包邮单价：8.7元
国家/地区列表			配送服务费/(元/kg)	单件服务费/元	最低计费重量/g	运费/元	减免率/%
匈牙利	HunGary	HU	74.68	5.46	10	7.70	112.98
意大利	Italy	IT	63.00	5.82	10	7.71	112.84
哥伦比亚	Colombia	CO	101.46	4.74	10	7.78	111.77
荷兰	Netherlands	NL	65.70	6.06	10	8.03	108.33
赤道几内亚	Equatorial Guinea	GQ	246.69	0.67	10	8.07	107.80
加蓬	Gabon	GA	246.69	0.67	10	8.07	107.80
洪都拉斯	Honduras	HN	246.69	0.67	10	8.07	107.80
圭亚那	Guyana	GY	250.81	0.67	10	8.19	106.17
塞浦路斯	Cyprus	CY	90.13	5.57	10	8.27	105.15
苏里南	Suriname	SR	254.93	0.67	10	8.32	104.59
美国	United States	US	95.61	5.82	20	8.69	100.13
日本	Japan	JP	52.02	7.32	10	8.88	97.97
法罗群岛	Faroe Islands	FO	284.80	0.67	10	9.21	94.42
加拿大	Canada	CA	87.04	6.80	10	9.41	92.44
澳大利亚	Australia	AU	82.92	7.01	10	9.50	91.60

图 2-3-15　菜鸟超级经济 Global 计算减免率

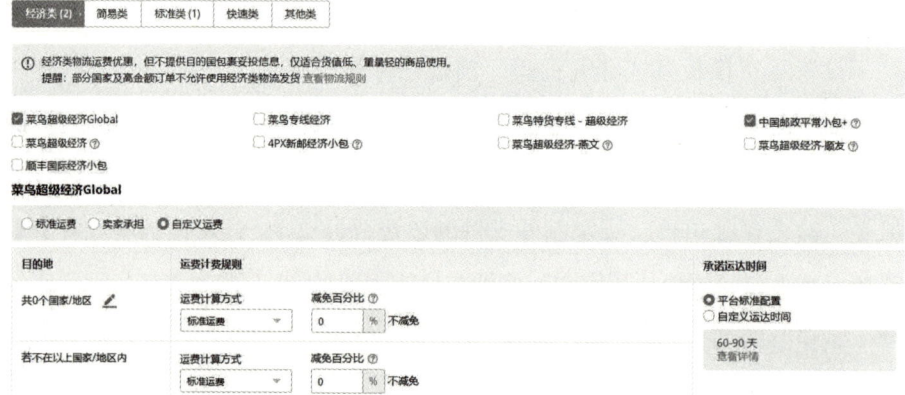

图 2-3-16　运费模板设置标准运费减免率

然后将减免率 100% 以上的所有国家和地区批量添加至“目的地”，运费计算方式选择“卖家承担”（即包邮），如图 2-3-17 所示。

图 2-3-17　运费模板设置卖家承担运费

复制减免率低于100%的国家和地区，根据减免率，添加一个运费组合，批量添加国家和地区，选择标准运费，输入对应的减免百分比。

以日本为例，减免97%是指日本只需要付3%的额外运费，如图2-3-18所示。产品中包含了9.7元运费，其他国家和地区需要10元运费，就需要减免产品中包含的9.7元运费，这样只需付0.3元运费就可以包邮了。

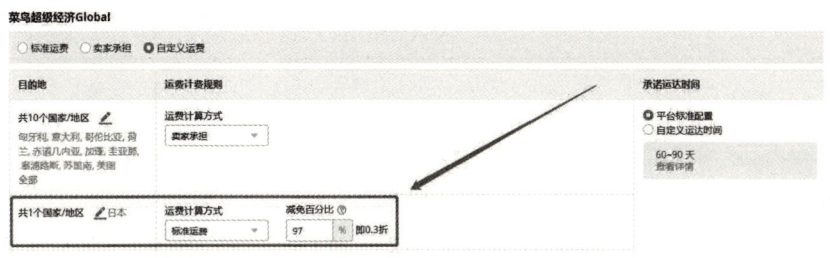

图2-3-18　运费模板设置减免97%的国家和地区

卖家一次把表格中低于100%的国家和地区依次添加多个运费组合，对应减免后，菜鸟超级经济Global渠道的物流模板就设置好了。

卖家随后依次将菜鸟专线经济、菜鸟超级经济Global、中国邮政平常小包＋物流渠道的参数填入表格中，表格即可计算出哪些国家和地区包邮、哪些国家和地区减免。

卖家设置好支持的4个渠道以后，经济物流渠道的模板设置基本完成。关于物流的运达时间，一般选择默认即可。若有个别国家和地区到货时间一直超过物流默认时间，卖家可以单独对这些国家和地区进行自定义设置，如图2-3-19所示。

图2-3-19　运费模板自定义运达时间

承诺运达时间最长可设置 90 天，正常情况下设置运达时间比默认时间长 5~10 天即可。如果设置时间过长，买家可能会因为到货时间较长而选择同行的其他产品；如果设置时间较短，物流渠道到货时间不及时，可能会引起纠纷，比如买家申请退货或者给予差评等，在物流的默认时间内一般会送达。

卖家设置完经济类渠道后，顺便勾选简易类和标准类渠道，选择 2~3 个渠道，统一标准减免 20%~30%，如图 2-3-20 所示。

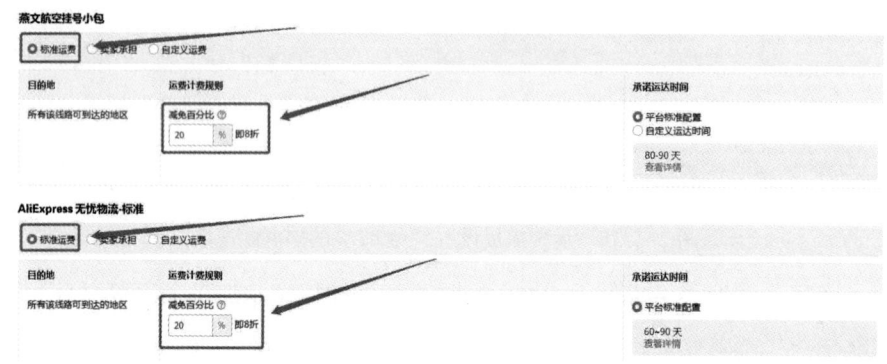

图 2-3-20　统一设置多个标准物流渠道运费

很多卖家会问：为什么设置完经济物流渠道，还要勾选标准物流渠道统一减免，这样运费会不会亏本？其实勾选标准物流渠道统一减免的好处主要有两点：

（1）让买家多一个选择渠道的权利。有些买家愿意多花一些运费，早日收到产品。（笔者的店铺这样设置后，经常出现买家愿意多出运费，选择标准物流渠道的现象。）

（2）买家如果购买多个产品，超过 5 美元后，运费模板就不会显示经济渠道，这样买家就无法购买，或者平台会给买家推荐一些没用过的物流渠道，这样会影响后期发货。（虽然买家可以先选择一个产品加入购物车，再在购物车中修改数量，这样无论数量多少，系统都会显示包邮，但是很多买家不会这样操作。）

2. 标准类模板设置

以本节第七部分计算标准物流包邮单价数据为例，产品重量为 220g，包邮单价为 33.87 元，支持物流渠道为 AliExpress 无忧物流 - 标准、燕文航空挂号小包、中国邮政挂号小包，在物流报价表中设置参数，填上重量与包邮单价，减免率 100% 以上的国家和地区为包邮，减免率 100% 以下的国家和地区按减免率设置，以 AliExpress 无忧物流 - 标准为例，如图 2-3-21 所示。

右侧运费和减免率是用于批量计算左侧各个国家实际运费和额外收取运费（里面包含表格公式，由于截图体现不出）					产品重量：220g	包邮单价：33.87元
国家/地区列表			配送服务费/(元/kg)	单件服务费/元	运费/元	减免率/%
Singapore	SG	新加坡	66.85	10.29	25.00	135.50
Russian Federation	RU	俄罗斯	62.25	14.79	28.49	118.90
Ukraine	UA	乌克兰	103.24	7.10	29.81	113.61
Indonesia	ID	印度尼西亚	85.35	11.58	30.36	111.57
Thailand	TH	泰国	85.35	11.58	30.36	111.57
Malaysia	MY	马来西亚	59.10	18.65	31.65	107.01
Vietnam	VN	越南	87.76	13.04	32.35	104.71
France	FR	法国	91.90	13.65	33.87	100.01
Japan	JP	日本	56.65	22.73	35.19	96.24
Germany	DE	德国	93.00	16.35	36.81	92.01
Philippines	PH	菲律宾	99.31	15.85	37.70	89.85
Cambodia	KH	柬埔寨	100.39	15.85	37.94	89.28
Negara Brunei Darussalam	BN	文莱	96.60	17.60	38.85	87.18
Australia	AU	澳大利亚	66.10	24.50	39.04	86.75

图 2-3-21　AliExpress 无忧物流 - 标准减免率

卖家打开速卖通卖家端后台，创建物流模板，选择标准类 AliExpress 无忧物流 - 标准，如图 2-3-22 所示。

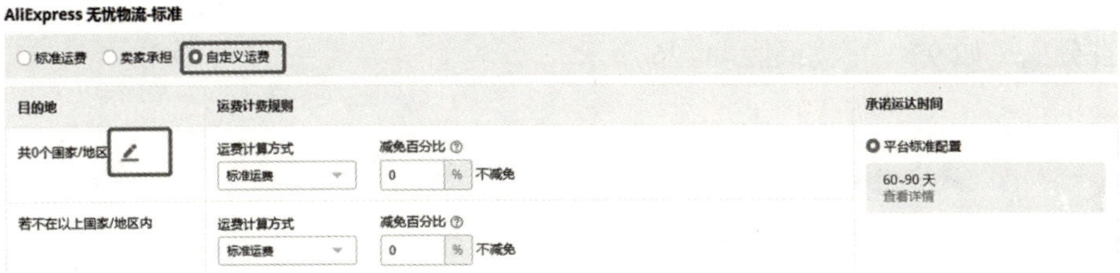

图 2-3-22　运费模板标准类渠道

然后将减免率 100% 以上所有国家和地区批量添加至“目的地”，系统自动选择包邮国家和地区，如图 2-3-23 所示。

系统自动选择国家和地区之后，选择卖家承担运费（也就是包邮），如图 2-3-24 所示。

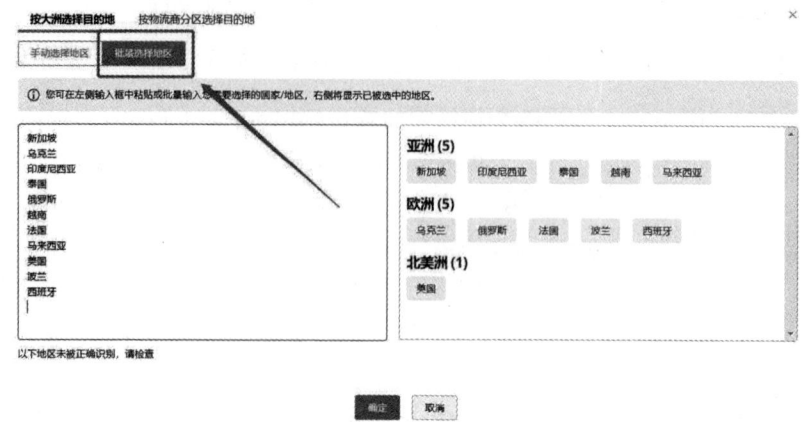

图 2-3-23　批量选择国家和地区设置运费模板

图 2-3-24　运费模板设置卖家承担运费

卖家从表格中复制减免率 100% 以下的国家和地区，选择新增运费组合，批量粘贴国家和地区，系统自动勾选后，选择"标准运费"输入减免百分比（如 92%），如图 2-3-25 所示。

图 2-3-25　运费模板设置减免 92% 的国家和地区

至此，AliExpress 无忧物流 - 标准渠道的物流模板就设置完成了。

卖家按照 AliExpress 无忧物流 - 标准的方法可以依次设置中国邮政挂号小包和燕文航空挂号小包。

设置完标准物流渠道后，笔者同样建议卖家在同一个模板中，勾选快速类物流渠道，统一减免 20%～30%，为买家多提供一种选择，满足不同需求，如图 2-3-26 所示。

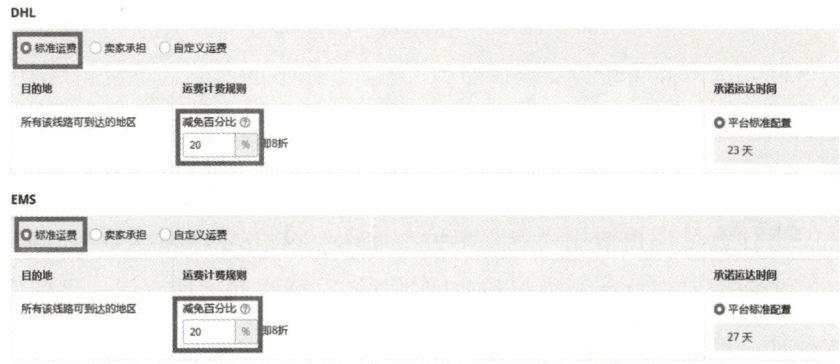

图 2-3-26 统一设置多个快速物流渠道运费

一般选择默认运达时间即可。

卖家设置物流渠道的时候，每设置好一个物流渠道需要保存一次，避免出现批量保存出错的情况。

九、通用模板与精准模板

卖家上传的产品不一定每一款都能够出单，并且前期上传产品信息需要注意很多细节。为了节省设置运费模板所耗时间，卖家会设置通用模板与精准模板两种，前期上传的产品以通用模板为主，产品出单后，再对单个产品做精细化设置。

1. 什么是通用模板

首先，根据产品的重量区间设置模板，多个产品重量在同一区间，通用一个模板，产品售价中包含的运费不尽相同。例如，设置一个 200g 的物流模板，300g 的产品也能够使用此模板，只是 200g 的包邮单价与 300g 的包邮单价不一样而已。

（1）通用模板重量区间。2美元以内：0~50g以30g设置模板、50~100g以80g设置模板。2~5美元：0~50g以50g设置模板、50~100g以80g设置模板、100~150g以130g设置模板。5美元以上：0~150g以100g设置模板、150~300g以200g设置模板、300~500g以400g设置模板、500~700g以600g设置模板、700~900g以800g设置，以此类推。

卖家要根据店铺产品重量选择适合的区间。正常情况下以产品克重区分模板区间，以产品售价设置区间重量，2美元以下的产品，重量超过100g，产品售价就不止2美元，所以产品售价决定以多少克重设置模板，卖家切记根据物流政策选择物流支持的渠道。

（2）什么是模板通用而包邮单价不通用？设置完200g模板与300g模板后，卖家会发现这两个模板相似度非常高，国家和地区之间的排序没有太大变动，该包邮的国家和地区依然包邮，该减免的国家和地区依然减免，所以200g与300g的产品只需设置一个通用模板即可，只是每个克重的包邮单价不一样，以AliExpress无忧物流-标准为例，如图2-3-27所示。

国家/地区列表			重量区间150-299g物流资费		重量区间300-2000g物流资费		计算150-299g运费 产品重量：200g 包邮单价：33.87元		计算300-2000g运费 产品重量：300g 包邮单价：41.22元	
			配送服务费/(元/kg)	单料服务费/元	配送服务费/(元/kg)	单料服务费/元	运费/元	减免率/%	运费/元	减免率/%
Singapore	SG	新加坡	66.85	10.29	66.85	10.29	23.66	135.38	30.35	135.84
Russian Federation	RU	俄罗斯	62.25	14.79	62.25	14.79	27.24	117.58	33.47	123.17
Malaysia	MY	马来西亚	59.10	18.65	59.10	18.65	30.47	105.12	36.38	113.30
Indonesia	ID	印度尼西亚	85.35	11.58	85.35	11.58	28.65	111.80	37.19	110.85
Thailand	TH	泰国	85.35	11.58	85.35	11.58	28.65	111.80	37.19	110.85
Ukraine	UA	乌克兰	103.24	7.10	101.14	7.10	27.75	115.43	37.44	110.09
Vietnam	VN	越南	87.76	13.04	87.76	13.04	30.59	104.70	39.37	104.70
France	FR	法国	91.90	13.65	91.90	13.65	32.03	100.00	41.22	100.00
Germany	DE	德国	93.00	16.35	93.00	16.35	34.95	91.65	44.25	93.15
Australia	AU	澳大利亚	66.10	24.50	66.10	24.50	37.72	84.92	44.33	92.98
New Zealand	NZ	新西兰	68.80	24.00	68.80	24.00	37.76	84.83	44.64	92.34
Philippines	PH	菲律宾	99.31	15.85	99.31	15.85	35.71	89.69	45.64	90.31
Switzerland	CH	瑞士	75.00	23.40	75.00	23.40	38.40	83.41	45.90	89.80
Cambodia	KH	柬埔寨	100.39	15.85	100.39	15.85	35.93	89.15	45.97	89.67

图 2-3-27　200g 与 300g 包邮国家和地区排序情况比对

200g的模板以33.87元作为包邮单价设置物流模板后，300g的产品使用200g的模板，只是包邮单价从33.87元增至41.22元，模板排序国家和地区是差不多的，一般精准度为90%左右。对于新产品而言，使用通用模板即可，重量差距越大，模板的精准度越低，使用通用模板时重量差距不超过100g，对产品的运费模板影响较小。

卖家设置完一个运费模板后，记录好模板的包邮单价是以哪个国家或地区资费计算的，后续使用该模板时，只需重新以包邮单价国家或地区的资费计算重量即可。

例如，30g 的运费模板包邮单价为 8.7 元，包邮单价是以中国邮政挂号小包 + 物流渠道至法国的资费。当 60g 的产品需要用 30g 的模板时，卖家调取中国邮政挂号小包 + 物流渠道至法国的资费，重新计算 60g 的运费，包邮单价为 10.80 元。即可得出 30g 的产品售价包含 8.7 元运费，60g 的产品售价包含 10.80 元运费，这就是模板通用而包邮单价不通用。

（3）通用模板为何设置"包邮 + 减免"？一般新品或者未持续出单的产品，若使用通用模板，笔者建议采用"包邮 + 减免"和"包邮 + 按数量/重量减免"两种设置方式。由于通用模板是多个产品使用，会存在重量不等的情况，所以通用模板设置"包邮 + 减免"。不包邮的国家和地区设置减免时，速卖通会根据卖家上传时填写的产品重量自动计算运费，然后按减免的百分比额外收取运费。

例如，通用模板设置"包邮 + 减免"：产品为 200g，不包邮国家和地区减免 70%，实际运费为 20 元，减免的国家和地区需要额外支付 6 元运费；产品为 300g，不包邮国家和地区减免 70%，实际运费为 30 元，减免的国家和地区额外支付 9 元运费。

例如，通用模板设置"包邮 + 按数量/重量减免"：产品为 200g，不包邮的国家和地区按数量或者重量额外收取 1 美元运费；产品为 300g，不包邮的国家和地区依然额外收取 1 美元运费。

通用模板设置减免率时，无论产品多重，都会根据减免率额外收取不同的运费，所以减免率适合不同重量的通用模板。

2. 什么是精细模板

上传产品信息测款后，能够持续出单的产品，卖家要针对产品的实际重量，单独设置精细模板，精细模板额外收取的运费比通用模板更加精准。

（1）"包邮 + 按重量"设置。例如，产品重量为 350 g，包邮单价为

45.82 元，支持渠道为 AliExpress 无忧物流 - 标准，如图 2–3–28 所示。

右侧运费和减免率是用于批量计算左侧各个国家实际运费和额外收取运费（里面包含表格公式，由于截图体现不出）					产品重量：350g	包邮单价：45.82元
国家/地区列表			配送服务费/(元/kg)	单件服务费/元	运费/元	减免率/%
Singapore	SG	新加坡	66.85	10.29	33.69	136.01
Russian Federation	RU	俄罗斯	62.25	14.79	36.58	125.27
Malaysia	MY	马来西亚	59.10	18.65	39.34	116.49
Indonesia	ID	印度尼西亚	85.35	11.58	41.45	110.54
Thailand	TH	泰国	85.35	11.58	41.45	110.54
Japan	JP	日本	56.65	22.73	42.56	107.67
Ukraine	UA	乌克兰	103.24	7.10	43.23	105.98
Vietnam	VN	越南	87.76	13.04	43.76	104.72
France	FR	法国	91.90	13.65	45.82	100.01
Australia	AU	澳大利亚	66.10	24.50	47.64	96.19
New Zealand	NZ	新西兰	68.80	24.00	48.08	95.30
Germany	DE	德国	93.00	16.35	48.90	93.70
Switzerland	CH	瑞士	75.00	23.40	49.65	92.29
Mexico	MX	墨西哥	85.65	20.35	50.33	91.04
Philippines	PH	菲律宾	99.31	15.85	50.61	90.54
Turkey	TR	土耳其	82.30	22.00	50.81	90.19
Sweden	SE	瑞典	76.80	24.00	50.88	90.06

图 2–3–28　统一计算不包邮国家和地区额外支付运费

卖家打开速卖通卖家端后台，进入运费模板设置，选择 AliExpress 无忧物流 - 标准渠道，低于包邮单价的国家和地区设置卖家承担运费，复制高于包邮单价的国家和地区，批量选择国家和地区后，按照数量或重量设置自定义运费模板，如图 2–3–29 所示。

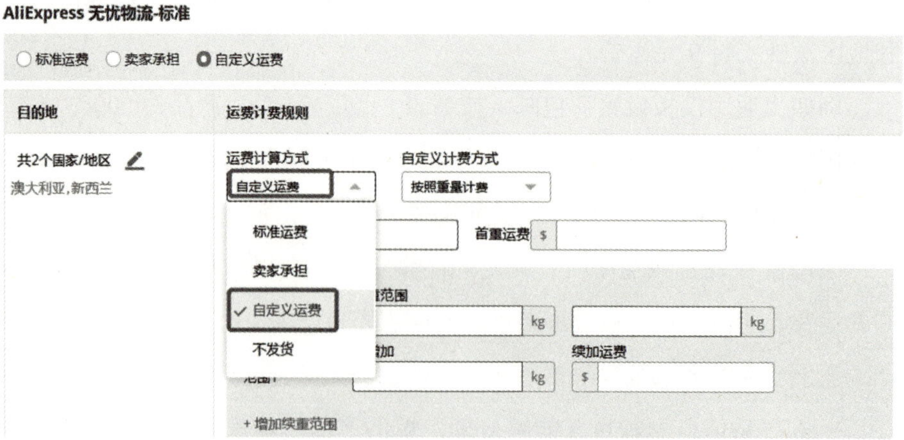

图 2–3–29　运费模板——设置自定义运费

按照重量设置运费模板，如图 2–3–30 所示。

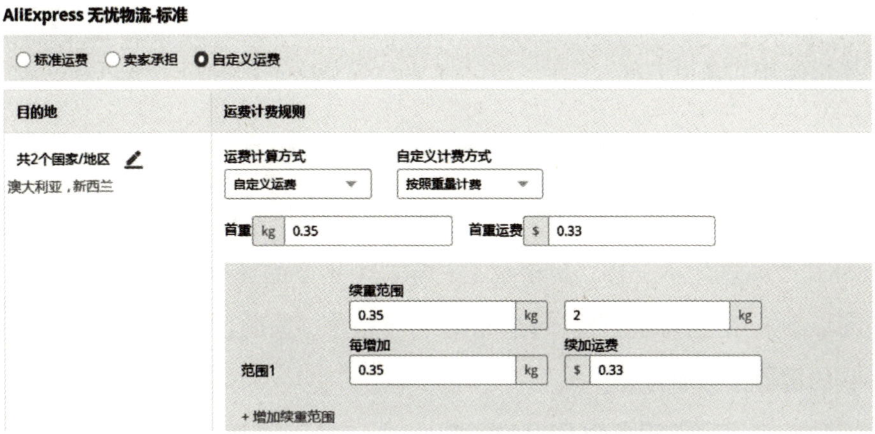

图 2-3-30 运费模板——按照重量收取买家运费

按照重量设置运费模板，产品中已经包含了包邮单价 45.82 元，根据运费计算表格统一计算的结果，澳大利亚和新西兰运费比较接近，并且运费与包邮单价相差 2.2 元左右，换算成美元，约等于 0.33 美元，所以澳大利亚和新西兰两个国家需要额外支付 0.33 美元运费，并且每增加 350g 续加运费 0.33 美元。其实可以不用续加运费的，但是考虑到后期的店铺营销，所以笔者认为首重额外收取 0.33 美元，续加运费也是 0.33 美元，这样设置比较简便。

（2）"包邮 + 按数量"设置。按照数量设置运费模板，如图 2-3-31 所示。

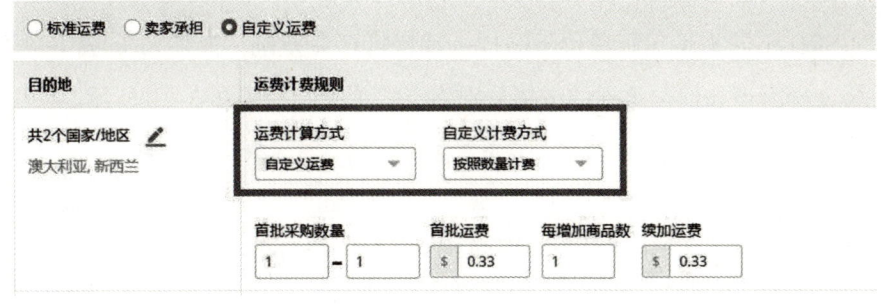

图 2-3-31 运费模板——按照数量收取买家运费

按照数量设置运费模板，一个产品 350g，不包邮的国家和地区第一个产品额外收取 0.33 美元运费，每增加一个产品续加 0.33 美元运费。其实这和按照重量设置是一个意思，产品数量和重量是对应的，额外收取的运费与续加的运费是相同的,只是转换了填入方式,笔者认为按照数量设置运费模板操作起来更方便。

十、多个 SKU 产品[①] 如何设置运费模板

卖家上传产品信息的时候,很多时候一个链接对应多个 SKU,并且多个 SKU 产品重量不一样,价格也不一样,个别产品还存在 5 美元以上和 5 美元以下共用链接的情况。每个 SKU 中应包含不同的包邮单价,这样每个 SKU 的售价才更加合理。

1. 一个产品链接多个 SKU 重量

针对这类产品,笔者建议设置通用模板"包邮 + 减免"方式,因为多个 SKU 的重量不一样,不适合设置精细模板,重量相差过大的模板,精准度会有所降低,但是在能够接受的范围内。

假设产品重量分别为 200g、300g、400g、500g、600g。

5 个热门国家:俄罗斯、美国、法国、西班牙、波兰。

物流渠道:AliExpress 无忧物流 - 标准、燕文航空挂号小包、中国邮政挂号小包。

笔者建议折中选择 400g 作为模板设置,计算方法见本节第八部分。

2. 一个产品链接多个 SKU 成本,如何定价

SKU 不同重量包邮单价不一样,其售价存在差别,如果 SKU 成本也不一样,卖家该如何给这样的链接分别确定售价呢?如表 2-3-10 所示。

表 2-3-10 一个产品链接多个 SKU 成本

产品重量 /g	200	300	400	500	600
产品成本 / 元	20	30	40	50	60
包邮单价 / 元	40.4	48.34	56.29	64.22	72.16

笔者建议卖家使用产品定价器,首先计算重量为 200g、成本为 20 元的售价,如表 2-3-11 所示。

---

① 多个 SKU 产品指一个链接中包含多个产品。

表 2-3-11　利用产品定价器根据 SKU 包邮单价 20 元计算 SKU 售价

运费单价 / 元	产品重量 /g	挂号费 / 元	运费折扣 /%
79.4	200	24.52	100.00
产品成本价 / 元	国内运费 / 元	国际运费 / 元	利润率 /%
20	0	40.4	305.00
假设 1 美元 =7 元	速卖通佣金 /%	利润 / 元	速卖通售价 / 美元
7	8.00	61	18.85
速卖通售价 / 美元	预留最大折扣 /%	折后售价 / 美元	折后利润 / 元
18.85	50.00	9.425	0.297

例如，一个 SKU 原价为 18.85 美元，预留最大折扣 50%，其他 SKU 成本与重量分别填入产品定价器，结果如表 2-3-12 所示。

表 2-3-12　计算 SKU 售价与预留折扣

产品重量 /g	200	300	400	500	600
包邮单价 / 元	40.4	48.34	56.29	64.22	72.16
产品成本 / 元	20	30	40	50	60
产品预留折扣 /%	50	50	50	50	50
产品售价 / 美元	18.85	24.37	29.92	35.52	41.11

一个链接中包含的多个重量与多个成本价格的产品的预留折扣必须相同。一个链接多个重量、多个成本、多个价格，设置模板时取中间的重量，分别计算每个 SKU 成本，得出不同的售价，这样的 SKU 重量包含实际运费，大大提高产品售价的精准度，形成售价优势。

3. 包含经济与标准两种类型的物流模板如何设置

包含经济与标准两种类型的物流模板一般有三种设置方式：全部设置经济类渠道、全部设置标准类渠道、全部设置卖家自定义渠道。这三种设置方式各有优缺点，所以卖家要根据自己的类目的情况，自行选择一种方式进行设置。

下面以一个包含 3 个 SKU 的产品为例进行说明。SKU1：重量为 50g，售价 3 美元；SKU2：重量为 150g，售价 5.5 美元；SKU3：重量为 350g，售价 7.5 美元。

全部设置经济类渠道的优点是，产品价格会比较低，买家容易接受，点击率会略高；缺点是，根据前文讲述的物流规则，只有低于5美元的产品（SKU1）可以包邮，其他两个SKU产品因为没有包邮，可能不容易被买家接受，出单率不会太高。

全部设置标准类渠道的优点是，3个SKU全部标准渠道包邮，买家认为产品还不错，就会直接下单购买，3个SKU互不影响；缺点是，SKU1售价较高，价格没有优势，下单的转化率偏低。

卖家自定义渠道属于线下发货，买家如果选择卖家自定义渠道，卖家就可以根据买家下单的金额选择经济物流渠道或者标准物流渠道。

全部设置卖家自定义渠道的优点是，3个SKU售价分别包含实际的包邮单价，产品售价更有优势，买家无论购买哪一款SKU，可以发对应的物流渠道；缺点是，由于卖家自定义渠道属于线下物流渠道，根据物流政策，部分国家和地区是无法走线下渠道的，买家购买SKU1，部分国家和地区只能发线下物流渠道，但是SKU1中只包含了包邮单价，所以SKU1，对于部分国家和地区会亏损运费。

这3种设置方式各有优缺点，一般新手卖家使用较多的是全部设置标准类渠道。接触速卖通时间较长，有一定线下物流资源的卖家，笔者建议多设置卖家自定义渠道。

第四节 多用关键词，打造爆款标题

标题由关键词组成，买家通过搜索关键词可找到所需要的产品；标题中包含买家搜索的关键词，产品才有可能展现在买家面前；卖家只有让自己的产品展现在买家面前，才有可能让买家进入自己的店铺。对于新品而言，流量一般来源于关键词的搜索曝光，每一个关键词或多或少都会为产品带来曝光机会。新上传的产品信息标题，覆盖关键词越多，产品曝光就越多，前提条件是关键词具有一定的搜索人气。

一般情况下，一个子类目能够使用的关键词为50~80个。因此，笔者的建议是，一个子类目上传20~30款产品，这些产品把50~80个关键词全部覆盖。买家无论搜索哪一个关键词，产品总会有曝光的机会。

一、新手卖家打造标题时的常见错误

卖家有时会忽略标题的重要性，总以为写够128个字符就可以了。但如果标题没有搜索人气，买家就无法看到产品；买家看不到产品，店铺何谈访客和订单呢？笔者希望通过本节内容能纠正卖家打造标题时错误的想法，避免走弯路。

1. 复制供应商标题翻译

有些卖家为了图方便，采集产品时，直接把国内供应商的标题一起采集了，复制成英语后形成产品信息标题。先不说关键词是否有搜索人气，国内供应商的标题直译成英语，很多时候无法表达真实含义，还可能会闹出一些笑话。

例如，1688平台一款连衣裙的标题是"大码女装胖mm秋冬洋气遮肚子75kg 160 cm连衣裙胖妹妹减龄显瘦毛衣裙"，翻译成英语为"Large size women's fat mm autumn and winter foreign air cover belly 150 pounds 160 dress fat sister younger age was thin sweater skirt"，再从英语翻译成中文，"大码女装胖mm秋冬洋气罩肚150磅160磅连衣裙胖妹妹年少时被瘦毛线裙"，表达的含义完全被扭曲，而且其中有搜索人气的关键词只有3~5个。产品使用这样的标题，没有太多曝光机会，所以笔者建议卖家不要直接翻译供应商的标题。

2. 过度参照同行产品信息标题

很多新手卖家"借鉴"同行产品信息标题，认为自己的产品和同行的产品差不多,既然同行卖家使用这个标题能够排到类目首页,那么把同行首页产品信息标题直接复制、粘贴,自己的产品也能够排名首页了。

想象永远是美好的。首页产品信息标题对于单个产品而言确实很好,但是对于新品而言,承接不了,因为每一个关键词都是有权重的,每一个有搜索人气的关键词,使用后就能获得初始曝光。例如,一个关键词初始曝光为50,相当于50个买家能看到产品;根据产品同行同层级点击率,50个买家中有3个买家点击产品,那么这个关键词通过搜索引擎就能被更多的买家看到,所以新手卖家"照抄"同行卖家的标题,并不能给自己产品带来太多的曝光。

笔者的建议是覆盖整个类目关键词,避免出现上传的产品部分有曝光、部分没有曝光或者曝光较少的现象。

3. 利用标题生成器自动生成标题

为了节省组合标题的时间,很多新手卖家会选择使用软件自动生成。软件生成标题并不是不行,只是市面上标题软件生成器参差不齐,生成的标题很难达到覆盖关键词的目的。

建议新手卖家不要使用软件生成产品信息标题,主要有以下3个原因:

(1)自动生成标题的关键词可能与产品描述不符,会导致买家退货或者收到差评。

(2)自动生成标题软件长时间未更新词库。标题生成软件通过抓取速卖通卖家端后台的关键词,生成关键词词库。而关键词是不断变化的,比如一些季节性的产品,或者更新换代的产品。如果词库长时间未更新,生成的关键词就缺少搜索人气,或者搜索人气很低,买家搜索较少,产品的曝光率不高。

(3)标题生成器抓取的关键词一般属于搜索人气高的词,对于持续出单的产品而言是有利的。而对于新品,全部使用搜索人气高的词的话,竞争的产品较多,前期新品权重较低,不容易获得行业关键词的排名,获得曝光的概率就会有限。笔者建议卖家前期大小词结合使用,这样"小词"能够轻松获得排名，后期产品订单稳定后，再考虑优化标题关键词，用搜索人气更高的词进行替换。

4. 堆砌、滥用关键词

（1）什么是关键词堆砌？速卖通标题规则规定，标题中同一关键词最多不能出现三次，堆砌关键词非但不能增加曝光的机会，还会受到平台处罚。标题中可以切词，所以卖家不要为了凑字符而重复使用关键词，这属于浪费字符，不如多覆盖一个关键词，还能多获得曝光机会。

（2）什么是关键词切词？部分卖家打造标题时，非常注重标题的通顺，其实是没有必要的，因为标题是可以切词的，切词就是搜索引擎对在标题中出现过的关键词，都能够搜索到。例如，标题是：2021 dress women long sleeve women summer white shirt sexy mini casual cotton party puff sleeve elegant dress，当买家搜索关键词"2021 mini dress"时，也可以搜索到该产品。

（3）什么是滥用关键词？打造标题时，卖家为了追求搜索人气高的关键词，使用与产品无关的关键词就是滥用关键词。例如，手提包材质是PU皮，关键词却使用"真皮"，有些产品明明不防水，关键词却加一些防水的词；更有甚者，产品实际是无线鼠标，但是标题中却出现"有线鼠标"的关键词；产品实际是普通的连衣裙，标题中却出现"晚礼服"关键词。在日常诊断店铺中，笔者常会发现这样的标题，导致买家搜索的关键词与跳转出来的产品不符，后果就是买家根本不会点击产品，该产品自然没有得到曝光。搜索引擎给了产品展示的机会，但是没有得到买家反馈的数据，所以搜索引擎会认为该产品是不受买家喜欢的。

二、如何挖掘标题关键词

卖家组合高质量标题时，首先要了解哪些地方能够挖掘关键词，只有先把关键词挖掘出来，才能进行筛选，并且挖掘的关键词必须是有搜索人气的词，这样组合的标题才会有曝光。卖家可以从速卖通卖家端收集搜索词、下拉框关键词、相关关键词、直通车关键词，以综合收集关键词，这些平台的关键词都是有搜索人气的。

1. 收集搜索关键词

卖家先打开速卖通卖家端后台，点击"生意参谋"—"搜索分析"，选择30天的数据，以及选取收集关键词的子类目。例如，收集连衣裙的关键词，需要细化选择"女装—连衣裙"，不要直接选择"女装"下载，如图2-4-1所示。

图 2-4-1　收集搜索关键词

一般的子类目关键词会有 20 页以上，卖家需要把这些关键词全部复制到表格中备用[①]。

2. 收集下拉框关键词

卖家打开速卖通买家搜索页，直接输入产品主关键词，如图2-4-2所示。

图 2-4-2　收集下拉框关键词

---

① 2019 年以前关键词是可以直接下载的；2020 年速卖通后台升级后，去掉下载入口，目前只能把所有关键词整页复制到表格中。

每一个主关键词都能够获取下拉框关键词，在下拉框关键词中选择关键词继续搜索，每一次都能获得关键词，依此类推即可收集与"summer dress"相关的所有同类关键词，将收集的下拉框关键词记录在表格中备用。

3. 收集相关关键词

卖家在速卖通买家端搜索页，搜索关键词"women dress"，搜索框下面的相关搜索有5个关键词推荐，如图2-4-3所示。

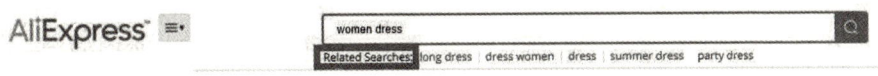

图2-4-3 收集相关关键词

卖家将相关关键词继续复制搜索，每一次都能获得5个相关关键词推荐，以此类推，即可收集与"women dress"相关的所有同类关键词，将历次收集的关键词记录在表格中备用。

4. 直通车关键词

卖家进入直通车推广后台，在优化工具中找到关键词工具，点击进入，如图2-4-4所示。

图2-4-4 直通车关键词工具

卖家进入关键词工具后，按行业找关键词，选择对应的子类目，选择无线端关键词①，如图2-4-5所示，跳转出来大量直通车关键词，全部收集

---

① 无线端是流量主要来源，无线端的关键词更加精准。

到表格中备用。

图2-4-5 收集直通车关键词

三、如何将标题关键词分类

卖家收集了搜索关键词、下拉框关键词、相关关键词、直通车关键词后,首先去除重复的关键词,然后筛选速卖通卖家端后台搜索词,分析其中收集的大量的关键词。

1. 处理关键词的必要性

卖家通过速卖通卖家端收集的关键词数据中的品牌关键词、小语种关键词是无法使用的,更不要使用品牌词,容易导致违规侵权。

卖家去除卖家没有用的关键词数据,最终保留并整理关键词,是为了后期挑选关键词时更加精准,制作标题时更加方便。

2. 表格处理关键词步骤

(1)删除多余的内容。除了搜索人气这项数据外,其他数据对于卖家打造标题没有太大的参考意义,可以全部删除,如图2-4-6所示。

(2)全选表格后,取消单元格合并,以便对表格中的关键词进行整理,如图2-4-7所示。

(3)删除关键词中的"查看商品"。搜索词内容中还有一个"查看商品",会影响卖家后面翻译关键词时的处理,所以需要将"查看商品"全部删除,如图2-4-8所示。

2 打造速卖通"爆款"之产品攻略

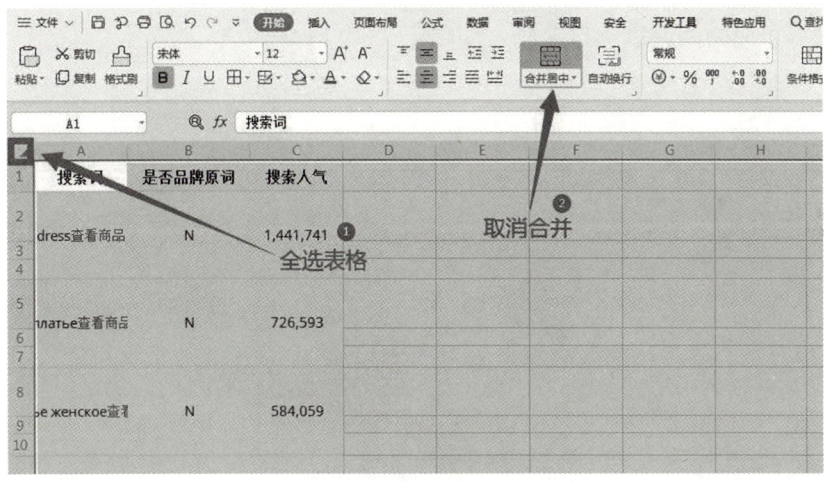

图 2-4-6　删除多余关键词数据

图 2-4-7　合并 Excel 单元格

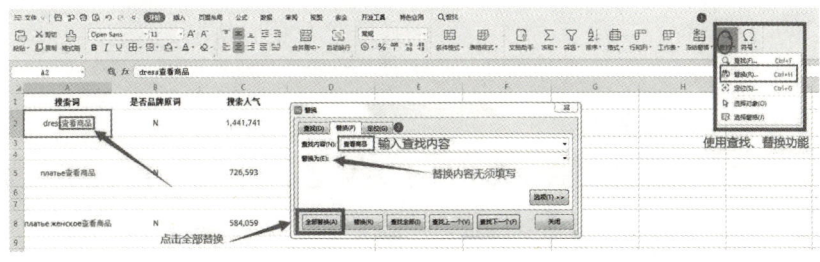

图 2-4-8　批量去除中文字符

（4）使用定位功能删除表格中的空白单元格，以便卖家后面对表格进行处理，如图2-4-9所示。

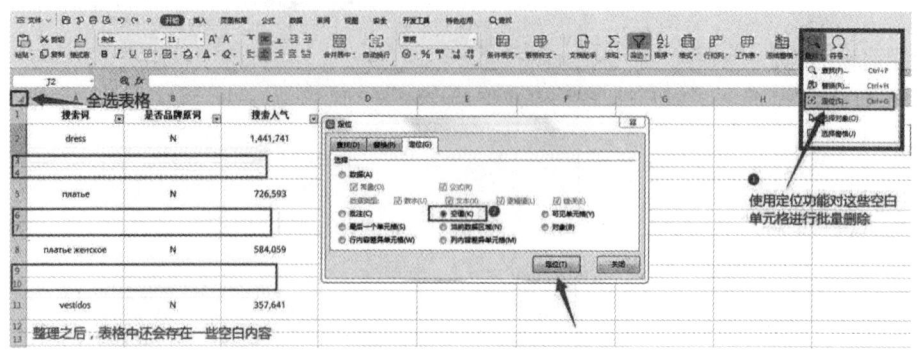

图2-4-9　消除表格中空白单元格

通过以上4个步骤的处理，表格会比较工整，分类关键词会非常方便，关键词对应的数据也一目了然，如图2-4-10所示。

A	B	C
搜索词	是否品牌原词	搜索人气
dress	N	1,441,741
платье	N	726,593
платье женское	N	584,059
vestidos	N	357,641
vestido	N	276,434
vestidos de fiesta de noc...	N	204,579
shein	N	193,627
dress women	N	187,838
sexy dress	N	187,070
платья	N	180,822
ropa mujer	N	179,835
women dress	N	176,879
robe	N	160,430
party dress	N	159,145

图2-4-10　处理完成

3. 删除非英文字符

卖家打造产品信息标题时，产品信息标题主要以字母字符显示，系统会根据不同国家和地区自动翻译成对应的文字。

（1）在表格中选择整行名称，点击"筛选"按钮，选中第一列整行，如图 2-4-11 所示。

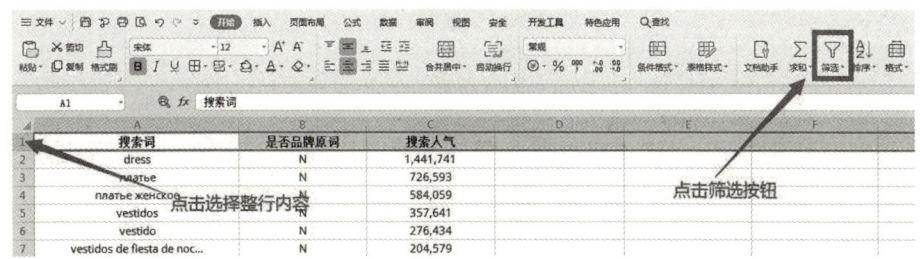

图 2-4-11　整理 Excel 关键词数据

（2）在搜索词项点击单元格中的"倒三角"并选择按降序排列，如图 2-4-12 所示。

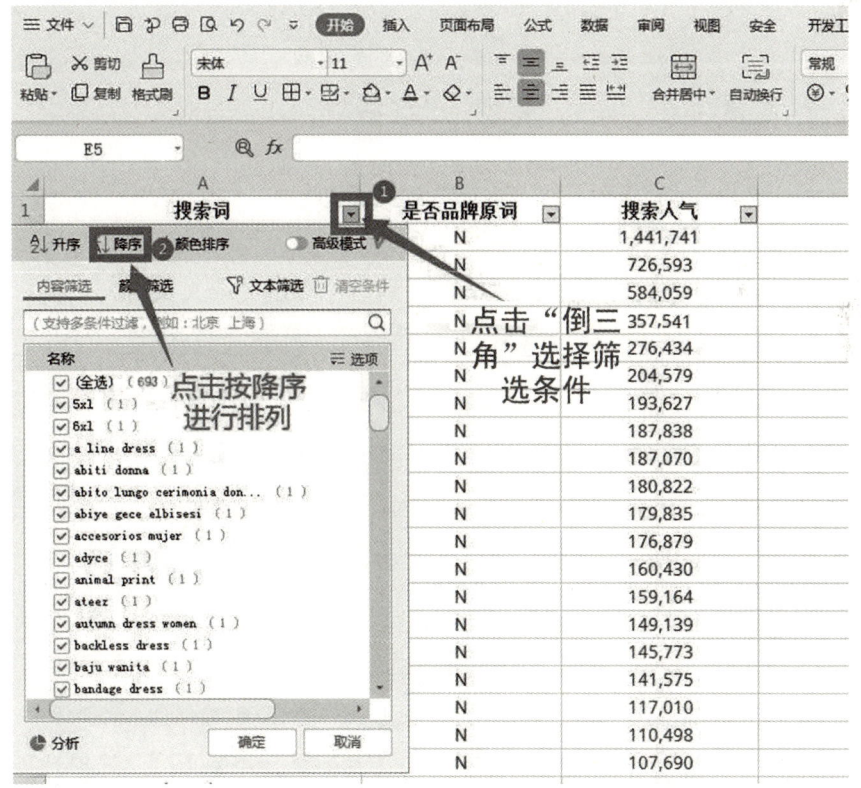

图 2-4-12　排序关键词搜索人气

（3）所有非英文字符小语种关键词会在顶部进行排列，将这些非英文字符的小语种全选删除即可，如图 2-4-13 所示。

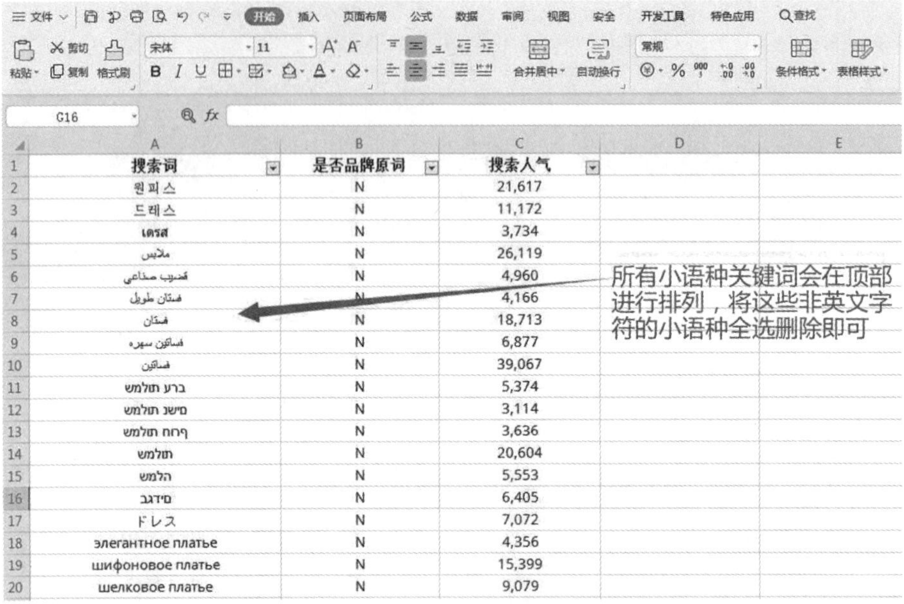

	搜索词	是否品牌原词	搜索人气		
1	搜索词	是否品牌原词	搜索人气		
2	원피스	N	21,617		
3	드레스	N	11,172		
4	เดรส	N	3,734		
5	ملابس	N	26,119		
6	قضيب صناعي	N	4,960		
7	فستان طويل	N	4,166		
8	فستان	N	18,713		
9	فساتين سهره	N	6,877		
10	فساتين	N	39,067		
11	ברע תולמש	N	5,374		
12	םישנ תולמש	N	3,114		
13	חרפ תולמש	N	3,636		
14	תולמש	N	20,604		
15	הלמש	N	5,553		
16	םידגב	N	6,405		
17	ドレス	N	7,072		
18	элегантное платье	N	4,356		
19	шифоновое платье	N	15,399		
20	шелковое платье	N	9,079		

图 2-4-13　去除非英文字符关键词

4. 翻译所有关键词避免侵权

处理好所有关键词之后，卖家会得到一份完整的英文关键词表格。由于很多卖家不懂外语，所以笔者建议卖家将关键词全部翻译成中文。由于关键词中包含了一些英文字符的小语种，翻译时可能会出现不完整的情况，卖家需要逐一进行翻译。翻译过程中可能会出现一些无法翻译成中文的关键词，或者翻译出与产品不相关的关键词，如图 2-4-14 所示。

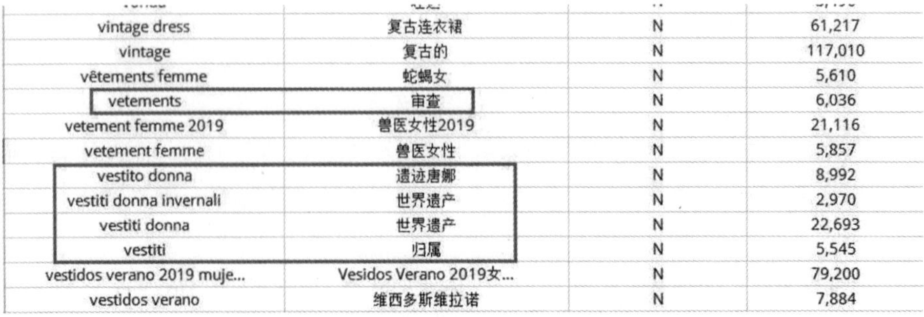

vintage dress	复古连衣裙	N	61,217
vintage	复古的	N	117,010
vêtements femme	蛇蝎女	N	5,610
vetements	审查	N	6,036
vetement femme 2019	兽医女性2019	N	21,116
vetement femme	兽医女性	N	5,857
vestito donna	遗迹唐娜	N	8,992
vestiti donna invernali	世界遗产	N	2,970
vestiti donna	世界遗产	N	22,693
vestiti	归属	N	5,545
vestidos verano 2019 muje...	Vesidos Verano 2019女...	N	79,200
vestidos verano	维西多斯维拉诺	N	7,884

图 2-4-14　去除疑似品牌关键词

无法翻译成中文或者与产品不相关的关键词通过翻译工具是无法翻译出来的，它们很有可能是未经系统收录的品牌词，卖家可以复制关键词名称，在百度上搜索一下。如果是品牌词，就会出现对应的品牌信息，那么这些关键词卖家是不能使用的，如图2-4-15所示。

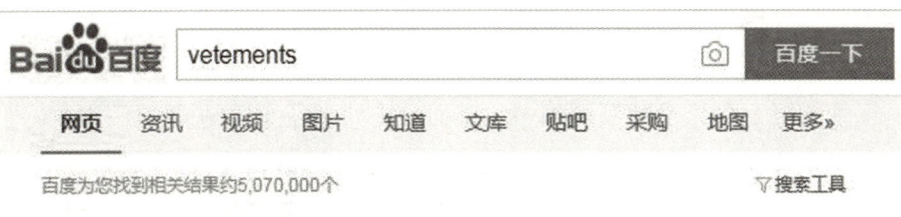

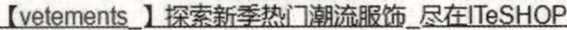

图2-4-15　用百度检验关键词是否属于品牌词

在搜索分析中，会有一部分没有被系统识别出来的品牌词。卖家在筛选关键词的时候一定要注意，通过翻译工具翻译不出来的关键词很可能是品牌关键词，这类关键词在打造标题时直接删除即可。

卖家在整理关键词数据时一定要仔细筛选，避免错用一些品牌词而导致后期出现侵权投诉，造成损失。

5. 分类关键词

卖家通过搜索分析获取很多关键词，比如直通车关键词、下拉框关键词、相关关键词等只需对其进行整理和分类，方便打造产品信息标题时直接调取即可。

例如，店铺有80款连衣裙产品，卖家只需将连衣裙品类的关键词提取一次即可。后面的79款产品在打造标题时，无须再次收集这么多关键词及整理关键词，直接在关键词分类中重新提取符合产品的关键词即可。

（1）分类意向词。意向词不是精准词，意向词是指和产品相关的关键词，并且长尾词也可以和意向词分在一组。

例如，卖家可以先提取出来"服装""女装""女士连衣裙""新款女装"等意向词。虽然这些意向词和产品的相关度不是很高，但是卖家制作标题时需要使用这些意向词，因为这些意向词具有一定的搜索人气，例如，"女士长袖连衣裙、新款女士连衣裙、夏季新款连衣裙"等，是具有搜索人气的长尾词。

如图2-4-16所示，选择需要分类的意向词标记，在意向词表格中建立另一个分类关键词的表格。

卖家在筛选过程中一定要仔细，不要漏掉一些意向词和长尾词，每一个意向词和长尾词都会对产品信息标题的曝光量有一定影响，所以卖家务必仔细、耐心地进行筛选，最后将所有筛选标记的意向词复制到新建的表格中分类。

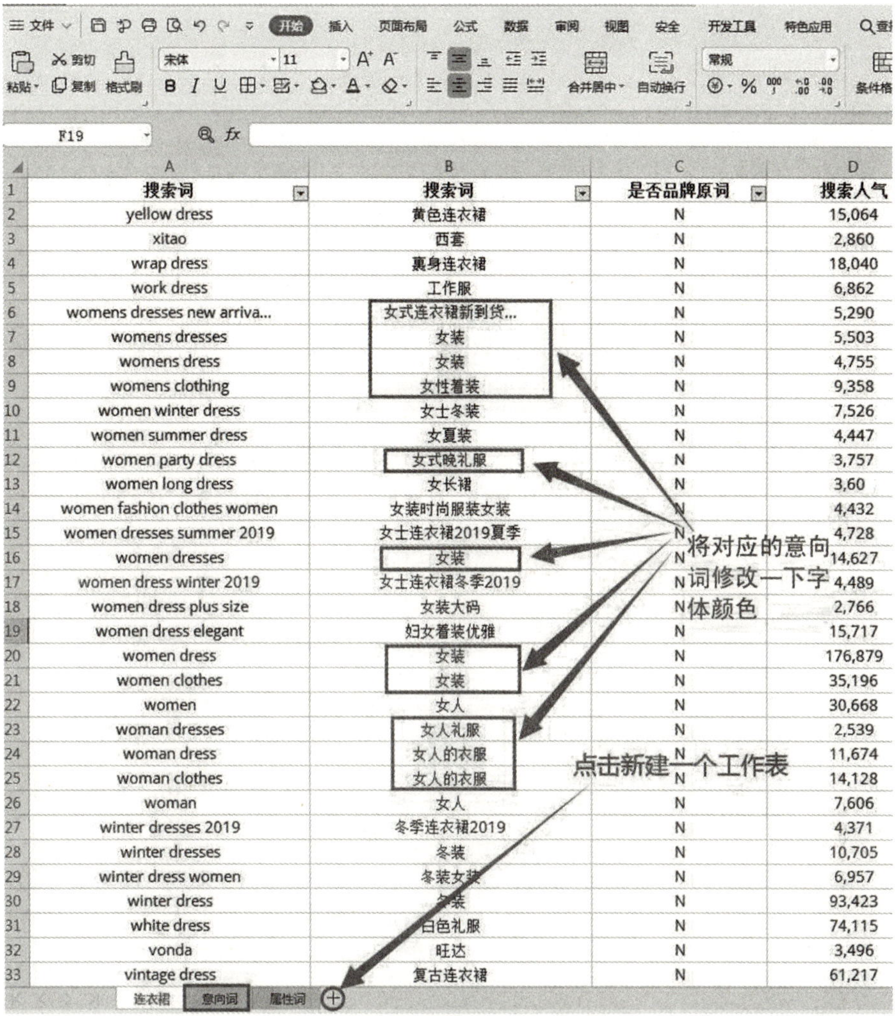

2 打造速卖通"爆款"之产品攻略

	A	B	C	D
1	搜索词	搜索词	是否品牌原词	搜索人气
2	yellow dress	黄色连衣裙	N	15,064
3	xitao	西套	N	2,860
4	wrap dress	裹身连衣裙	N	18,040
5	work dress	工作服	N	6,862
6	womens dresses new arriva...	女式连衣裙新到货...	N	5,290
7	womens dresses	女装	N	5,503
8	womens dress	女装	N	4,755
9	womens clothing	女性着装	N	9,358
10	women winter dress	女士冬装	N	7,526
11	women summer dress	女夏装	N	4,447
12	women party dress	女式晚礼服	N	3,757
13	women long dress	女长裙	N	3,60
14	women fashion clothes women	女装时尚服装女装	N	4,432
15	women dresses summer 2019	女士连衣裙2019夏季	N	4,728
16	women dresses	女装	N	14,627
17	women dress winter 2019	女士连衣裙冬季2019	N	4,489
18	women dress plus size	女装大码	N	2,766
19	women dress elegant	妇女着装优雅	N	15,717
20	women dress	女装	N	176,879
21	women clothes	女装	N	35,196
22	women	女人	N	30,668
23	woman dresses	女人礼服	N	2,539
24	woman dress	女人的衣服	N	11,674
25	woman clothes	女人的衣服	N	14,128
26	woman	女人	N	7,606
27	winter dresses 2019	冬季连衣裙2019	N	4,371
28	winter dresses	冬装	N	10,705
29	winter dress women	冬装女装	N	6,957
30	winter dress	冬装	N	93,423
31	white dress	白色礼服	N	74,115
32	vonda	旺达	N	3,496
33	vintage dress	复古连衣裙	N	61,277

将对应的意向词修改一下字体颜色

点击新建一个工作表

图 2-4-16 利用 Excel 表对意向词分类

（2）分类属性词。学习分类属性词之前，卖家首先要了解产品包含的属性。连衣裙的属性包含"颜色、季节、裙长、风格"等词，需要在关键词数据表格中进行筛选标记，如图 2-4-17 所示。

卖家还要重新建立一个子表格，将这些标记好的关键词，全部复制分类在子表格中，最后仔细检查关键词表格中是否遗漏了关键词，尽量做到将使用的关键词全部分好类。

图 2-4-17　利用 Excel 表对属性词分类

四、如何组合高质量产品信息标题

关键词筛选分类后,接下来就是最重要的组合标题了。

1. 最大限度覆盖类目关键词

无论哪种子类目都会有 30~50 个可用的关键词,部分热门类目会有 80~100 个可用的关键词,一般一个子类目上传 50~80 款产品,一个产品包含 10~12 个关键词。有卖家会产生疑问:产品这么多,每个产品又需要这么多关键词,能使用的关键词只有 80~100 个,关键词好像不够用。

了解双色球的卖家,可能更容易理解如何覆盖关键词。其实就是打造同类型产品的标题、行业大词、主关键词、精准关键词。每个产品都需要使用的这些词相当于"蓝球",属性词、风格词、营销词等相当于"红球",这样想,还会认为关键词不够用吗?

卖家把可用的关键词用于所有子类目产品中,这时买家无论搜索哪个关键词,都有产品展现在他们面前,这就是覆盖整个子类目流量的方法。

2. 组合标题时的注意事项

(1)分类关键词方面需要注意:只要是字母组成的关键词都是可以保留的,包括英语、西班牙语、法语等,关键词中会出现同一个意思的词,只是语法表达不一样。例如,"女士连衣裙"这个关键词,英语为 Women's dresses,西班牙语为 Vestidos de mujer,法语为 Robes pour femmes。组合标题的时候,同一个含义的关键词只使用一次。

(2)使用的关键词与产品的相关度要高度相关。卖家可以将产品的材质、风格、功能等属性关键词,与产品使用的标题关键词进行对比。

以连衣裙为例,产品的裙长属性实际是"短裙",但是在产品信息标题中却有"长裙"的属性词,买家通过搜索"短裙"等关键词查找商品,即代表买家实际上想购买短裙类产品,即使产品展现在买家面前,也不符合他们的真实购买需求。所以买家不会点击和自己购买意向不符的产品,就导致了产品曝光高、点击率低的情况出现。产品实际材质属性是聚酯纤维,但是产品信息标题中却出现"纯棉"的关键词,买家通过搜索纯棉连衣裙找到并购买了这个产品,收到之后发现产品材质并不是纯棉,买家就会因为材质问题而与卖家发生货不对版的纠纷或者给予差评,导致产生一些售后问题。

(3)人气高低不一的关键词组合作为分类关键词时,卖家发现关键词搜索人气有高有低,但是所有关键词都需要用于产品信息标题上。所以组合标题时,对于新上传的产品,笔者建议卖家把搜索人气高的词与人气低的词结合使用,这样才能均匀覆盖所有关键词。

新上传的产品如果全部使用搜索人气高的词,前期很难获得关键词排名。

能够排名首页的产品的销量一般不低于500单，一款新品想要名列首页是比较难的。但如果卖家在标题中结合一些搜索量少的词，其中的竞争力也相对较小。在竞争较小的情况下，100单左右销量的产品是能够排名首页的。所以组合标题的时候，对于新上传的产品，笔者建议人气高低不一的关键词组合使用，这样竞争小的词很容易排名首页，积累销量，后面竞争大的词也容易排名首页。

3. 如何排列标题关键词

标题是由128个字符组成，组合标题时关键词排列顺序是有规律的，标题前30个字符的关键词权重较高，买家只能看到标题的前30个字符。

组合标题时需要有规律地排列关键词，关键词常见的组合方式有：品牌词+意向词+属性词+营销词+卖点词。

组合顺序并不是固定的，可以自由排列，保持搜索人气高的关键词排在前面。

在搜索结果页，买家只能看到标题中前30个字符，所以这30个字符对于让买家加深对卖家的产品印象很重要（一些品牌产品往往会将自己的品牌词优先放在前面，加深买家对品牌的印象）。产品信息标题也能影响产品点击率，所以组合标题的关键词除需要具有一定搜索人气外，还需要和产品相关度高，能够吸引买家点击。

例如，买家通过搜索"纯棉连衣裙材质"的关键词寻找产品，搜索这类关键词的买家是无法直接通过主图对产品材质进行分辨的，如果卖家在标题部分有相关描述，就能吸引买家点击继而提升产品点击率。

4. 根据产品属性组合标题

卖家组合标题时一定要依据产品外观、产品属性、功能、型号等信息，从整理好的关键词库挑选对应的关键词，以连衣裙为例，如图2-4-18所示。

图 2-4-18　白色连衣裙产品示例

（1）根据产品选择关键词。根据连衣裙的外观，卖家需要从标题词库选择对应的关键词：white dress（白色连衣裙）、mini dress（迷你连衣裙）、shirt dress（衬衫连衣裙）、long sleeve dress（长袖连衣裙）、puff sleeve dress（泡泡袖连衣裙）、deep V dress（深V连衣裙）。

标题中加入行业词与属性词：2021 dress women（2021女装）、dress women summer（夏季女装）、cotton dress（棉质连衣裙）。

标题中加入适当的风格词：elegant dress（优雅连衣裙）、sexy dress（性感连衣裙）、party dress（派对连衣裙）、casual dress（休闲连衣裙）。

卖家选择的关键词应与产品实际情况相匹配，并且每一个关键词都具有搜索人气，将选出来的关键词组合在一起，搜索人气高的词放在标题前面，组合时去掉相同的关键词，如2021 dress women long deep V sleeve women summer white shirt sexy mini casual cotton party puff sleeve elegant dress，这个标题中包含了13个关键词。由于标题具有切词功能，所以组合标题不要在意是否通顺，只要和产品实际情况相匹配，就是不错的标题。

（2）如何解决标题相似度高的问题。组合很多产品的标题后卖家会发现，标题使用的关键词比较有限，好像所有的产品组合的标题都差不多。这很正常，毕竟能用的关键词是有限的，因为大部分买家只使用几个或者几十个关键词在搜索产品。组合标题主要把筛选分类出来的关键词全部用上，关键词交叉使用，覆盖了所有买家可能搜索的关键词。

对于部分类目而言，如 3C 数码、汽车摩托车配件等类目，能使用的关键词寥寥无几，基本上是一些产品型号的关键词，以致组合标题相似度很高。此类产品组合标题时，可以在其中加入一些营销词、卖点词和外观词。

营销词：包邮、免运费、送货上门、清仓等。

卖点词：耐摔、防水、加厚、不褪色、百搭等。

外观词：圆形、心形、宠物图案、颜色等。

添加这类关键词的目的不是吸引流量，而是让买家更加清楚地了解产品的特性。

第五节　巧妙设置有效店铺活动

设置店铺活动是一项细心的工作，店铺活动存在很多"陷阱"，一旦踏入其中，轻则店铺受到损失，重则店铺关闭。然而店铺活动又是一种必不可少的营销工具。很多卖家设置活动没有达到预期效果，便选择忽视营销活动，这样肯定是不行的。想要打造爆款，想让店铺数据得到提升，营销活动是重要一环，店铺订单大部分只购买某一个产品，那么店铺营销就属于无效活动。其实设置店铺活动每个卖家都会，但是要设置有效果的店铺活动却不是每个卖家都能做到的。

一、计算店铺活动优惠金额

设置店铺优惠时，部分卖家首先会计算一下产品的利润，根据产品预留的利润来设置优惠金额的大小。如果卖家按照利润设置优惠金额，那就大错特错了，因为设置优惠活动的目的是提高客单价、浏览量、动销率，而提升这些数据的前提是让买家多购买产品。既然想让买家多购买产品，就应该把多赚买家的运费退还给买家。买家购买产品越多，运费应该越便宜，每一个产品中都包含了运费，如图2-5-1所示。

例如，一个120g的产品，产品中包含22元运费，两个产品就是44元运费，但是实际两个产品发货只需要29元左右，因为两个产品一起发货只需要一个挂号费。买家如果购买两个产品，卖家在运费上可以赚15元，所以卖家优惠给买家的金额就是退还多收的买家运费而已。

右侧运费和减免率是用于批量计算左侧各个国家实际运费和额外收取运费（里面包含表格公式，由于截图体现不出）				计算150~299g运费		计算300~2000g运费	
国家/地区列表	重量区间150~299g物流资费 配送服务费（根据包裹挑拣gif费）元/kg	重量区间150~299g物流资费 单件服务费	重量区间300~2000g物流资费 配送服务费（元/kg）	重量区间300~2000g物流资费 单件服务费	产品重量：120g 运费/元	包邮单价：0元 减免率/%	产品重量：240g 运费/元	包邮单价：0元 减免率/%
新加坡	66.85	10.29	66.85	10.29	18.31	0.00	26.33	0.00
俄罗斯	62.25	14.79	62.25	14.79	22.26	0.00	29.73	0.00
马来西亚	59.10	18.65	59.10	18.65	25.74	0.00	32.83	0.00
印度尼西亚	85.35	11.58	85.35	11.58	21.82	0.00	32.06	0.00
泰国	85.35	11.58	85.35	11.58	21.82	0.00	32.06	0.00
乌克兰	103.24	7.10	101.14	7.10	19.49	0.00	31.37	0.00
越南	87.76	13.04	87.76	13.04	23.57	0.00	34.10	0.00
法国	91.90	13.65	91.90	13.65	24.68	0.00	35.71	0.00

图2-5-1　120g与240g产品运费对比

卖家明白这个道理，设置的优惠活动才能获得成功。同一个产品，卖家的产品售价为10美元，买家购买两个产品价格为20美元，但是设置优惠活动且买家使用后，相当于退还多收的买家运费，两个产品就只需要18美元。卖家的利润没有减少，买家多买产品又少花钱，两全其美。

二、如何设置有效优惠券

设置优惠券,在大众看来是一件很平常的事情,但是很多卖家设置的优惠券要么没人领取,要么领取了没人使用,设置了一个"假活动"。运营店铺是一个整体,店铺布局不完善,才会导致店铺营销没效果。下面笔者来梳理一下优惠券如何设置卖家才会达到预期效果。

1. 为什么设置了优惠券却没人领取

首先,笔者模拟一下为什么买家不领取优惠券,优惠券是卖家给买家的一种福利,买家不领取优惠券可能基于两个原因。

(1)买家没看到优惠券。优惠券是一个独立的页面,很多买家可能刚学会海外购物,根本就没有注意到还有优惠券的存在。卖家就需要把优惠券展示在明显的位置,让买家在挑选产品的同时,能够看到优惠券,提醒买家领取优惠券。如图2-5-2所示,在关联模板添加优惠券图标,这样当买家浏览产品信息时一眼就能看到店铺有优惠券可领取。

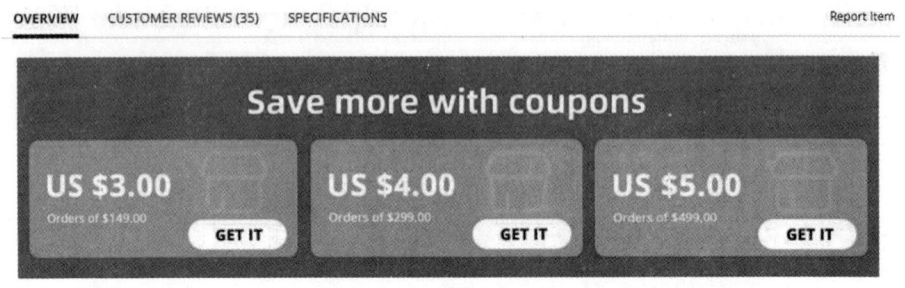

图2-5-2 产品详情页优惠券示例

卖家在详情页顶部添加优惠券模板,给优惠券添加超链接,提醒买家点击优惠券图标以跳转优惠券页面。

关联模板展示优惠券只是让买家被动领取优惠券,当然也可以主动给买家发送优惠券。卖家打开速卖通卖家端后台,选择"实时营销",设置好自动发送优惠券的维度,这样买家进店之后,系统就会自动给买家发送优惠券,如图2-5-3所示。

2 打造速卖通"爆款"之产品攻略

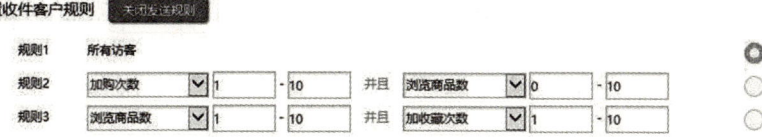

图 2-5-3 设置"实时营销"页面

实时营销每天只能主动发送 100 张优惠券，访客不多的店铺，笔者建议不设置限制。访客较多的店铺，笔者建议设置规则，有针对性地发送优惠券，提高买家使用的概率。

（2）优惠券梯度设置不合理。优惠券的吸引力不够大。买家在店铺中购买一款 10 美元的产品，优惠券是满 25 美元减 1 美元，领取了也用不上，那为什么要领取？所以优惠券梯度设置合理，才能吸引买家购买多个产品。

例如，A 商场一件衣服售价 100 元，商场活动满 300 元减 30 元；B 商场一件衣服售价 100 元，商场活动满 188 元减 20 元，相信大部分买家会选择在 B 商场购买多件衣服。

同样如此，店铺设置优惠券要利用物流运费提高活动力度，这样才能吸引买家购买多件商品，否则优惠活动就成了无效活动。假设 A 店铺和 B 店铺产品单价均为 10 美元，活动对比如图 2-5-4 所示。

A 店铺			B 店铺		
优惠梯度一	满 18 美元减 2 美元	有效活动	优惠梯度一	满 25 美元减 1 美元	无效活动
优惠梯度二	满 26 美元减 4 美元		优惠梯度二	满 50 美元减 2 美元	
优惠梯度三	满 34 美元减 6 美元		优惠梯度三	满 100 美元减 5 美元	

图 2-5-4 有效活动与无效活动对比示例

根据客单价设置梯度，新手卖家认为店铺中售价跨度太大，产品售价 10～100 美元，并且店铺没有多少订单，客单价不稳定，如何设置优惠梯度？卖家可以根据店铺产品的热销价格区间设置优惠券，一般店铺出单较多的产品集中在热销价格区间，例如，热销价格为30美元，设置优惠券起步梯度可以从45美元开始。这可能会导致个别买家领取45美元的优惠券购买50美元的产品，而产品没有利润，这是可以接受的。对于店铺前期而言，测试产品是否出单，相应的投入是正常的。

当然部分老卖家也会提出疑问，店铺客单价虽然是稳定的，但是店铺也有售价较高的产品。如果根据热销价格区间设置优惠券，卖家会担心买家用优惠券购买售价高的产品，售价高的产品就没利润了。其实卖家完全不用担心，客单价稳定的店铺，大部分买家的购买金额会与客单价差不多。如果大部分买家因为设置的优惠券而去购买售价高的产品，这样店铺的客单价就会提高，优惠券的目的轻松达到，售价高的产品也成为小爆款，优惠券的起步金额可以随时调整，为了避免此类事情的发生，卖家可以将优惠券的使用日期设置为7天。

2. 为什么使用优惠券的买家很少

一般优惠券需要购买两个以上的产品才允许使用。买家主动领取优惠券却不使用的原因一般有三点：买家未找到更多合适的产品；买家购买多个产品，但是不会使用或者忘记使用；买家不想购买多个产品。前两点是可以改善的，买家主动领取优惠券一般使用率在20%左右，个别类目会更高。

（1）买家未找到合适产品。很多店铺存在产品布局问题：比如店铺产品单一，产品没有关联性，导致买家虽然领取了优惠券，很想购买多个产品，但是没有产品可购买，毕竟同类型或者同个产品购买两个的概率较小，所以店铺一定要合理布局，才能提高优惠券的使用率。

例如，箱包类目的店铺，一般买家购买两个手提包的概率是很小的，但是给买手提包的买家推荐钱包、钥匙包，买家就很容易接受，并且一起购买并使用优惠券。

有些店铺上传的产品比较乱，产品没有相关性，如户外类目上传了骑行产品，又上传了瑜伽类产品，进来的访客流量不共享。

（2）买家不会或忘记使用优惠券。可能会有卖家认为，买家购买多个产品没有使用优惠券，这不是很好吗，还能多赚一点运费。但做生意要做长久生意，该给买家的福利就要给买家，只赚该赚的钱，所以对于不会使用优惠券或忘记使用优惠券的买家，卖家有义务提醒他们，买家只有享受了福利才会进行二次购买。卖家可以在主图后加一张提醒买家的图片，既提醒买家使用优惠券，还能通知没领优惠券的买家及时领取优惠券，这是一举两得的事情，如图 2-5-5 所示。

图 2-5-5　主图提示买家使用优惠券示例

3. 优惠券活动要领介绍

优惠券分为领取型、定向发放型、互动型。领取型比较简单，所有买家都可以领取。定向发放型一般单独发给进店的买家，或者赠送互动的买家，不会展示出来。互动型是针对无线端的一些主题活动，在单独的页面展示。笔者建议设置定向发放型和互动型的优惠券优惠力度大一些，让买家更容易接受优惠券。这3种优惠券需要经常设置。

（1）领取型优惠券。无论产品售价跨度大小，优惠券的使用范围应该是全部产品，个别卖家因为产品售价跨度较大，优惠券使用范围只针对部分产品。例如，卖家针对10美元、30美元、80美元产品分别设置优惠券，其实这是卖家限制买家购买产品。当买家购买一款10美元左右的产品，再购买30美元左右的产品时，由于优惠券是分别设置的，所以无法使用，买家就会放弃购买欲望，所以优惠券的使用范围应针对店铺全部产品。

笔者建议领取优惠券使用期限为7天左右，第一，为了给领取后的买家紧迫感；第二，为了随时更换优惠力度。买家领取后7天不使用，优惠券会自动过期。

（2）定向发放型优惠券。凡是与店铺有过交易、商品加过购物车或者收藏的买家都可作为定向发放对象，用于人群定向营销。卖家设置的时候可以选择部分产品，由于针对精准客户，定向发放型优惠券力度大于领取型，可以设置无门槛优惠券，不限制购买金额。

（3）互动型优惠券。

①金币兑换优惠券：用于无线端的金币频道、无线金币频道是目前手机App上的高流量、高黏度频道，频道包括各类游戏玩法和红包优惠，吸引了全球买家回访和转化。卖家可以通过设置店铺Coupon或者报名参加金币兑换商品活动来吸引更多高黏度买家光顾自己的店铺。买家在金币频道内，通过签到或者游戏获取金币，进而通过金币来兑换相应的权益。

②秒抢店铺优惠券：通过无门槛的大额店铺优惠券吸引买家到店，可有效提高买家的活跃度，秒抢店铺优惠券是平台发起商家参与的活动，该类活动不会主动在店铺中呈现，而是在平台活动中不定时获得曝光。

③聚人气优惠券：买家通过人传人的形式快速给店铺带来新流量，买家分享，邀请其他买家帮自己领取，即可获得此店铺优惠券。聚人气优惠券是平台发起商家参与的活动，该类活动不会主动在店铺中呈现，而是在平台活动中不定时获得曝光。

三、如何设置有效的满减活动

满立减和优惠券都是满多少金额减多少金额，并且优惠券与满立减的优惠金额是叠加的，但是满立减是被动减免的。一般情况下，买家确定下单才知道有满减优惠，所以满立减的优惠力度低于优惠券，笔者建议优惠券与满立减的优惠梯度交叉设置，这样能让买家一步步购买多个产品。

1. 合理设置梯度

满立减也是需要根据店铺客单价设置的，主要配合优惠券的优惠力度设置减免。例如，客单价10美元，优惠券优惠起步满18美元减2美元，满立减优惠起步满24美元减1美元。当买家购买20美元左右的产品时，发现继续购买4美元的产品又可以减免1美元，这样很多买家会忍不住多购买产品，毕竟优惠券和满立减的优惠金额是叠加的。

当客单价10美元时，笔者建议满立减优惠梯度为满24美元减1美元，满32美元减2美元，满40美元减3美元。

2. 满减活动要领介绍

（1）满立减。一般针对店铺全部产品，笔者建议设置3个梯度，不要勾选累加，累加会让满立减失去优惠吸引力，如图2-5-6所示。

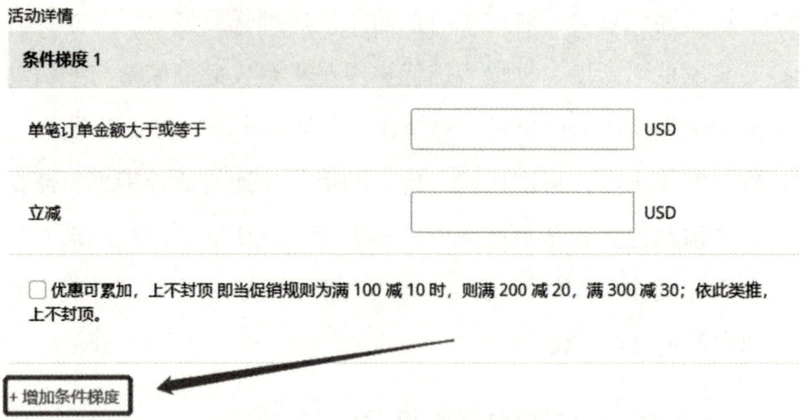

图 2-5-6 设置梯度满立减页面

（2）满件折。单笔订单大于或等于 x 件产品享受 y 折扣，分为全店产品和部分产品。根据店铺类型选择设置，多子类目店铺，如饰品、3C 数码、成人用品等适合全店商品参加活动。汽车摩托车配件、电子元器件、节气用品等店铺则适合设置部分产品，服装、鞋子、眼镜等单类目店铺不适合设置满件折。

（3）满包邮。对于不包邮的国家和地区设置满包邮，适合便宜、运费贵的产品，但是又不具备购买多个产品的情况，或者出于特殊原因，单个国家或地区的运费过高。满包邮分为满件包邮和满金额包邮，一般卖家很少设置满包邮，毕竟热门国家和地区会选择包邮，即使单独运费过高，也可以设置区域定价。设置满包邮的条件如图 2-5-7 所示。

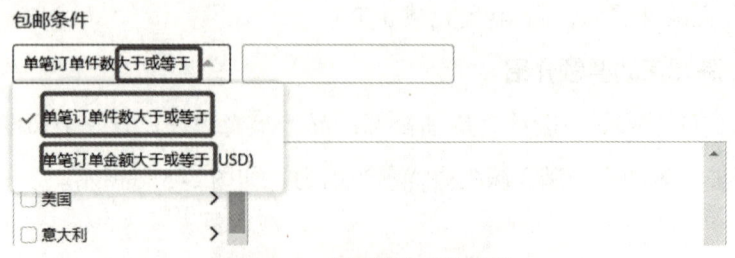

图 2-5-7 设置满包邮的条件

四、如何设置有效的单品折扣

1. 产品精准定价

产品原价包含国际运费、国内运费、产品进货成本、佣金，预留最大折扣，使用产品定价器填入数据后，自动计算精准原价，省时省力并且精准度高。

例如，产品重量300g，无忧标准俄罗斯资费，国内运费4元，佣金13%（速卖通佣金8%+联盟营销佣金5%），预留最大折扣50%，产品成本40元。

卖家可以计算得出产品原价应设为25.53美元，包含50%最大折扣，最大折扣后售价为12.765美元，产品上传之后，产品折扣最高为5折，超过5折产品利润为负数，所以正常折扣可以设为6折、7折，保留10%~20%利润。

很多卖家给产品定价时，根本不知道折扣精准设为多少不亏钱，只知道大概设为多少折扣不亏钱。如果是这样，产品就无法精准打折，在价格上永远没有竞争优势。

2. 如何定价才能建立优势

为什么产品打完折后，价格比同类型产品贵一点？国内运费与联盟佣金需要计算在成本里面吗？笔者认为是不需要的。

首先，国内运费为什么不计算在成本中。从供应商发货到卖家手中，确实需要国内运费，假设购入1个产品需要4元运费，一次性购入10个产品运费却可能不超过10元，平摊到每个产品上运费只需1元，如果一次性购入100个、1000个产品，平摊到每个产品上就可以忽略不计了。有卖家会产生疑问，不是说不需要囤货吗？为什么一次性购入这么多产品？因为每个产品售价中加一个运费，产品售价没有优势，一天出一个订单，但是不加运费，产品售价有优势。一天出10个订单，每天订单稳定后，囤10天的货是很正常的，所以国内运费尽量不要加在产品售价中。

其次，联盟佣金需要计算到产品售价中吗？笔者认为也不需要加在售价中，虽然联盟佣金确实可以扣除，并且每个订单都会扣除对应的佣金，但是联盟属于推广，应该算在推广费用里面，就像直通车一样，难道直通车的费用也需要算在产品成本里吗？这样的话产品就没有售卖的必要了，所以笔者认为联盟佣金太高，可以不开启。

去除国内运费与联盟佣金费用后，卖家再次计算产品售价。

速卖通产品成本从12.765美元下降至11.45美元，有一定的价格优势。所以产品售价想要有优势，第一，产品需要精准定价；第二，不需要计算在成本里面的费用尽量剔出来。

五、如何设置有效的互动活动

愿意花时间在店铺玩游戏的买家，一般都有很强烈的购买意愿。所以卖家赠送优惠券的力度要大，最好赠送无门槛优惠。互动活动分为翻牌子、打泡泡、关注店铺有礼。

1. 互动活动要领介绍

通常而言，活动的设置比较简单，选择活动奖励比较困难。很多卖家选择奖励时显示没有奖品，明明设置了优惠券却不显示，其实设置互动活动时，奖品应该是定向型优惠券，而活动时间必须在定向型优惠券活动的时间范围内才行。例如，优惠券活动时间为10月1日开始，10月20日结束，互动活动开始时间必须是10月2日或之后，结束时间必须是10月19日或之前，否则创建互动活动将不显示优惠券。

2. 互动活动如何展示

互动活动创建完成后买家端不会直接看到，需要卖家设置到粉丝营销模块。卖家登录速卖通卖家端后台，点击"营销活动"，选择"粉丝营销"，将上新帖、文章、粉丝专享价活动帖添加到互动活动中，如图2-5-8所示。

2 打造速卖通"爆款"之产品攻略

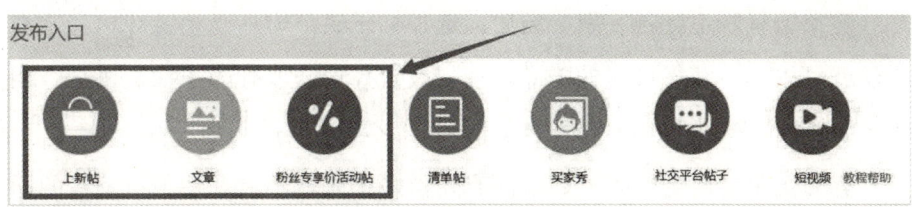

图 2-5-8　粉丝营销发帖入口

进入任意一个入口之后，就可以添加互动游戏，上新帖中只能添加互动游戏；文章中可以添加互动游戏以及粉丝专享优惠券；粉丝专享价活动帖中可以添加互动游戏、粉丝专享优惠券、粉丝专享价产品。

（1）粉丝专享价商品。卖家需要在单品折扣中设置店铺粉丝价，如图2-5-9所示。

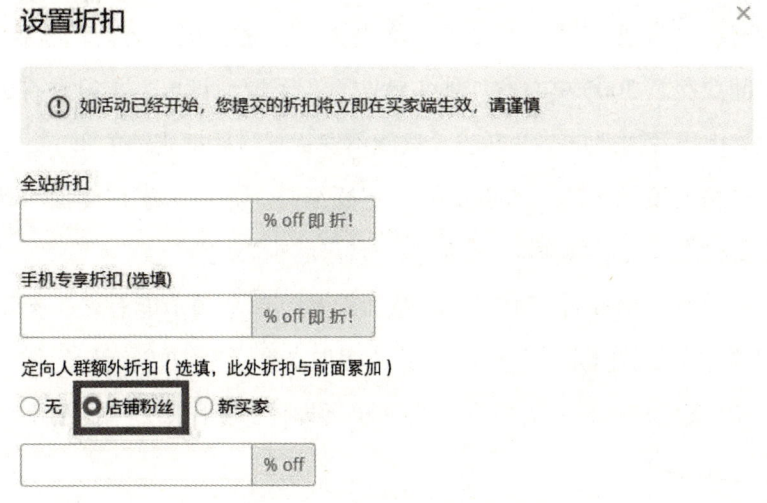

图 2-5-9　粉丝专享单品折扣

（2）粉丝专享优惠券。卖家需要在店铺优惠券中，设置专享领取型优惠券，如图 2-5-10 所示。

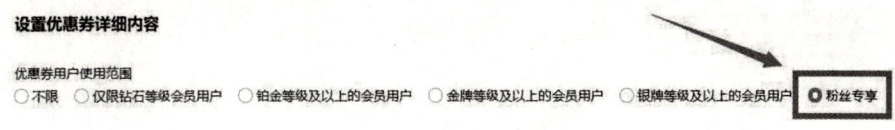

图 2-5-10　粉丝专享优惠券

卖家填写好主标题、副标题后，选择帖子底部增加互动游戏栏，这样粉丝就可以自由获得设置的赠品。如果设置评论获取翻牌子抽奖机会，相当于给粉丝设置障碍，没有评论的话，就得不到设置的奖励。

有的卖家会产生疑问，如果没有粉丝是不是就不能发帖了？笔者的回答是，无论有没有粉丝都可以发帖。有粉丝的帖子展示在粉丝的关注里面，没有粉丝的帖子会展示在公共流量中。根据帖子的质量积累一定的粉丝数量是一个过程，需要持之以恒。

六、避免活动设置错误

相信很多卖家都被自主活动"伤害"过。笔者的一位朋友就有过类似经历，好不容易做到店铺第五层级，每天200个订单左右。有一次设置优惠券的时候，错把15美元减2美元优惠券，设置成15美元无门槛优惠券，一夜之间成交了3000单左右。他主动联系买家取消订单，却很少有买家愿意退单，由于亏损严重，没办法，只能不发货，最后把店铺关闭了。

这种情况屡见不鲜，所以卖家一定要细心。希望卖家在设置活动的时候一定要检查清楚了再确认，否则将为自己的粗心埋单。

（1）设置优惠券时，卖家要注意面额和订单金额不能有误，不要勾选无限制项。无限制就是无门槛优惠券，假如卖家设置10美元无门槛，买家购买10.01美元产品，只需要支付0.01美元即可，如图2-5-11所示。

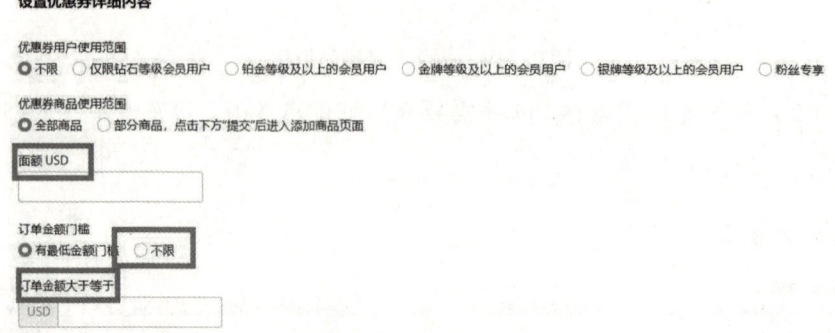

图2-5-11　设置优惠券页面

（2）设置单品折扣时，卖家本想设置6折，结果填成60%，60%实际上是4折，如图2-5-12所示。

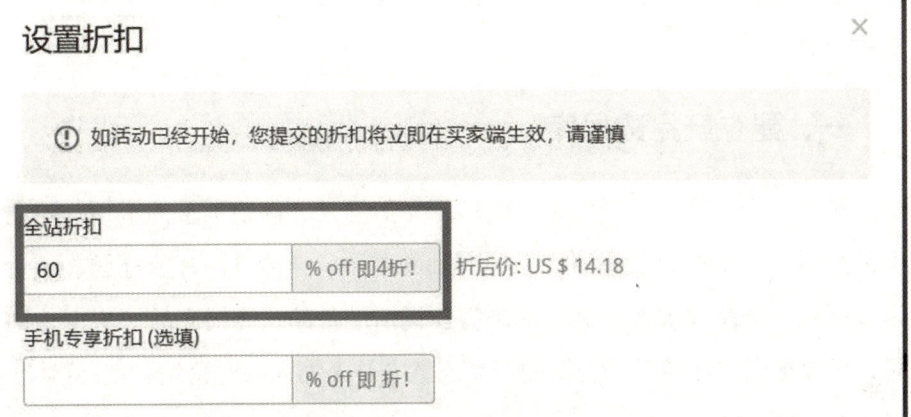

图2-5-12 设置单品折扣页面

设置单品折扣时，有些卖家可能会额外设置新人折扣或者粉丝专享折扣，额外的折扣与实际的单品折扣是重叠的。设置活动时，笔者建议卖家设置完后仔细检查一遍再确定，避免不必要的损失。

第六节　重细节，高质量上传产品信息

笔者建议卖家在上传产品信息之前学习建立产品数据库，先准备产品信息，再从数据库上传速卖通，上传高质量产品信息。按店铺布局—高质量选品—设置运费模板—打造标题—店铺活动营销这个流程进行，这是卖家必学的五大知识点，学完之后才能真正高质量地上传产品信息。

新手卖家开通新店铺之后，不要着急上传产品信息，因为产品信息一旦上传就决定了店铺的命运。例如，卖家上传100款产品，只有3~5款产品出单，会影响整个店铺的动销；搜索引擎会认为店铺产品不受买家喜欢，导致店铺运营困难。上传产品信息的时候卖家要注意的细节较多，毕竟细节决定成败。

一、建立产品数据库

对于一个合格的卖家而言，整理产品信息是一件很平常的事情。建立产品数据库是帮助自己理清产品、产品的主图、详情页图片、标题、售价以及折扣、产品属性等，这些都是需要提前准备的。店铺产品对应上传即可，可以根据实际情况是否增加产品测款，是否加入联盟营销、产品链接、供货商产品链接等。

分类一：产品编号、产品ID、产品类目、产品主图、产品网址、进货渠道。

分类二：产品成本、物流成本、利润率、产品售价、最大折扣、最大利润、实际折扣、实际利润、表格包含公式。

分类三：详情图片、产品信息标题、产品属性、联盟营销、是否测款、是否精品、最近优化时间。

卖家要知道，维护精细的数据库是一个烦琐而细致的过程。数据库越精细，买家越可以直接通过数据库了解店铺的情况，方便以后扩展多个店铺。

二、提高标题与产品匹配度之"埋词"

埋词就是把标题关键词巧妙地加在产品里面，可能有卖家不理解为什么要这么做。因为搜索引擎机制，买家搜索关键词，会根据产品的权重、关键词与产品的匹配度进行展示。

例如，买家搜索关键词summer mini dress（夏季迷你连衣裙），搜索页出现很多产品信息标题中包含summer mini dress的产品。如果卖家在自定义属性、详情页、图片命名中将summer mini dress进行埋词，这样产品与买家搜索的关键词匹配度更高,在产品权重相同的情况下,搜索引擎会优先展示匹配度高的产品。

搜索引擎会根据关键词出现的频率大小抓取产品,标题不能关键词堆砌,也是这个原因。

上传产品信息能够埋词的位置分为自定义属性、详情页、图片,卖家上传产品信息时应利用好三处位置进行埋词。

1. 自定义属性埋词

增加自定义属性,添加的关键词必须是标题中出现过的词,这样属性与标题才能提高相关性和匹配度。自定义属性埋词要巧妙地插进去,不要影响买家的购物体验,一般埋词2~3条即可,没必要添加太多埋词属性,以免影响买家的购物体验,如图2-6-1所示。

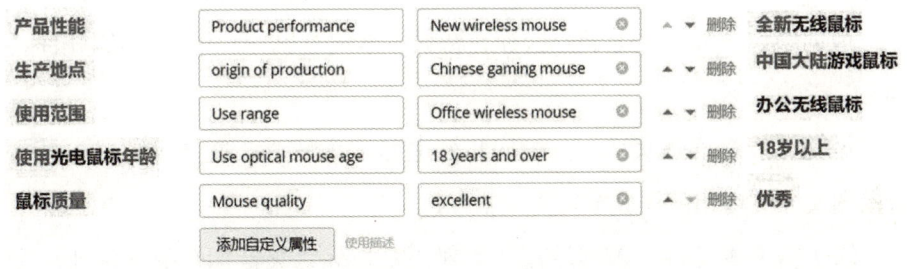

图2-6-1　添加产品自定义属性埋词示例

以鼠标为例,卖家要以一问一答的形式,巧妙将关键词"无线鼠标""游戏鼠标""办公无线鼠标""光电鼠标""鼠标"包含其中,只需在"问"中添加关键词,在"答"中无须添加关键词。

2. 详情页埋词

详情页埋词分为图文分离埋词、富文本埋词,无线端详情与电脑端详情可以使用图文分离埋词,富文本埋词只能用于电脑端。

(1)图文分离埋词。点击手机无线端,卖家要选择图文结合的产品图片,在正文中巧妙插入标题关键词,让买家读起来通顺,照顾买家购物体验。埋词不能切词,当然也不算堆砌,所以关键词需要完整填入,如图

2-6-2所示。

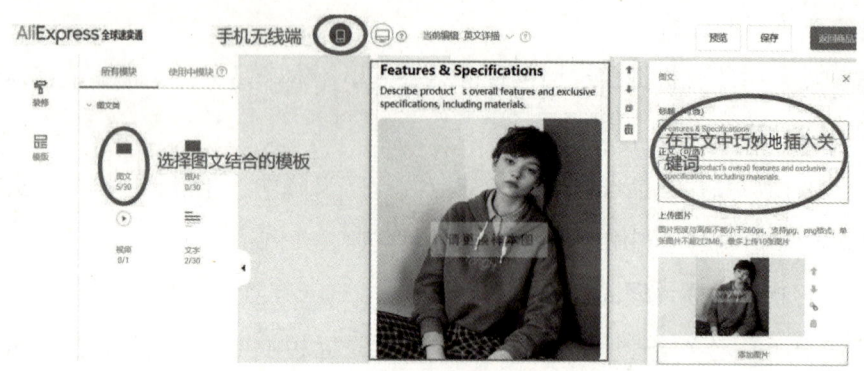

图2-6-2 详情页图文分离埋词示例

以鼠标为例,添加图文分离埋词:这款鼠标为设计师全力设计的新款笔记本鼠标,非常可爱的光电鼠标,相信你一定会爱上这款办公用的无线鼠标。

埋词中包含如下关键词:鼠标、新款、笔记本鼠标、可爱、光电鼠标、办公、无线鼠标。

做完无线端详情页后,一键同步到电脑端详情页,这样无线端与电脑端的图文分离埋词就完成了。

(2)富文本埋词。电脑端富文本埋词是指标题关键词全部复制到富文本中。标题中的关键词是没有堆砌的,因为标题可以切词,但是富文本埋词则不同。埋词是不能切词的,所以不能直接把标题复制到富文本中,而是把用于标题中的关键词复制到富文本中才行。

例如,标题是Long Sleeve Shirt Dress 2019 Summer Boho Beach Dresses Women Casual Striped Print A-line Mini Party Dress Vestidos(长袖衬衫连衣裙2019夏季波希米亚风沙滩裙女士休闲条纹印花A线迷你派对礼服洋装)。

标题展开之后为:long-sleeved dress(长袖连衣裙)、women's dress(女式连衣裙)、2019 summer dress(2019夏季连衣裙)、casual dress(休闲连衣裙)、dress(连衣裙)、summer mini dress(夏装迷你连衣裙)、summer casual dress

（夏装休闲连衣裙）、2019 party dress（2019派对连衣裙）、long sleeve print dress（长袖印花连衣裙）、beach dress（沙滩裙）等关键词，实际埋词是展开之后的关键词。

富文本模块一定要添加在电脑端详情页，这样才不会影响买家的购物体验，如图2-6-3所示。

图2-6-3　电脑端详情页添加富文本示例

卖家点击编辑内容，把准备好的关键词复制其中，复制进去的关键词字体调成白色即可，这样买家看不到产品的埋词，但是搜索引擎可以抓取埋词，如图2-6-4所示。

图2-6-4　富文本埋词示例

每一个单独的关键词用逗号隔开，才能使标题和埋词相匹配，因为标题能够切词，而富文本不能切词。如果不用逗号隔开的话，埋词设置得就毫无意义。

3. 图片埋词

卖家先把图片用关键词命名，然后再上传，使用的关键词，同样是标题中出现的词，如图2-6-5所示。

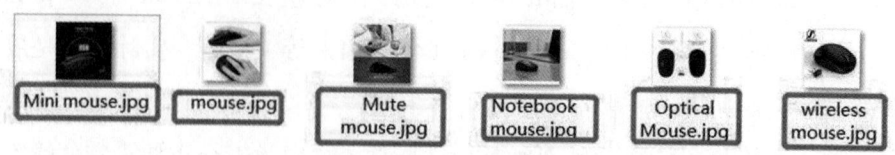

图 2-6-5 产品主图埋词示例

三、产品信息上传的重点注意事项

卖家上传产品信息时，重点注意详情页所有图片是否图文分离，要做到精准发布。上传产品信息的同时完成埋词，可以达到不错的效果。

1. 详情页图文分离

图片中包含了对产品的英文介绍，但是图片中的英文是不能翻译的，这就导致只有懂英文的买家才知道图片中表达的含义。但是图片图文分离后，就可以自动翻译，无论是哪个国家和地区的买家，都能够知道图片中表达的含义。

图片中有文字介绍的，卖家制作详情页的时候，要选择图文模块，然后单独填写图片中的文字介绍，如图 2-6-6 所示。

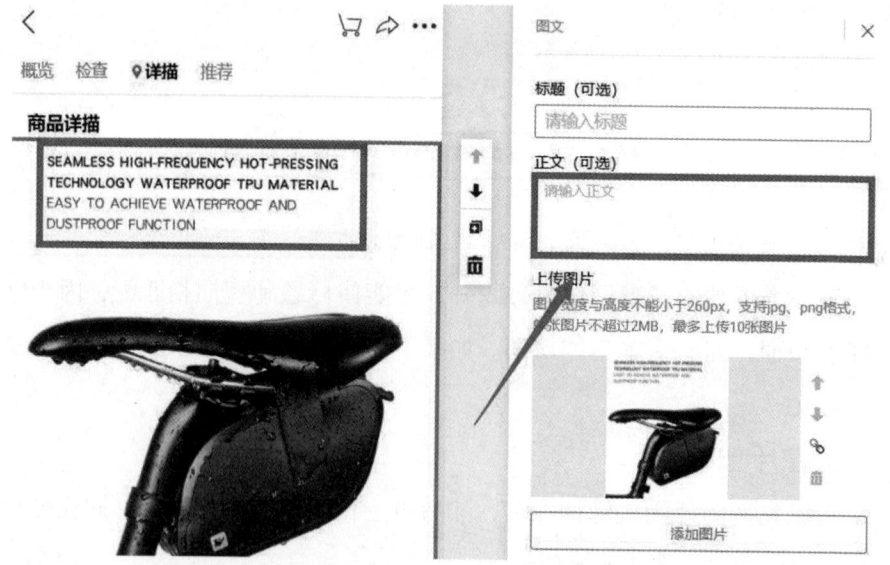

图 2-6-6 产品详情页图文分离埋词示例

2. 精准发布产品信息三大要领

（1）类目准确性高。有的产品类目比较模糊，有卖家想把市场小的产品发布到市场大的类目里面。千万不要这么做，类目一定要精准，有些产品似乎可以上传到两个类目，如手机配件，既可以上传至3C数码类目，也可以上传至家装类目。这种情况下，一定要谨慎，错放类目会导致对该产品降权处罚。

（2）正确勾选属性。多勾选属性确实可以提高曝光率，但也是纠纷的根源。买家看到产品有某个属性，购买之后却发现没有该属性，这种情况一般会引起纠纷或者买家差评。当然少勾选属性也不行，最好正常勾选。

（3）无论是标题配合产品还是产品配合标题，两者都需要相互符合。例如，关键词中出现925纯银，但是产品却是锌合金的，标题关键词与产品不符很容易造成买家误解及纠纷，或者买家进入店铺发现产品与标题不符，导致产品转化率太低。

四、产品信息上传的细节把控

细节决定成败。卖家上传的产品信息中存在诸多细节，如营销图、产品视频、发货期、批发价、产品库存等，各种细节代表什么含义？为什么要注意这些细节？只有做到知己知彼，才能高质量上传产品信息。

1. 营销图

营销图是指商品导购场景下展示的产品图片，包含搜索、推荐、频道、平台活动会场等。卖家上传符合规范营销图的产品有优先露出的机会，如果系统检测到图片不符合规范，该产品将不会被前台导购场景调用展示。

营销图包含了1：1的白底图和3：4的场景图两种类型，不同类型的图片会在不同的导购场景中展示（目前仅支持无线端的场景展示），同时对应的制作要求也不相同。

笔者看过的店铺不少于千个,大多数店铺不会单独制作营销图,但是营销图在无线端的流量是巨大的,笔者建议所有卖家上传产品信息时制作高质量的白底图与场景图,白底图与场景图上传入口,如图2-6-7所示。

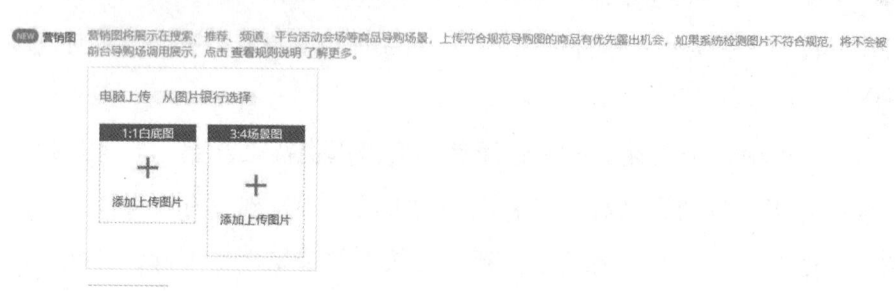

图2-6-7　产品信息上传页面营销图页面

（1）展示位置。白底图与场景图是千人千面展示机制,无线端白底图展示位置,如图2-6-8所示。

无线端场景图展示位置,如图2-6-9所示。

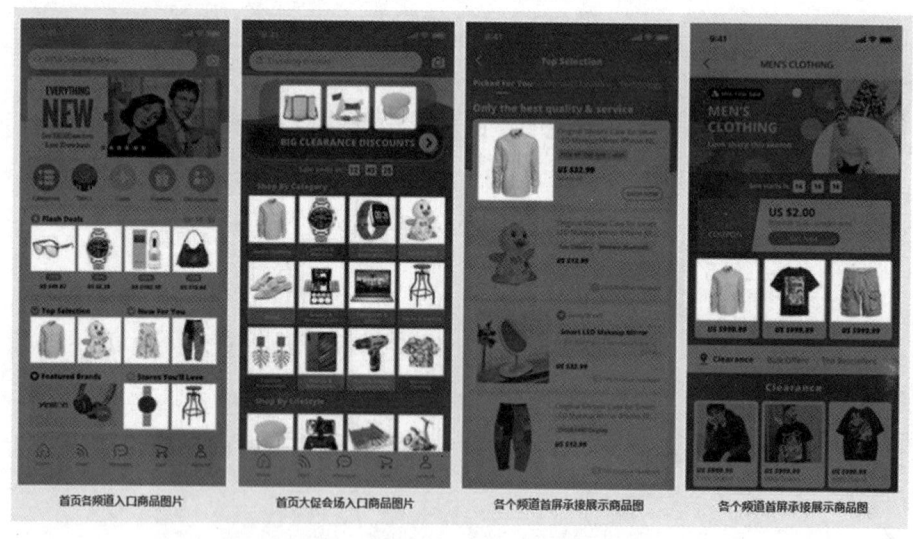

图2-6-8　产品白底营销图无线端展示位置

136

2 打造速卖通"爆款"之产品攻略

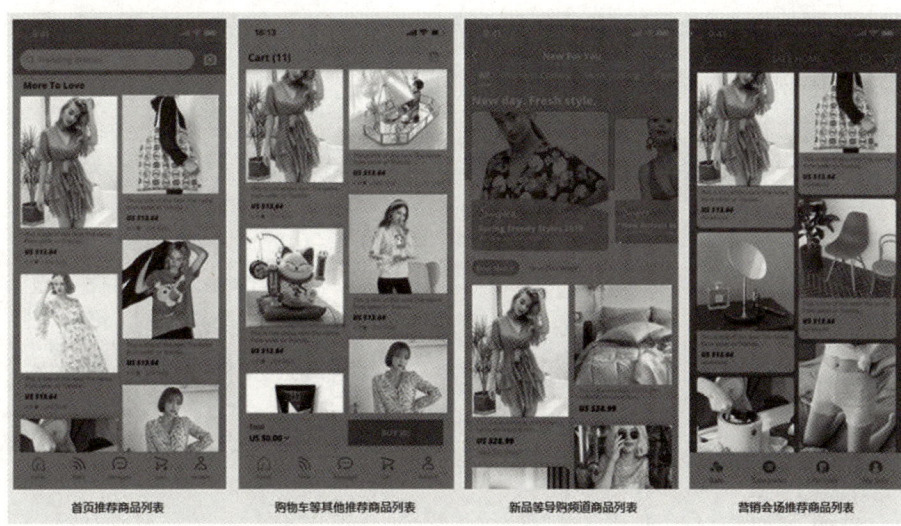

图 2-6-9 产品场景营销图无线端展示位置

（2）白底图制作要求。

基本要求：

- 图片背景为纯白色或全透明。
- 图片尺寸不小于 800px × 800px。
- 图片为正方形（宽高比 1∶1）。
- 图片格式为 jpg、jpeg、png。
- 图片支持大小不超过 5MB。

设计要求：

- 图片背景须为纯白色或全透明。
- 商品主体需居中正面展示，与四边保持一定间距，建议不小于 50px。
- 允许表达多 SKU、套装、配件等产品属性信息，需保证产品主体清晰可识别。
- 不允许出现品牌标识、水印、任何形式的边框以及促销广告等信息。

- 不允许出现敏感类目、违禁商品、政治敏感、宗教敏感的产品信息。

正确制作白底营销图,如图2-6-10所示。

图2-6-10 产品白底营销图制作示例

(3)场景图制作要求。

基本要求:

- 背景颜色为纯色或实拍场景。
- 图片尺寸不小于750px×1000px。
- 图片为长方形(宽高比3∶4)。
- 图片格式为jpg、jpeg、png。
- 图片大小不超过5MB。

设计要求:

- 允许背景为实物场景、模特演示,用于辅助说明产品的使用方式、使用效果、使用场景、品牌调性等。
- 允许表达多SKU、套装、配件等产品属性信息,需保证产品主体清晰可识别。
- 不允许出现品牌标识、水印、任何形式的边框以及促销广告等信息。
- 不允许出现敏感类目、违禁商品、政治敏感、宗教敏感的产品信息。

正确制作场景营销图,如图2-6-11所示。

2 打造速卖通"爆款"之产品攻略

图 2-6-11　产品场景营销图制作示例

2. 产品视频

视频能够更加直观地表达产品的卖点，并且能给产品增加停留时长。产品停留时长数据高于同行同层级，这款产品的转化率一般不会太低。很多卖家很想上传产品信息视频，但供应商通常不提供产品视频。在这里，笔者给众多卖家推荐一款免费软件 Camtasia Studio 8。在该软件中添加产品图片及 BGM 即可轻松制作产品视频，当然市面上也有很多视频生成软件，卖家可以根据个人需求使用。

3. 发货期与批发价背后的玄机

（1）批发价的玄机。无论购买多件产品的买家多与少，或者因为产品的特性以致购买多件的买家基本没有，都需要支持批发价。

同样的产品，有的买家会多购买几件，因为做跨境电商，物流较慢，买家可能会和亲人朋友一起购买多件，这样就可以一起到货，并且还能使用店铺的优惠券，买家也能获得优惠。

国外的代理商或者自己做生意的卖家，在速卖通采购的时候，因为长期购买多件，平台会优先推荐支持批发价的产品。如果卖家的产品支持批发价，就有可能获得平台推荐的机会。

支持批发价的单个产品也会获得额外的权重，卖家应秉承积少成多的原则，增加平台推荐的机会。

（2）发货期的玄机。当一个买家看到两件产品在价格、图片等方面一模一样，就会进行对比，结果发现两个产品的发货期有长有短，买家会更倾向于购买发货期短的产品。

一般有条件的卖家，如果速卖通仓库离得比较近，或者在一些跨境工业园，拿货也方便，可利用这个优势，把发货期调整为3~5天，店铺整体发货时间缩短，能够提升店铺权重。

4. 产品库存

上传产品信息的时候，大部分卖家库存一般填写500个以上，其实完全不需要填写这么多。新上传产品信息一般出单不会太多，笔者建议填写50~100个即可，因为单品有一项售罄率指标，这是隐性的指标。虽然速卖通没有明文规定，但是它会对单品的权重有一定的提升。

例如，单品库存数量500件，每天售出20件，售罄率为4%；单品库存数量100件，每天售出20件，售罄率即为20%。

可能卖家会认为，库存填写10件不是更好？那就没必要了，一般单品的售罄率所增加的权重不会太高，所以50~100件即可。

第七节 运用测款，提升"爆款"概率

一个店铺从布局到选品，辛辛苦苦打造标题，设置运费模板，注意各方面细节，最后高质量上传产品信息、出单，在这一系列过程中，还有一个必不可少的环节，那就是产品测款环节，这一环节通常在上传产品信息与产品出单之间。

一、产品测款的作用及好处

简单地说,就是测试产品在速卖通的市场潜力。因为一款产品上传之前,需要确定产品价格的热卖区间,以及根据买家喜欢的热销属性去挑选产品。但是卖家不知道精心挑选的这些产品是否会受到买家喜欢,这个时候就要进行产品测试,通过买家反馈的数据,了解哪些产品与价格是更受欢迎的。

1. 为什么要测款

部分卖家认为产品不需要测款,只要价格比同行同款产品低,前期以低价打入市场,待店铺权重起来后,再慢慢调高价格,这种想法是错误的。更有甚者,产品上传之后,直接通过"直通车+补单"强推产品。各种方法尝试过后,一旦停止投入,产品立刻被打回原形。

有实力的大卖家可能无所谓,中小卖家能这么做吗?对于中小卖家而言,测款是必不可少的环节,测试了产品在速卖通是否有市场,有市场的产品才可以考虑多投入一点,或者少赚一点。只有买家喜欢的产品,或者买家能够接受的产品,才有可能成为爆款。

2. 测款的作用是什么

(1)以合适的价格将产品卖出去。笔者前面讲到选品不对,赔钱都卖不出去;那么反过来理解就是,选品对了,价格高一点也能卖出去。所以产品测款的时候才要经过价格的渗透,让对的产品以对的价格出售,这样既能获得高利润,同时产品也能卖出去。

(2)顺应平台规则,成为小而美[①]的店铺。很多卖家只顾大量铺货,总认为其他卖家上传100款产品可以有20款产品出单,自己上传100款产品能有5款出单就可以了,却忘了一件事,那就是速卖通的规则。小而美的店铺,整店的动销率特别重要,经过测款周期后,能够出单的产品,或者有数据、有访客的产品保留继续观察;不能出单并且测款周期过后无数据

---

① 本书中,"小而美"是指店铺产品数量不多,但具有特色且销量较好。

的产品应删除，这样既顺应了平台规则，也能提高店铺的平台推荐权重。

3. 测款的好处是什么

（1）集中火力推广。测款的目的在于准确知道店铺中哪些产品得到了市场的认可。测款后能出单的产品，就是得到了市场的认可，如此就不用像很多卖家一样，产品一上传就盲目地去开直通车、补单，结果投入大量资金，产品依然不出单，没达到预期效果。这是因为新上传的产品，不知道哪些会受到买家的喜欢，而测款的最大好处是不会浪费资金投入，可以集中火力只推广测款成功的产品。

（2）合理分布店铺的引流款、普通款、利润款。卖家上传产品信息之前，产品都站在同一条"起跑线"上。通过价格渗透的测款之后，能够稳定出单的产品成为引流款；偶尔出单的产品成为普通款；产品利润较高，并且还能出单的产品成为利润款。测款之前产品可以稍微合理关联搭配，但是测款之后，区分完引流款、普通款、利润款，店铺的关联搭配就要更加合理，否则会浪费引流款的流量。

二、测款前需要做哪些准备工作

测款只是一个价格渗透的过程，至于效果怎么样，能有多少产品会出单，主要还是取决于前期准备工作，比如产品的基础是否扎实，选品是否通过数据分析，产品细节是否完善。为了确保测款的效果，卖家需要做好产品的选择、产品数据库、产品基础细节等前期工作。

1. 产品如何选择

笔者为给众多卖家梳理一下正确的选品步骤：确定好产品类目后，开始产品布局，建议选择市场大的产品进行价格布局。前期以产品的热门区间价格为主，以平台热门价格区间反推产品进货成本与产品重量。选品专家分析产品热销属性，最后根据产品布局、价格布局、热销属性三合一模式挑选产品，经过数据分析选择的产品，才能确保测款时大部分产品受到买家喜欢。

2. 是否建立产品数据库

产品信息在上传之前，一般都收集在数据库里面。有了数据库，产品数据会显示得比较清晰，需要上传什么样的产品，需要上传什么价格的产品，上传多少产品，这对于产品后期的优化也是很重要的。最重要的是卖家清楚知道产品成本是多少，产品最多能打多少折扣。如果不知道产品的最大折扣，就不能测款，产品就容易亏本。

3. 产品基础细节是否完善

产品信息标题是否覆盖整个类目的关键词？覆盖的关键词一般要有搜索人气，以及标题与关键词相匹配。例如，一个子类目，卖家准备上传50款产品，这个类目筛选出来100个关键词，那么这50个产品信息标题需要包含筛选出来的100个关键词。一个好的标题，对自然流量测款的卖家来说特别重要，运费也必须设置好，根据热门国家和地区设置包邮单价，测款之前产品详情页可以使用供应商提供的高清的产品展示图。产品主图建议使用场景图；至于整个店铺图片，使用供应商的图片即可。同款太多情况下应调整一下图片顺序，产品测款后，能够主动出单的产品，后期再具体为产品打造精品详情页。

4. 随意上传的产品能否作为测款产品

随意上传的产品能不能作为测款产品，要看测试的效果怎么样。就好比房子的地基打得不牢固，就很难成为高楼大厦。为什么很多卖家店铺月销仅几千美元或者一两万美元？就是因为店铺基础打得不牢固，产品的市场人群受限，得不到买家的认可。

三、各类流量的测款之路

测款分为自然流量测款、直通车测款，笔者建议中小卖家选择自然流量测款，投入大的卖家选择直通车测款。

虽然直通车测款效率更高，但是自然流量测款一样可以使产品出单。产品出单获得利润，再用利润去开直通车提高效率，可让店铺产品更快循环起来。

1. 直通车与自然流量测款步骤

首先卖家对参与测款的所有产品，预留折扣要清楚。例如，产品售价为 10 美元，产品成本 = 运费 + 产品价格 + 佣金等，所有费用加起来等于 5 美元，这时产品最大折扣为 50%，也就是售价 10 美元的产品，打 5 折即售价等于成本（5 美元）。接下来以 50% 的最大折扣为例，区分直通车与自然流量测款步骤，如表 2-7-1 所示。

表 2-7-1 自然流量与直通车测款流程

测款步骤	自然流量	直通车测款
产品预留最大折扣	50%	50%
测款周期	30 天	7~15 天（根据直通车投入费用，直通车费用不低于 10 元一款产品）
每个周期测款时间	分为 4 个周期，每个周期 7 天左右	分为 4 个周期，每个周期 2~4 天
如何开始价格渗透	每个周期调整一次折扣，至少从 6.5 折开始至 5 折结束	
如何停止价格渗透	在哪个周期出单，即保持折扣（例如，产品在第二周期 6 折出单，即保持 6 折，不再继续下调折扣）	

测款周期结束后，能够出单的产品保持出单折扣，只有数据但是未出单的产品保持最低折扣，所有产品进入筛选阶段。

自然流量测款适合所有产品同时开始价格渗透，但是直通车需要产品分组，笔者建议使用直通车快捷推广计划测款，每组产品不超过 10 款，并且每组产品为同类型产品。

例如，女装类目，对连衣裙、牛仔裤、打底裤、雪纺衫等子类目进行分组。当然产品分组细致一点会更好，再如，连衣裙分为长款、及膝、迷你，鼠标分为有线鼠标、无线鼠标，只有把产品分好类，才能进行直通车测款。

直通车测款特别提醒：每次只允许一组同类产品测款，例如，直通车有一组长款连衣裙在测款，就没必要再拿一组长款连衣裙去测款，因为多组同类型产品直通车测款会造成冲突。

2. 零利润才出单怎么办

不赚钱的折扣能稳定出单，是否真的不赚钱？答案是否定的，只是测款的时候不赚钱而已。

例如，单个产品每天稳定出 10 单，产品一般需要囤 15~20 天，这样一次性就可以拿 150~200 个产品，一般供应商可优惠 5%~8% 的产品成本。有了稳定出单的产品，再带动其他产品，平均每天出 30 个订单左右，积累 3 天订单发货一次，每次发货 100 单左右。如果走线下物流渠道，物流运费大概 8.5 折，这样能够拿到产品以及运费的资源，产品就会有利润空间。

这还不是最重要的，最重要的是店铺有多个稳定出单的产品后，能够提高店铺权重，以及带动店铺其他普通款和利润款产品，其中的价值将不可估量，所以卖家不要担心产品出单后没有利润。

笔者经常问不同卖家一个问题，以此考验他们能否把店铺轻松运营起来：有 A、B 两个新店铺卖同样的产品，A 店铺每天一个订单赚 10 美元，B 店铺每天 10 个订单赚 10 美元，哪个店铺能够更快运营起来？选择 A 店铺的卖家觉得每个订单都需要赚钱，选择 B 店铺的卖家觉得店铺前期以订单量为主。其实这两种说法都没错，但是综合一下就完美了，每天 10 个订单，3~5 个订单不赚钱，另外 5~7 个订单赚正常利润，这样的店铺才能良性发展。

四、如何配合产品测款，提高测款效果

如果只是单纯地测款，单个产品的访客没有涉及其他产品，效果就会大打折扣，特别是直通车测款的产品。例如，一个产品吸引进来 100 个买家，但是 100 个买家中一部分购买了单个产品，一部分不喜欢该产品就直接走了。进来的买家没有和其他产品产生联系，不仅浪费了流量，而且降低了

产品数据，间接进来的访客降低了产品的权重，所以卖家需要在关联到搭配、配合店铺优惠营销、提高测款效果方面下功夫，想办法让进店的买家浏览店铺其他产品，并且产生购买意愿。

卖家做好关联营销和产品搭配，特别是直通车测款，能使流量利益最大化。关联和搭配主要把无线端做好，毕竟无线端占有70%左右的流量，买家进来时会产生4种想法：

（1）产品不错，直接购买。

（2）价格能不能便宜点？这个时候就看店铺的优惠营销了。

（3）看完产品后，不怎么喜欢，想看一下其他产品。

（4）进来随便逛逛，对比一下产品和价格。

从以上4种想法来看，关联搭配与店铺优惠营销是息息相关的。

例如，卖手提包的店铺，卖家就要搭配一些不同款式、不同材质的，和手提包相关的产品。如果买家对手提包不喜欢，可以看一下店铺里的钱包、钥匙包等产品。如果店铺设置了优惠券，也有助于吸引买家手提包、钱包一起购买。

店铺优惠券设置合理，能吸引买家购买，并且买得越多越便宜，从而展现产品的优势，其实买得越多越便宜是运费的原因。

例如，一个产品10美元，同行店铺中同款产品售价也是10美元，卖家店铺设置了满18美元减2美元的优惠券，同行店铺没有优惠，买家在哪家购买不言而喻。

总而言之，卖家要严格做好关联搭配和店铺营销，只要买家点击进入店铺，尽量让买家多看其他产品，多买其他产品，这样就不会浪费进来的流量。

五、产品测款后如何进行筛选工作

测款之后为什么要筛选产品？因为要遵守速卖通规则。速卖通从2017年开始，从铺货模式慢慢转变成小而美的店铺，店铺在售产品无须太多，因为店铺的动销率影响店铺权重，实际产品可以多上传，但是需要筛选。

测款就是大浪淘沙的过程，既要多上传产品信息又不能让店铺产品数太多，所以要对产品进行筛选。例如，一个店铺分批上传1000个产品，那么在上传过程中不断测款，有销量、有访客的产品进行保留；无数据、无访客的产品可以删除。也就是说，先上100个产品，在测款过程中这100个产品只有20个产品出单了，还有30个产品有访客和曝光数据。其他50个产品测款后没有出单，也没有曝光数据，并且这50个产品超过观察周期以后还是没有数据，就可以删除了，再上传其他产品，不断筛选，如此形成良性循环。

一个产品从上传到删除限期为45天，在这45天观察期里，包含测款周期。例如，直通车测款15天后，产品没出单，没数据，这个产品继续保持最低折扣30天，累积45天后还没数据，直接删除。这样，上传1000个产品，经过测款后保留下来的也许只有200~300个产品。这样就形成小而美的店铺了，店铺的动销率也非常高。测款成功的产品会经常出单，店铺权重也会越来越高。由于店铺权重非常高，店铺后期覆盖其他类目的产品，即使不开直通车，产品曝光都会很高。

第三章 打造速卖通『爆款』之营销攻略

本章面向产品能够陆续出单的卖家。产品虽然能够出单，但是每天只有3~5单，店铺到了这个阶段不知如何运营。很多卖家按自己的喜好优化店铺，把产品改来改去，结果原本出单的产品反而不出单。"改来改去何时了，得到曝光访客少。"其实店铺只要有潜力款陆续出单，就证明产品没有太大的问题。接下来卖家只需集中力量挑选潜力款主推即可。本章通过关联模板、产品橱窗、产品诊断、直通车、视觉营销、平台活动、联盟营销七大知识点，即可使主推产品突破现有流量极限。

第一节　产品的深度关联技巧与设置

关联模板若只是单纯地关联几款产品，则毫无意义；关联模板只有不断关联产品，测试主产品与被关联产品的匹配度，才能将关联模板变成关联营销。例如，A产品关联8款产品，其中只有3款产品引入了A产品的流量，那么另外5款产品就要及时更换。

大卖家的店铺，一般会准备30个左右的关联模板，不同产品使用的模板会有所不同，卖家不断测试主产品与被关联产品的匹配度。

有吸引力的关联模板不仅美观，而且功能丰富，但很多卖家只关注其中一点。虽然鱼和熊掌不可兼得，但是学完本节内容之后，卖家就不会这么认为了。

一、什么是关联模板

通过产品链接推荐店铺的其他产品给买家，实现让买家在店铺购买多个种类的产品，来提升店铺的动销率或提升店铺客单价。这一般以关联模板呈现，置于产品详情的顶部或底部。笔者建议放置在详情页顶部，达到关联模板的最大曝光效果。

为什么要做关联营销？这主要基于店铺产品和店铺活动两方面原因，当然也需要注意制作关联模板的注意事项。

1. 产品方面

买家通过各种流量渠道（如搜索、首页、直通车、平台活动等）进入产品链接，通过产品详情了解完产品后，不一定会立即产生购买行为。他们或者收藏店铺、加入购物车，或直接退出产品链接，去浏览其他家店铺的产品。

关联营销主要是为了让买家知道店铺里面还有很多他们需要的产品，防止买家浏览完商品之后，在没有购买的情况下，直接跳转到其他店铺，导致店铺跳失率高。卖家在产品链接中做相关的产品推荐，有利于买家继续浏览店铺其他产品，甚至形成转化。同时，针对已经在店铺购买产品的买家，通过关联营销，使买家在店铺购买更多种类的产品，提升店铺客单价和动销率。

2. 活动方面

其实关联营销不仅限于推荐相关产品，卖家也可以通过关联营销来传达给买家相关的活动信息，提升活动参与度。

以优惠券活动为例，很多卖家设置优惠券之后，发现优惠券几乎没人领取。究其原因，除优惠券设置不合理外，还有就是买家根本没有发现优惠券的存在、店铺或者平台的促销活动，这些活动信息卖家都可以通过关联营销向买家传达，让买家知道这些活动信息，多看多买，从而达到提升店铺数据的效果。

二、制作关联模板的注意事项

1. 关联模板推荐产品不宜过多

部分卖家为了向买家推荐更多的产品，在关联模板中设置了20～30个产品，如果买家对产品感兴趣、想要浏览产品详情页的话，就必须看完整个关联模板。卖家推荐这么多产品需要占2～3个版面，这无疑会对买家的浏览体验造成较大影响。

所以笔者建议关联模板推荐产品不要多于10个。

2. 模板页面简洁，排版整齐

关联模板主要以产品推荐为主，整个页面务必整齐简洁，这样才能引起买家的点击欲望并查看相关产品。如果模板中图片、文字模糊，产品排列杂乱，会降低买家的点击欲望。

3. 产品链接一定要添加正确

关联模板中的产品链接切勿添加错误,不要出现买家点击 A 产品,结果却跳转到了 B 产品链接的情况。卖家制作好关联模板之后,一定要逐一检查链接是否正确。

4. 关联模板设置要丰富

卖家要针对店铺不同的产品类型、不同时期,设置多个关联模板,不同的买家面对不同的产品则会有不同的需求。例如渔具类,买家购买鱼竿之后,还需要购买很多配套产品,如鱼钩、鱼线、浮漂、抄网等。卖家要对不同的产品,使用不同的关联模板,来进行相关产品推荐。

三、制作关联模板的方式

在考虑做关联模板之前,卖家首先脑海里要构思一下关联模板需要做成什么样子,才能吸引买家点击。美观是必须的,并且模板的排版要清晰明了,关联模板不应只关联几款产品,而应形成一个组合。

关联模板虽然没有固定样式,但是优质的模板,除推荐产品信息外,还包含平台活动信息、店铺活动信息、店铺优惠券、相关类目推荐。首先,构思模板,模板设计框架如图 3-1-1 所示。

活动海报		
活动信息 / 类目链接		
优惠券	优惠券	优惠券
产品图片	产品图片	产品图片
产品图片	产品图片	产品图片

图 3-1-1 关联模板设计框架示例

卖家构思模板设计框架后,只需将图片依次添加其中即可。精美完善的模板能吸引更多买家点击,如图 3-1-2 所示。

图 3-1-2　精美关联模板示例

卖家了解完关联模板应该设计成什么框架后,接下来就开始动手操作。关联模板分为系统自带模块和自定义模块。

1. 系统自带模块

在速卖通卖家端后台点击导航栏"商品",在左侧导航栏点击"关联产品模块"(此模块一般很少使用,但是很容易设置),如图 3-1-3 所示。

3 打造速卖通"爆款"之营销攻略

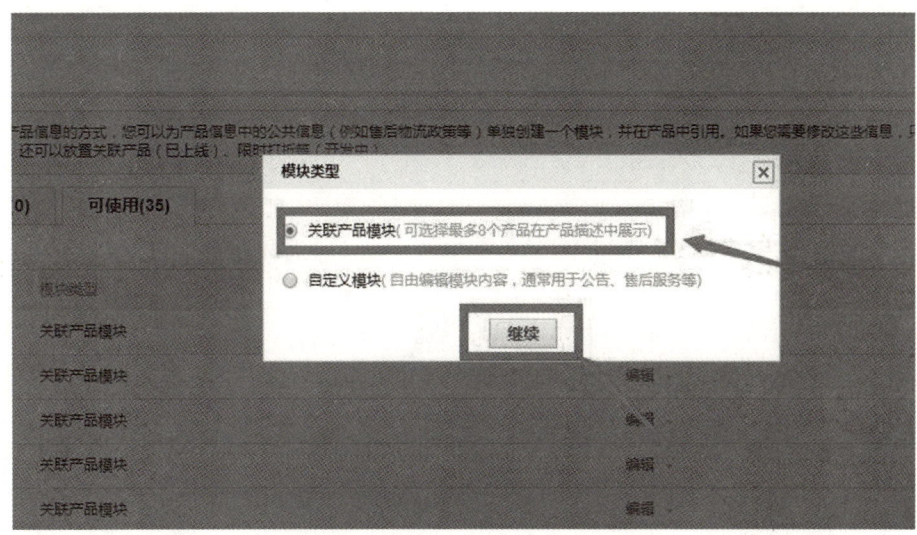

图 3-1-3　创建速卖通自带关联模板

创建模块后，输入模块名称，只支持英文字符，最多关联 8 个产品，不能添加营销模块，选择需要关联的产品添加即可，如图 3-1-4 所示。

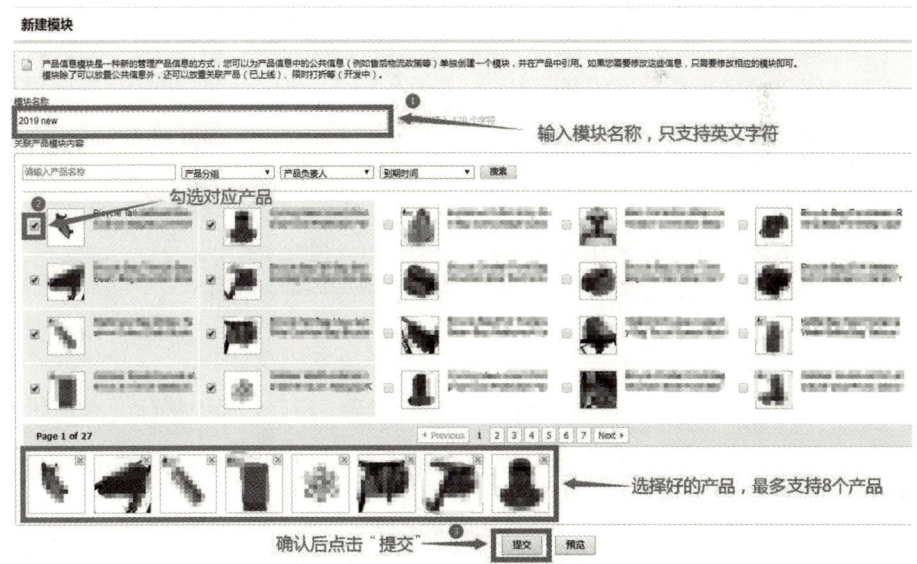

图 3-1-4　关联模板添加关联产品模块页面

2. 自定义模块

选择自定义模块后，输入模块名称，添加相应的产品，超链接选择产品对应的链接，如图3-1-5所示。

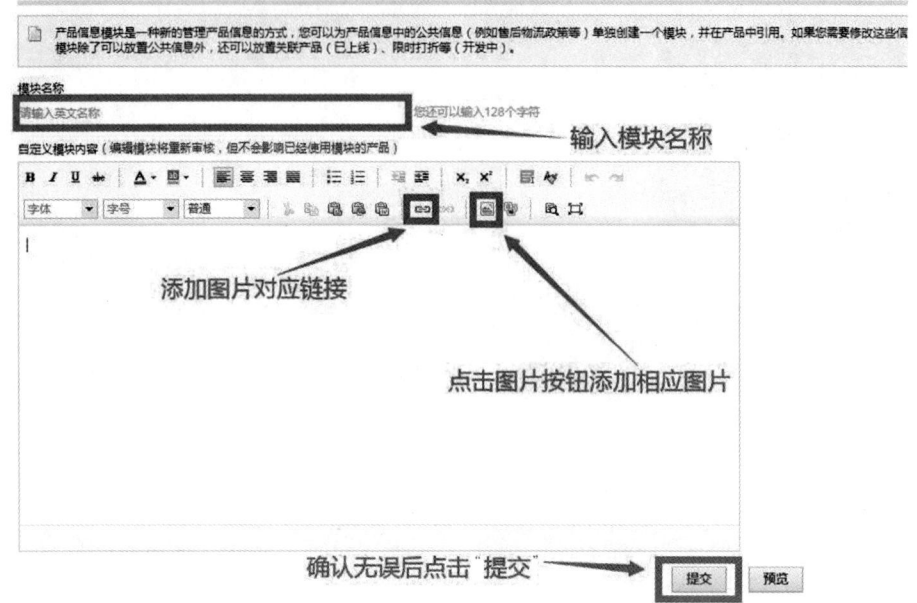

图3-1-5 制作自定义关联模块示例

制作自定义模板注意事项：

（1）图片总宽度不超过9600000px，如果产品图片出现乱码，总宽度低于9600000px即可。

（2）上传的图片命名用英文字符，否则无法提交。

（3）营销模块图片添加超链接时链接到优惠券页面即可。

（4）营销模块与产品模块上下对齐，照顾买家浏览体验。

（5）关联产品的图片可以与实际产品主图不一致，以吸引点击为主。例如，实际产品主图是白底图，关联产品主图可以是场景图，甚至产品图片加一些"牛皮癣"[①]都可以。

3. 批量添加产品关联模板

首先，在速卖通卖家端后台商品页面，点击左侧导航栏"商品管理"，

---

① "牛皮癣"指图片上带有文字或图形等影响美观和正常查看的内容。

如图 3-1-6 所示。

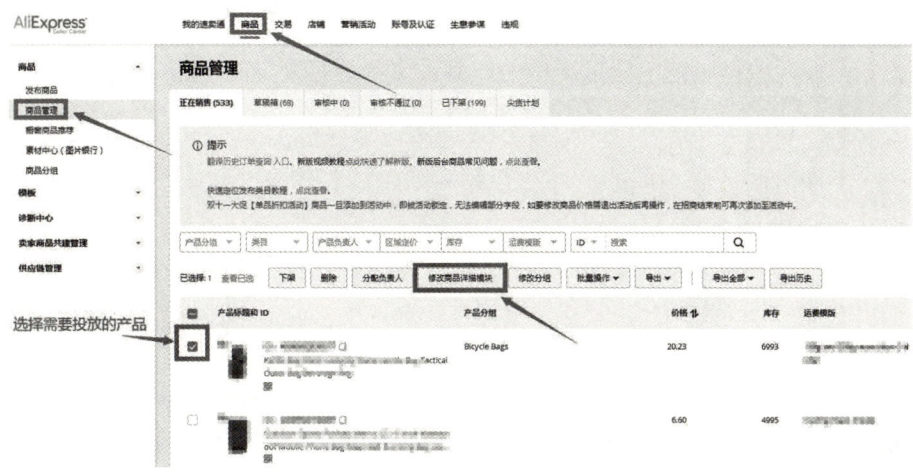

图 3-1-6 添加产品关联模板页面

然后勾选需要投放的产品，点击"修改商品详描模块"，选择对应的关联模板，笔者建议添加在顶部，如图 3-1-7 所示。

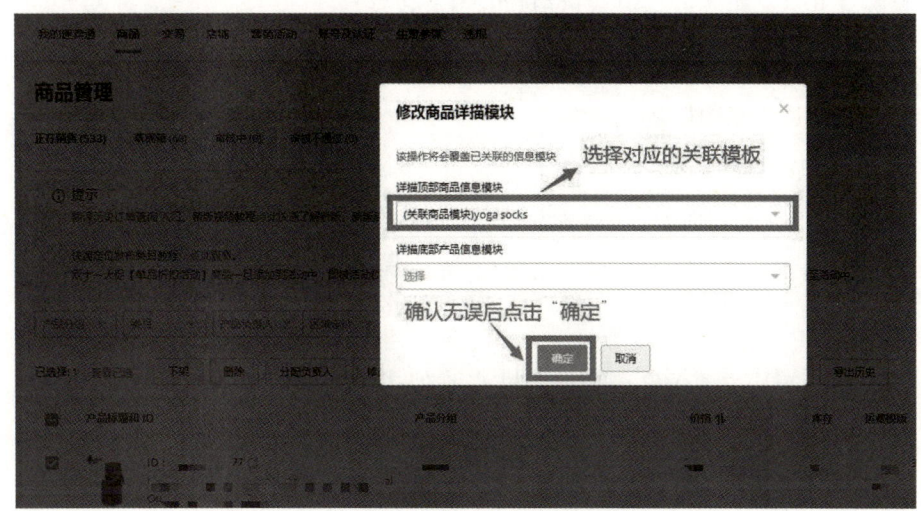

图 3-1-7 添加关联模板位置页面

四、关联模板应该关联什么产品

关联模板是至关重要的一步，应该关联哪些产品才能让模板变成"营销"呢？首先笔者给产品做一个分类：热销款、普通款和新款。

- 热销款：店铺中持续出单的产品，或者访客最多的产品。
- 普通款：店铺中偶尔出单的产品，或者访客较少的产品。
- 新款：刚上传的产品，还未做过测试的产品。

不同时间关联不同的产品。热销款如果访客较多，卖家可以将其作为新款测试市场，关联的产品分为新上传产品信息、热销产品、周边产品、类似产品等。

1. 新上传产品信息

一般只有热销产品才会关联。新品刚上传期间，没有太多流量，需要借助热销款的流量带动以测试新品是否有市场潜力。测试周期为15天左右，当然热销产品与新款产品也要存在一定联系。

例如，新品为宠物牵引绳，笔者建议热销产品选择是同类型的宠物牵引绳或者周边的宠物用品。主产品与关联产品应存在联系，这样吸引的流量才会共享，否则就是浪费热销款的引流效果。

新品可以不做关联营销，因为新品几乎没有什么流量，即使做关联营销，效果也不是很好。

2. 热销产品

所有的产品都可以关联热销产品，热销产品为什么热销？因为受众人群较大，并且通过市场认可，买家有可能没相中主产品，但是喜欢被关联的热销产品。

热销产品主要关联周边产品或者类似产品，毕竟热销产品是为店铺吸引流量的。

3. 周边产品

店铺属于多子类目，热销产品关联周边产品，如饰品类目、3C数码类目等，例如，主产品为戒指，需要关联的周边产品可以为项链、耳饰、手镯等产品，如图3-1-8所示。

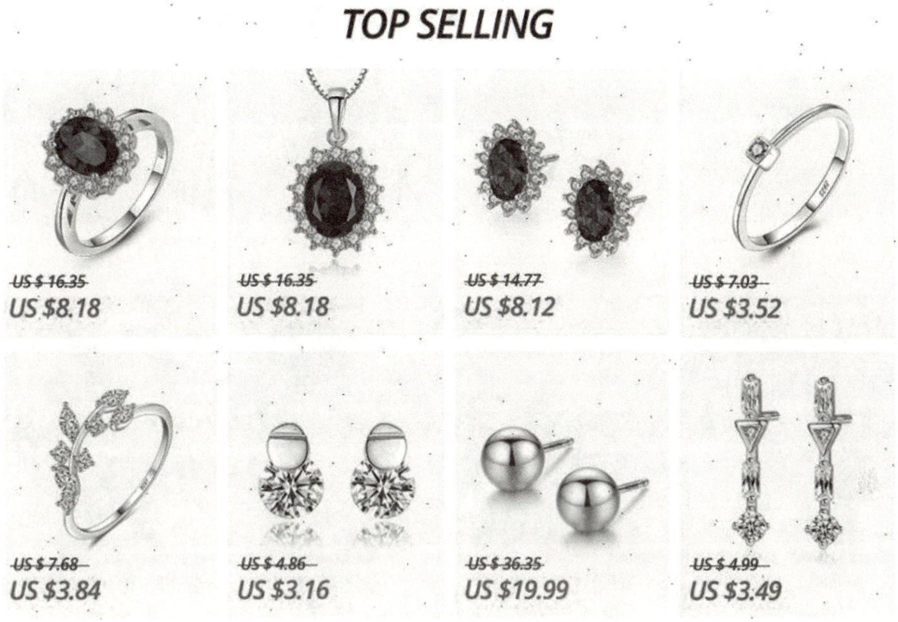

③ 打造速卖通"爆款"之营销攻略

图 3-1-8　精品周边产品关联示例

一般热销产品的点击转化率都是比较高的。当买家购买主产品戒指时，可能会和周边产品项链、耳饰等一起购买，毕竟跨境电商物流周期较长，还有吸引买家购买多个产品的优惠券。买家购买多个产品，不仅价格实惠，而且能同时收货，一举两得。

4. 类似产品

店铺属于单子类目，店铺大部分属于同一类产品，热销产品关联类似产品。例如，女装类目、箱包类目，主产品为女士羽绒服，关联产品与主产品为类似产品，并且产品售价差不多，如图 3-1-9 所示。

当买家想购买一件羽绒服时，其内心会选择一种喜欢的款式，并且价格在可接受的范围，所以卖家应该多给买家推荐与主产品类似的产品，只是款式不一样以供买家选择，让买家有选择的空间，并且价格在买家可接受的范围内。例如，主产品售价为 30 美元，推荐的产品售价范围为 20～40 美元。

图 3-1-9　精品同类型产品关联示例

五、无线端怎么做产品关联

速卖通目前的关联模板只支持电脑端，如何制作无线端关联模板？一般店铺 70% 的流量来源于无线端，所以无线端关联比电脑端关联更加重要，但是大部分卖家却没有制作无线端关联模板。

无线端关联分为使用代码编写和使用软件制作两种方式，99% 的卖家没有编程的基础，所以不会选择使用代码编写，只能使用软件制作。

笔者建议卖家在速卖通服务市场搜索"店小宝"软件，不仅价格实惠，而且制作美观。

购买软件后，点击关联营销功能，选择无线端模板，对应于行业模板、相关主题，如图 3-1-10 所示。

图 3-1-10　用软件制作无线端关联模板

卖家选择适合自己产品的模块后，添加需要关联的产品，填入产品对应的信息后创建模板，选择需要添加无线端模板的产品，进行批量投放即可。无线端的关联模板投放属于编辑产品，经常更换模板会影响产品实际权重，卖家可以先在电脑端测试产品后，再选择无线端模板制作及投放。电脑端的模板投放不属于编辑产品，经常更换不影响产品实际权重。

第二节　巧用橱窗推荐，达到产品收益最大化

一、什么是橱窗

橱窗是速卖通平台推出的一种推广技术工具，目前作为奖励供部分卖家使用。能使用橱窗的产品将在搜索结果页中优先显示，获取更多曝光机会，从而使买家优先搜索到使用橱窗的产品。可以说，橱窗是一种可以提

升产品曝光度，帮助卖家提高成交率的工具。

二、如何获取橱窗

橱窗可通过三种路径获取。

1. 运营能力层级

在速卖通店铺运营能力模型层级中，平台根据不同店铺的运营能力，分为4个层级，分别是高级、高潜、腰部和普通，如图3-2-1所示。

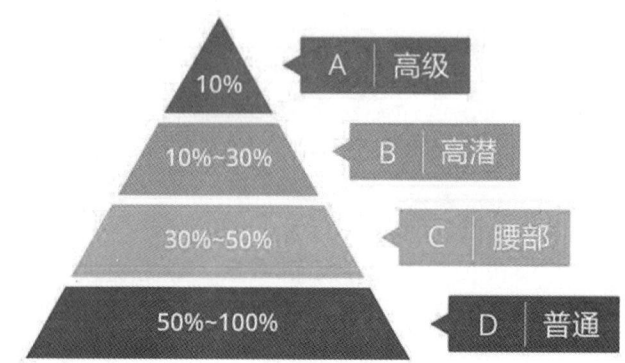

图 3-2-1　速卖通店铺运营能力模型层级

在速卖通店铺后台首页，卖家可以直接查看目前自己的店铺处于哪个运营能力层级，如图3-2-2所示。

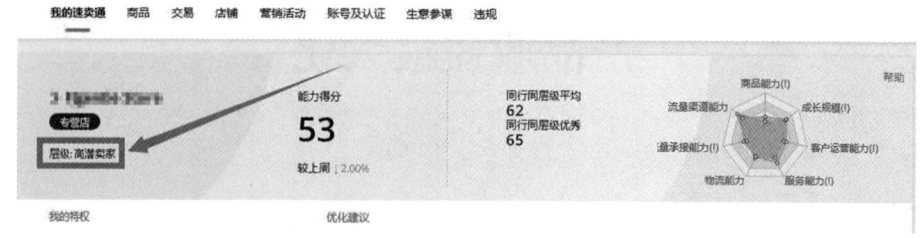

图 3-2-2　速卖通店铺后台首页

运营能力模型层级为"高级"的店铺，每个月可以获得3个橱窗的奖励；运营能力模型层级为"高潜"的店铺，每个月可以获得2个橱窗的奖励。

2. 新入驻的银牌店铺

对新晋的银牌店铺，平台依照规则进行为期 6 个月的橱窗奖励扶持。在橱窗奖励扶持期，只要新晋银牌店铺一个月销售累计超过 10 单，则平台在该月奖励该店铺 2 个橱窗（一次性发放，不可累积）。

3. 新品奖励

如果某店铺在一个月新发 10 款产品，且有 1 款被打 new 标，则平台在该月奖励该店铺 1 个橱窗。

如果某店铺在一个月新发 50 款产品，且有 10 款产品被打 new 标，则平台在该月奖励该店铺 3 个橱窗。

在小二精选项目（男装、女装、配饰、内衣、玩具、母婴、珠宝饰品、手表、美容健康、家居、家装、运动娱乐、汽车摩托车配件）下，每个月每个类目"铺货数量"（以系统展示为准）前 50 的店铺可获得 1 个橱窗奖励。

4. 橱窗发放时间

通过运营能力层级、新入驻银牌店铺及新品奖励场景下获得的橱窗会在次月 2 日奖励发放，小二精选项目下获得的橱窗会在每月 15 日前奖励发放。

店铺若在橱窗奖励发放时，存在交易违规、知识产权或禁限售违规，达到扣分 24 分及以上，或者严重知识产权违规 2 次及以上，则无橱窗奖励资格。

三、什么产品值得设置橱窗推荐

由于店铺橱窗的获取数量非常有限，所以卖家在设置橱窗产品时必须优先选择数据表现好的产品。橱窗仅为产品提供曝光机会，卖家应重点选择点击率高、转化率高的"双高产品"设置橱窗。若店铺已确定主推产品，则橱窗推荐以主推产品为主，主要根据店铺产品数据情况进行选择。

在"生意参谋"中选择"商品排行",勾选搜索曝光量、搜索点击率、商品加购人数、平均停留时长、下单转化率,选择30天的数据进行分析,如图3-2-3所示。

图3-2-3 店铺商品排行数据截图

卖家根据产品的点击率与转化率综合数据高低,决定将哪款产品添加橱窗进行推荐。如果多款产品数据相差无几,再考虑收藏加购、停留时长、产品曝光量综合数据。

四、添加橱窗推荐产品的步骤

1. 橱窗后台入口

进入橱窗推荐有以下两种方式。

(1)进入速卖通店铺后台,首先点击"我的速卖通",然后点击"商品"下的"剩余可用橱窗数",如图3-2-4所示。

图3-2-4 速卖通店铺后台首页

(2)进入速卖通店铺后台,鼠标悬停"商品",出现下拉框,点击"橱窗管理",如图3-2-5所示。

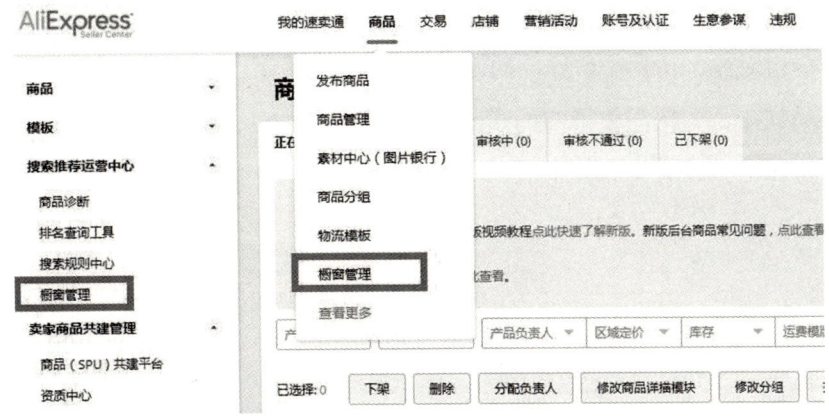

图 3-2-5　速卖通店铺后台商品页面

2. 添加推荐产品

第一步，在橱窗后台点击"新增推广商品"，添加橱窗推荐产品，如图 3-2-6 所示。

图 3-2-6　速卖通设置橱窗推荐页面

第二步，通过产品分组、搜宝贝 ID、商品标题进行搜索，找到需要推广的商品，如图 3-2-7 所示。

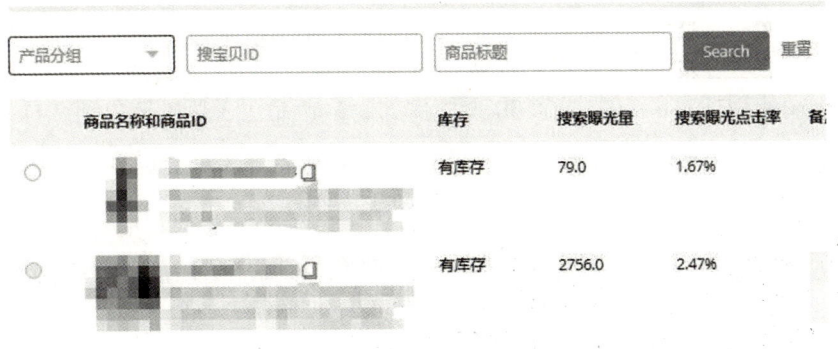

图 3-2-7　速卖通橱窗推荐管理——搜索推广页面

第三步，根据搜索曝光量/搜索曝光点击率（指该商品最近一天的数据）进行分析对比，找到需要推广的商品。

第四步，勾选需要推广的商品，并点击"提交"，商品就可成功添加到橱窗推荐中，如图3-2-8所示。

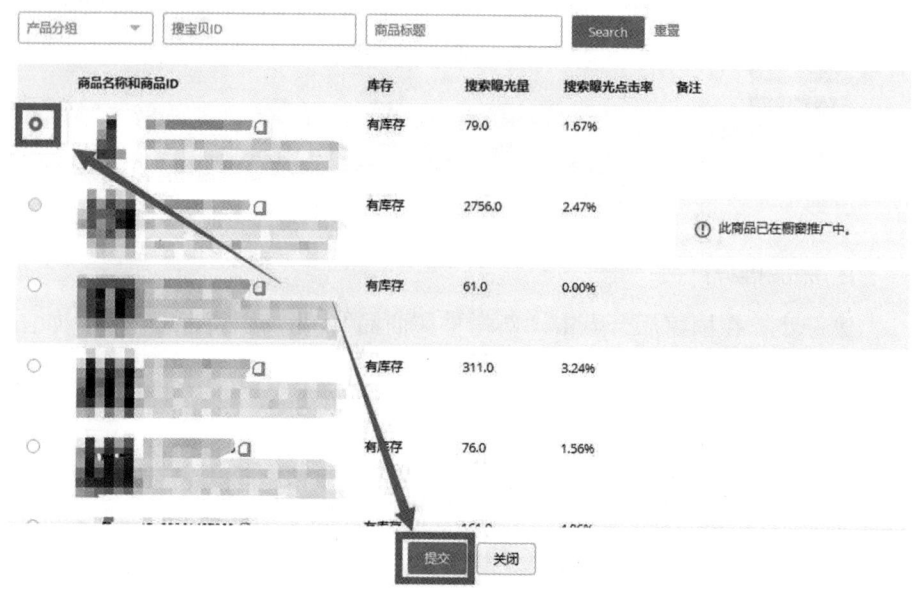

图3-2-8　速卖通橱窗推荐管理——勾选推广页面

商品成功添加橱窗推荐后，卖家在后台推广列表中可查看商品的推广状态，包括推广有效期、剩余天数、搜索曝光量、搜索曝光点击率、橱窗效果。

橱窗的使用期限为1个自然月，如果超期，橱窗奖励将自动作废。卖家每次使用橱窗的有效期为30天。例如，A店铺在3月1日拿到2月的橱窗奖励，可以选择在4月1日前使用；如果选择在3月2日使用，橱窗的生效期则为3月2日至4月2日；4月3日后该商品即按照自然展现位置呈现。为了避免橱窗推荐位的浪费，卖家平时要多关注店铺的可用橱窗数量，及时合理地使用橱窗，提升产品和店铺数据。

第三节　从细节入手诊断店铺，突破数据"瓶颈"

诊断涉及整个店铺与单个产品，如果整个店铺出现问题，诊断单个产品就毫无意义。

首先是诊断店铺产品的市场占比和市场体量的大小，如果市场占比或市场体量小，即使产品数据不错，店铺的月销也不会太高。其次是诊断产品售价与产品本质的关系，产品与售价是需要匹配的，如果店铺市场与售价存在不合理之处，就没必要诊断单个产品数据的好坏。所以，应在店铺的市场与售价没问题的情况下，再诊断店铺单个产品数据。

一、诊断店铺应该查看哪些方面

首先查看整个店铺每日报告（90天低于60单的店铺无法查看每日报告），如图3-3-1所示。

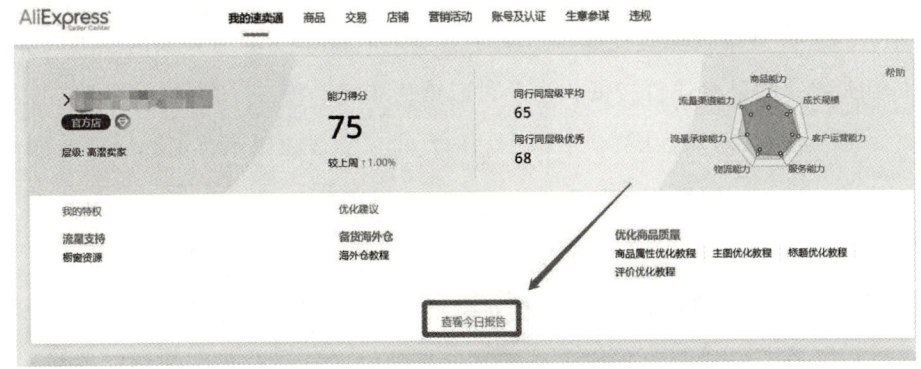

图3-3-1　速卖通卖家端首页查看店铺今日报告

1. 商品能力

卖家主要查看"在售商品数""上新商品数""货不对版纠纷提起率""DSR 商品描述分""商品动销率""新品动销率""成交不卖率"7 个数据，并对比同行平均数据，如图 3-3-2 所示。若店铺数据能达到同行平均数据，说明店铺商品能力还是不错的。

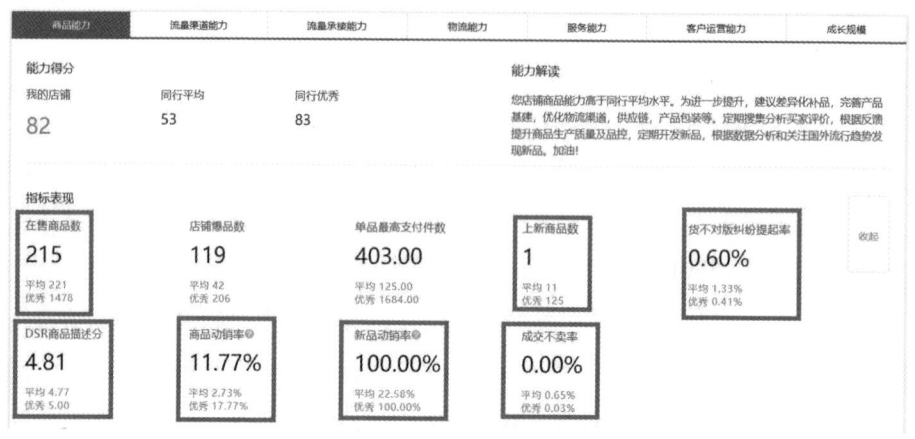

图 3-3-2　查看店铺商品能力

（1）在售商品数：一般达到平均数量即可，毕竟在速卖通上慢慢变成小而美的店铺，应以精细化运营为主。

（2）上新商品数：笔者建议新店铺平均一周上传 10 款产品即可，老店铺每周上传 2～3 款产品即可。

（3）货不对版纠纷提起率：卖家发货的时候，经常与买家沟通可以降低纠纷率。如果客单价较低，产品可以赠送买家，换一个好评还是值得的。

（4）DSR 商品描述分：上传产品信息时，笔者建议图片不要过度处理，正常美化即可，同样，多与买家沟通可提高描述分。

（5）商品动销率：卖家要学会店铺产品整理，对于没数据、没访客、没订单的产品要果断删除，否则会影响整店的动销率。

（6）新品动销率：卖家上传产品信息的时候，站在买家的角度选择产品，只有多做数据分析才能了解买家喜欢什么类型的产品，以及能接受什么价格的产品。

（7）成交不卖率：卖家应排除不可抗拒因素。如果产品缺货，先找同款产品；如果没有买家所选产品就要多和其沟通，换一款产品；如果联系不上买家，可以发一款同款产品给买家；如果同款产品价格过高，可以赠送一个礼品给买家，然后留言让买家更换一款产品，毕竟成交不卖对店铺的影响大于普通纠纷，所以宁可多一个店铺纠纷也不要成交不卖。

2. 流量渠道能力

卖家主要查看"搜索店铺访客数""直通车点击量""联盟访客数""站外访客数""店铺活动访客数""平台活动访客数"，如图3-3-3所示。各方面带来一点流量，就可以积少成多。

图 3-3-3　查看店铺流量渠道能力

（1）搜索店铺访客数：主要针对产品的标题，通过垄断性关键词标题打造，以及产品页面"埋词"提升标题匹配度，这样可以提高搜索曝光量，只有曝光量高访客才会多。

（2）直通车点击量：有投入的卖家可以适当开直通车增加店铺访客量。

（3）联盟访客数：笔者建议卖家开启联盟，新品开全店营销即可，数据尚可的产品开单品营销。

（4）站外访客数：不会站外推广的卖家，开启联盟也可以获得站外流量。

（5）店铺活动访客数：店铺活动是没有限制的，所以笔者建议各种店铺活动不要断。

（6）平台活动访客数：对于老店铺，笔者建议在产品不亏钱的情况下多参加平台活动；新店铺一般只能参加试用活动，在产品能够出单的情况下，可以考虑参加试用活动积累销量以及店铺粉丝。

3. 流量承接能力

流量承接能力是指整个店铺产品的数据表现。由于产品分为引流款、普通款、利润款，所以整店的数据仅作参考。产品诊断的对象仅限于店铺前20款产品，因为主要产品数据有所提升，整店的数据也会随之提升，普通款和利润款数据不理想是正常的。

4. 物流能力

卖家主要查看"DSR物流服务分""平均发货时长"两个数据，这两个数据若处理得好，其他数据就会随之提升，如图3-3-4所示。

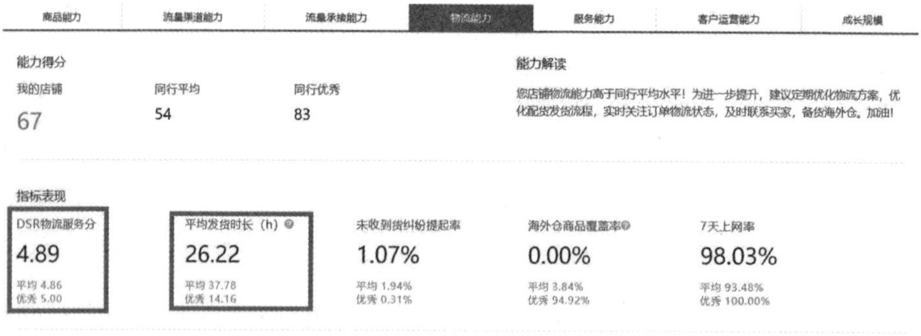

图3-3-4 查看店铺物流能力

（1）DSR物流服务分：笔者建议店铺前期发货多选择物流渠道尝试，筛选最佳物流渠道。新店最好选择线上发货，订单较多的店铺选择线下发货，也要多测试靠谱的货代。物流分较高，未收到货的纠纷率就会降低，当然对于未收到货的订单，卖家要及时给买家补发，妥善处理。

（2）平均发货时长：店铺选品时，笔者建议选择当地的货源。如果当地没货源，发货周期长，可以在店铺稳定出单时，选择稍微囤货，或者选择一件代发的供应商，这样能更快给买家发货。发货速度较快能增加产品权重。

5. 服务能力和客户运营能力

服务能力和客户运营能力主要指产品本质与客服能力，换句话说，就是产品质量差，客服再怎么善于沟通也于事无补。如果产品质量还可以，再加上客服的沟通与服务，大部分买家都会给予好评以及成为老客户并多次购买店铺产品。

6. 生意参谋——店铺来源

卖家查看每日报告，了解店铺与行业数据后，还要查看店铺的流量来源，进一步了解流量结构，具体需要提升的方向有哪些，在生意参谋中点击左侧导航栏的店铺“流量来源”，如图 3-3-5 所示。

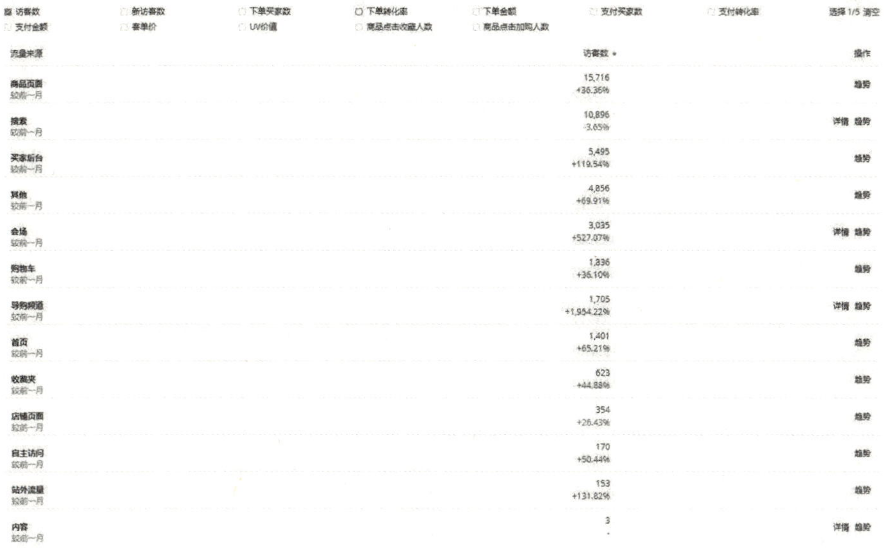

流量来源	访客数	操作
商品页面 较前一月	15,716 +36.36%	趋势
搜索 较前一月	10,896 -3.65%	详情 趋势
买家后台 较前一月	5,495 +119.54%	趋势
其他 较前一月	4,856 +69.91%	趋势
会场 较前一月	3,035 +527.07%	详情 趋势
购物车 较前一月	1,836 +36.10%	趋势
导购频道 较前一月	1,705 +1,954.22%	详情 趋势
首页 较前一月	1,401 +65.21%	趋势
收藏夹 较前一月	623 +44.88%	趋势
店铺页面 较前一月	354 +26.43%	趋势
自主访问 较前一月	170 +50.44%	趋势
站外流量 较前一月	153 +131.82%	趋势
内容 较前一月	3 -	详情 趋势

图 3-3-5　查看店铺产品流量来源

（1）搜索：访客通过速卖通的站内搜索进入店铺。

（2）商品页面：通过商品页面上的推荐进入店铺。

（3）首页：访客通过速卖通首页进入店铺。

（4）买家后台：访客通过买家后台进入店铺，比如在买家后台的订单列表页进入店铺。

（5）购物车：通过购物车点击带来的流量。

（6）收藏夹：通过网站收藏夹带来的流量。

（7）导购频道：通过导购频道进入，如 FlashDeal、新人专区、低价频道、有好货、行业馆等。

（8）会场：访客通过活动的会场页面进入店铺，如"3·28""双11"分会场等。

（9）内容：通过 Feeds、Freebies&Reviews 等内容相关的页面进入店铺。

（10）店铺页面：访客通过非商品详情页的店铺相关页面进入店铺商品页面。

（11）自主访问：通过输入店铺地址或者通过浏览器收藏夹等直接进入店铺。

（12）站外流量：通过速卖通站外进入。

店铺搜索流量与商品页面流量是店铺免费流量的主要入口，其他流量入口可根据访客数有针对性地提升。

7. 需要诊断的产品类型

一般店铺会有100款以上产品，难道每款产品都需要诊断吗？当然不需要，一般情况下只需诊断店铺前20款曝光量高的产品，因为曝光量高的产品调整好之后，其他产品数据也会随之提升。

如果店铺数据较差，每天只有5~8款产品曝光量超过1000，那么只需诊断这5~8款产品，其他产品没有数据的支撑，就无法根据数据找到产品不足之处。

同样，新品无须诊断，或者说没有测过款的产品不需要诊断。产品在信息上传之后需要得到买家测试，因为所有产品，平台都会给予一定的曝光，有了曝光才能获得买家数据，有了买家的数据支撑，才能直观表现出产品的问题所在。

二、产品点击率低需要诊断哪些方面

买家为什么要点击产品？笔者先模拟一下买家点击产品前会考虑哪些问题，如图3-3-6所示。

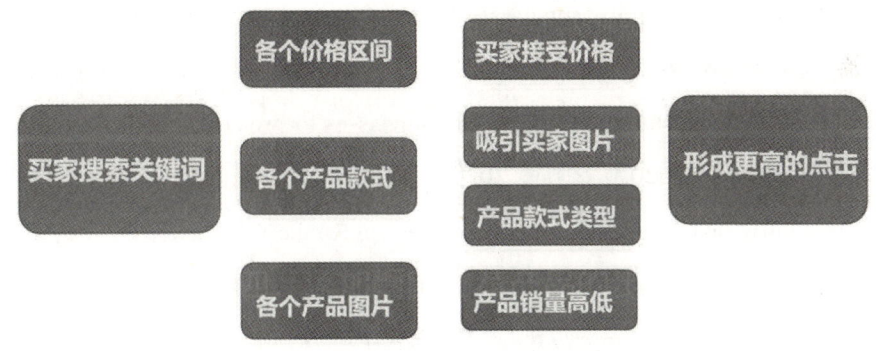

图3-3-6　模拟买家点击产品思维

笔者通过模拟买家点击产品时会考虑的问题，得出买家点击产品的5点需求如下：

（1）展示的产品与买家搜索的关键词匹配。

（2）展示的产品是大部分买家喜欢的款式。

（3）展示的产品是大部分买家接受的价格。

（4）展示的产品图片能够吸引买家的注意。

（5）展示的产品具有一定的基础销量。

1. 关键词匹配度

通过"商品分析"、单个产品的"关键词分析"，以女士太阳镜为例，查看产品曝光关键词是否与太阳镜匹配，如图3-3-7所示。

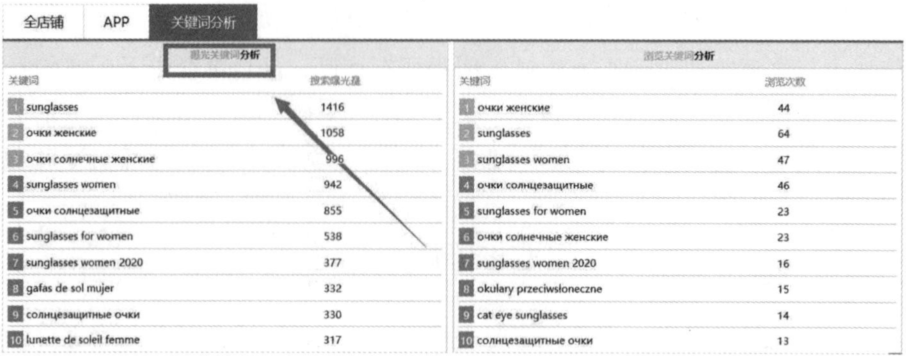

全店铺 APP 关键词分析

曝光关键词分析

关键词	搜索曝光量
1 sunglasses	1416
2 очки женские	1058
3 очки солнечные женские	996
4 sunglasses women	942
5 очки солнцезащитные	855
6 sunglasses for women	538
7 sunglasses women 2020	377
8 gafas de sol mujer	332
9 солнцезащитные очки	330
10 lunette de soleil femme	317

浏览关键词分析

关键词	浏览次数
1 очки женские	44
2 sunglasses	64
3 sunglasses women	47
4 очки солнцезащитные	46
5 sunglasses for women	23
6 очки солнечные женские	23
7 sunglasses women 2020	16
8 okulary przeciwsłoneczne	15
9 cat eye sunglasses	14
10 солнцезащитные очки	13

图 3–3–7　产品曝光关键词前十排名

前十曝光关键词为：sunglasses（墨镜），очки женские（女士眼镜），очки солнечные женские（女士太阳镜），sunglasses women（太阳镜女士），очки солнцезащитные（墨镜），sunglasses for women（女士太阳镜），sunglasses women 2020（太阳镜 2020），gafas de sol mujer（女士太阳镜），солнцезащитные очки（墨镜），lunette de soleil femme（女士太阳镜）。

由图可知，曝光关键词与产品本身是匹配的，如果买家搜索近视镜，显示的则是太阳镜，产品的点击率就会大大下降。

2. 款式是否符合大众选择

在“选品专家”中选择产品类型，下载产品热销属性，通过成交指数高低选择产品热销属性值，与实际产品的属性进行对比，分析实际产品与热销属性值是否匹配，以此确定实际产品是否为大部分买家喜欢的款式。

如果实际产品与热销属性值不匹配，是大部分买家不喜欢的款式，实际产品受众人群就比较少，产品的点击率也会随之下降。

3. 价格能否被大部分买家接受

卖家通过速卖通买家端前台搜索 Women’s sunglasses（女士太阳镜），查看产品热销价格柱形图，如图 3–3–8 所示。

例如，女士太阳镜价格热销区间为：2.51 ~ 3.31 美元，买家占比 35%；3.31 ~ 5.3 美元，买家占比 32%。

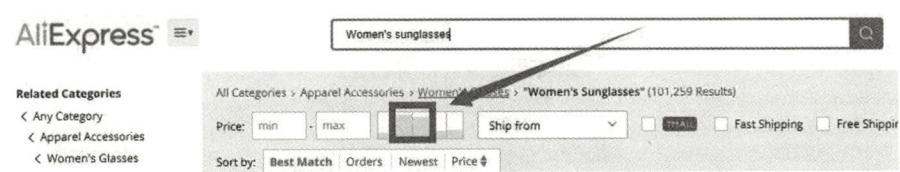

图 3-3-8　产品热销价格区间示例

曝光产品售价为 2.51～5.3 美元，是大部分买家能够承受的价格；如果产品售价高于 5.3 美元，能够接受的买家占比会降低，点击率随之也会降低，如图 3-3-9 所示。搜索女士太阳镜，按销量从高到低排列，销量较高的 10 款产品中，售价为 2.51～5.3 美元的产品占了 8 款。

图 3-3-9　女士太阳镜按销量排名

4. 产品图片吸引力

很多卖家说电商是卖图片的，似乎有点道理。一张有突出卖点的图片，能让买家快速了解产品，有效定位人群。

例如，手机壳的买家主要有年轻学生、白领一族等，那么卖家可以根据不同需求和购买对象，设计不同的图片。例如，针对手机壳是否耐摔这一卖点，可以采用图 3-3-10。

图 3-3-10　手机壳耐摔卖点展示示例

当然还有一种可能，实际产品与热销属性值匹配，但是点击率较低，这个时候卖家就要考虑产品图片的角度问题或者产品颜色问题。同一款产品会因为角度不同以及颜色问题导致点击率低。关于角度问题，卖家需要经常测试主图点击，如果是多个颜色的产品，可以参考同行热卖颜色款式。卖家打开同行同类型的产品好评页面，可以直观了解到同行哪个颜色的产品，买家购买概率较高，以便参考、借鉴。

三、产品转化率低需要诊断哪些方面

点击率正常的情况下，转化率低怎么办？笔者认为转化率低分为两种情况，一是转化率一直较低；二是产品转化率下滑。不一样的产品，诊断方向有所区别。

1. 转化率一直较低的诊断方向

（1）高、中、低端产品售价直接影响转化率。高端产品转化率较低属于正常现象，访客看的多，买的少，这是人的特性，但是在图片表达中，要对中低端产品进行区分，以保持高端产品正常的转化率。

（2）详情页的图片表达方式不佳。图片是表达产品的主要窗户，所以图片要根据不同的产品表达卖点及买家关心的问题。例如，蓝牙耳机需要表达产品的轻便、音质，以及产品持续使用的时间、防水等卖点功能。

（3）产品与售价匹配度较低。一张图片就能传达出产品的价值。产品价格便宜不是目的，让买家感觉占到便宜才是目的。所以图片的表达要高于产品本身，这样转化率才会相应提高。

（4）店铺的营销活动不够。优惠活动是店铺的发动机，它会让买家觉得产品物美价廉，也能吸引买家浏览更多产品，并且购买多个产品。

（5）产品没有包邮。买家在确定购买产品，准备付款之时，发现产品没有包邮，很容易放弃，所以笔者建议热门国家和地区包邮，然后多渠道设置物流模板，这样能够花同样的运费，包邮更多的国家和地区。卖家还应查看产品的访客来源，进入速卖通后台点击"单品分析"—"流量来源"，选择相应的国家和地区，查看"访客数"，访客数较多的热门国家和地区尽量设置产品包邮，如图 3-3-11 所示。

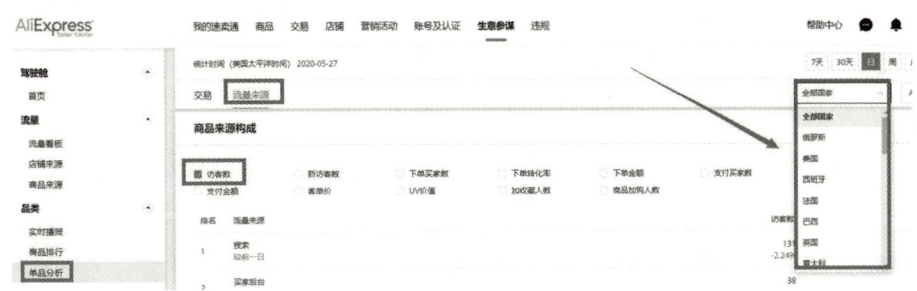

图 3-3-11　单品各国流量来源

2. 产品转化率下滑的诊断方向

（1）近期产品是否收到差评。产品一旦收到差评就会比较麻烦，因为差评不能更改，所以客服人员要做好产品售后维护工作。产品本身的问题、物流问题，以及平台问题都需要卖家承担，如果是买家的问题，卖家要尽量协商处理好，避免给产品留下差评，差评对产品的转化会造成很大影响。

（2）分析直接竞争对手是否恶意竞争。这个时候卖家要找到竞争对手的薄弱点，如果拼价格，有实力的卖家可以对抗，恶意竞争需要付出较大的代价。如果是中小卖家，可以适当调整主图，做到差异化。

（3）产品是否过时或者有季节性。趁产品还没完全失去权重之前，卖家启动潜力款进行主推，不要等到青黄不接的时候，店铺销量出现整体下滑。

（4）是否在大促前后。大促前后转化率低是正常现象，当然可以人为控制、稳住产品转化率、开通直通车，这样可以使产品在大促期间收到不错的效果。

（5）产品近期是否优化。优化产品需要有一定的敏锐度，不是优化了产品就能提升产品数据，卖家优化的时候要多观察产品数据。若发现优化后销量反而降低，及时恢复正常即可。

四、产品曝光量低需要诊断哪些方面

产品曝光量低一般有两种情况：产品曝光量得不到提升和产品曝光量突然下滑。

1. 产品曝光量得不到提升的原因

（1）标题：对于新店或者曝光量一直很低的店铺，标题关键词是曝光的主要来源，笔者建议采用有搜索人气的关键词打造标题，所以针对新店铺缺少爆款的产品，首先考虑的是修改标题。

（2）流量承接能力：曝光量无法提升，最主要的原因是流量承接能力低，承接能力是指产品的点击、停留时长、收藏加购、转化、好评等方面数据，换句话说，产品流量承接能力高，曝光量一般不会低。

（3）产品：产品受众人群小，产品的数据相对较低，导致产品的曝光量很难提升。

2. 产品曝光量突然下滑的原因

（1）竞争对手恶意竞争，导致产品数据变差，产品承接能力降低。

（2）大促前未使用付费流量或者店铺营销活动，导致产品数据下滑。

（3）店铺纠纷侵权。例如，成交不卖、虚假发货、货不对版 3 类纠纷，图片违规、品牌侵权等致店铺扣分，以及产品收到差评，这些对店铺平台推荐权重的影响很大。

（4）爆款产品过时、产品换季，或者爆款周期到，产品的曝光量也会下滑。

五、其他细节方面

店铺诊断只针对曝光量、点击率、转化率、浏览量方面，提升店铺平台推荐权重包含点击、转化、浏览量、停留时长、收藏加购、动销率、DSR 评分、好评率、纠纷率、违规侵权、金银牌店铺、发货速度等内容。

每个点对应不同方面，所以卖家在选品、信息上传、店铺运营、客服等方面都要注意到。

停留时长：针对的是产品图片。产品的卖点通过图片展示，所以主图、详情、评价等都是买家购买前关注的方面。

DRS 评分、好评率、纠纷：这几点和客服有关，一个合格的客服，这三点的评分都不会太低；再者就是产品本身质量，卖家拿货的时候需注意。

产品有数据才去诊断，没数据就没必要诊断。店铺诊断，主要是针对前 20 个有数据的产品，前 20 个产品的数据提高了，其他产品的数据也会随之提升。并不是所有产品诊断后都能提升，这与类目或者产品本身的受众群体有很大关系。

第四节 如何正确优化店铺

一般而言，店铺产品量少则 50~80 款，多则 300~500 款。想要全部优化，是不现实的。所以和诊断一样，卖家只需优化数据较好的前 20 款产品。

店铺优化对产品的标题、主图、详情页图片、属性细节产生重要影响。

一、如何正确优化标题

首先，卖家需要查看标题中没有曝光或者曝光较少的关键词有哪些。打开速卖通卖家端后台商品分析，选择需要优化的产品，展开数据，点击"关键词分析"，如图 3-4-1 所示。

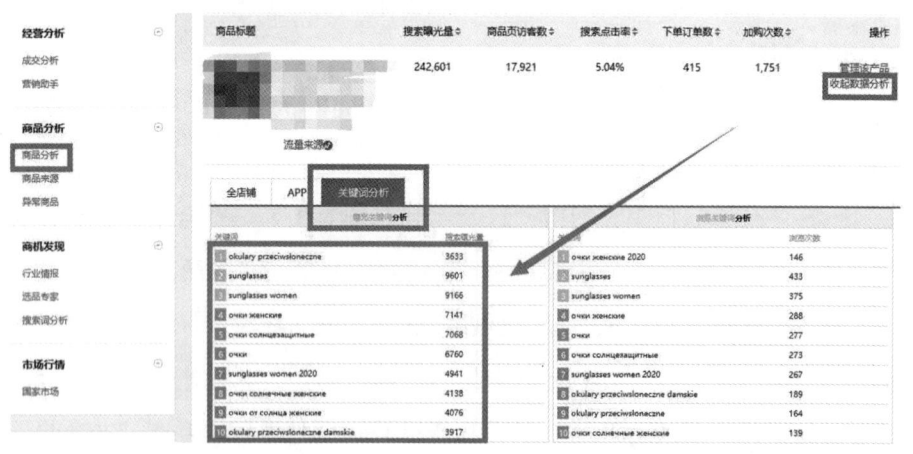

图 3-4-1　商品分析——关键词分析页面

调取前10位曝光关键词翻译成中文（懂外语卖家除外），对比需要优化的产品信息标题，在标题关键词中排除有曝光的关键词，最后剩下没有曝光的关键词或者曝光较少的关键词。

选择搜索人气较高，并且和产品匹配的关键词，与标题最后剩下的关键词进行替换，以连衣裙产品为例。

例如，标题中的关键词Beach dress（沙滩裙），不属于前10位曝光关键词，依据商品属性，在热搜词中找到一个与产品相关的关键词Tight dress（紧身连衣裙），用Tight dress替换Beach dress。

观察曝光关键词7天左右产品曝光量是否有所提升，每次优化关键词1～2个即可。

二、如何正确优化主图

卖家优化主图时切勿直接替换第一张，先将优化好的图片上传到主图第二张，3～5天后再将主图第二张和第一张进行调换。调换之后，以前的主图先不要删除，观察数据点击率是否有所提高。如果点击率不如以前的图片，及时与第二张图片进行调换；如果点击率有所提高，可将以前的主图从第二张删掉。

为快捷优化主图提高点击率，卖家可以一次性上传2张图片，使用直通车的创意主图，测试主图产生点击率后，再将测试好的主图与第一张图片进行调换。

如果主图缺失，不够6张，卖家可以一次性把缺失的图片上传完整。笔者建议优化主图时多观察数据，每个产品每次只能优化一处地方。

三、如何正确优化详情页

不要一次性全部替换详情页图片，笔者建议每次添加1～2张图片，观察5～7天的曝光量和转化数据，待数据稳定后再进行第二次添加。

优化详情页图片需要大量的时间，所以笔者建议上传的产品图片尽量为高清图片,以便后期优化产品时,不被替换掉,只需添加对应的卖点图、对比图即可。

若之前上传的产品图片未能突出产品的卖点,需要整体替换图片,笔者建议分批优化,优化产品信息毕竟是一项长期工作,不必苛求一次性达到"完美"。

四、如何正确优化产品细节

产品属性、区域调价、产品原价、批发价、产品埋词等细节可以一次性优化调整,但笔者建议每次优化后,先观察5~7天曝光数据,再进行下一处的优化。

1. 产品属性

产品属性包括自定义属性埋词,卖家要实事求是地填写,切勿夸大,只需将标题关键词巧妙插入即可,优化属性后,需要观察数据5~7天,再进行下一次优化。不要为了贪多而填写产品不具备的属性,否则会造成买家不购买,或者购买后发现产品与属性不匹配的情况,出现差评或者纠纷甚至退款。

2. 产品原价

笔者建议产品的原价不要修改,无论是上调还是下降,对产品曝光量影响最大的就是产品原价,卖家在上传产品信息之前,原价中要包含40%左右的折扣利润,这样在做活动前后,基本上不用调整产品原价。

如果因为特殊原因,必须调整产品原价,卖家也要严格按照规则进行调整。

例如,产品原价是10美元,第一次调整到10.5美元,第二次调整到11美元,第三次调整到11.5美元,以此类推。

原价高于20美元的产品调整空间很小,笔者建议每次调整幅度为2%~3%,原价低于5美元的产品调整幅度可以稍微大一点,每次调整幅度为10%左右。

每一次调整原价后卖家要观察产品曝光量和转化数据，如果轻微下滑，可以每隔5~7天继续调整；如果严重下滑，可立即停止调整价格或者返回上一次的原价（如原价调整到11.5美元后严重下滑，可返回11美元的原价），等数据稳定再继续调整。

每一次调整原价后，实际售价保持不动，例如，产品原价10美元，实际售价8美元，原价调整到10.5美元后，实际售价依然为8美元。如果预计调整原价到15美元，那么在调整到15美元之前，实际售价一直为8美元，顺利调整到15美元之后，再慢慢通过折扣调整售价。由此可见，调整原价是非常烦琐的事情，所以卖家上传产品信息之前应预留正常的折扣利润。

五、提高优化效果，减少变动影响

很多卖家认为这样优化一个产品太费力了。如果一个产品需要优化标题、主图、详情、属性、价格、细节等各方面，而且每次只能修改一个地方，并且修改主图、详情、价格还要分多次优化，每次间隔5~7天，这样算来一次完整的优化至少需要2~3个月。

所以卖家上传产品信息的时候就需要把标题、价格、细节、主图这四方面尽量做好，后期通过数据进行微调，就会节省很多时间，并且这些前期准备工作做好了，也能提高产品测款出单的概率。详情图片无须特别细致，等测款成功了再打造高转化详情页，这样后期优化就会节省很多时间。

为什么要如此麻烦来优化产品，主要是基于搜索引擎的原因。搜索引擎在抓取产品的时候，如果产品改动过多，搜索引擎会认为是替换产品，降低产品的曝光量。

可能会有卖家还是不理解，例如，天天能够见到的朋友，我们会认识，突然有一天他整容了，把鼻子、眼睛、脸蛋、身材等一次性整完，我们还认识他吗？如果这个朋友每隔一段时间整一处地方，并且每整完一处地方，就见一次，慢慢把鼻子、眼睛、脸蛋、身材全部整完后，这个时候我们依旧认识他，不会觉得陌生。同样的道理，利用搜索引擎抓取产品的时候，也需要慢慢适应，每优化一次，间隔5~7天让搜索引擎适应后，再进行下一次优化。

1. 什么时间段优化影响最小

优化产品需要知道搜索引擎的存在，搜索引擎抓取产品一般会在什么时候？

北京时间下午3点至4点是搜索引擎重新抓取的时间，在此时间段优化产品影响是最小的，所以如果卖家有需要优化的产品，就要抓住这个时间段。

2. 优化哪些模块不影响产品

运费模板、关联模板、产品搭配等是可以随意优化的，这些模块在本质上是不会对产品造成影响的，但是优化后还不如以前，就会对产品造成一定的影响。例如，在运费模板中，原本产品在俄罗斯是包邮的，但是优化后，没有设置包邮，这样会对俄罗斯买家的转化造成影响。如果对俄罗斯一开始设置不包邮，优化后对俄罗斯设置包邮，这就毫无影响。总而言之，优化这几处地方，不会对产品曝光量造成影响。

3. 配合优惠活动降低优化带来的影响

只要优化产品就会造成影响，差别在于影响大小而已，所以笔者建议配合优惠活动优化产品，这样可以使优化带来的影响降到最低。编辑产品会降低产品曝光量，但是优化产品后如果产品数据提升，搜索引擎会误以为产品更受买家认可，所以优化产品后，笔者建议产品折扣稍微大一点，以提升产品各方面数据。

（1）提高产品折扣。例如优化前，产品折扣为6折，优化后，调整折扣为5.5折，笔者建议提高3%~5%折扣。

（2）设置大额优惠券。例如优化前，优惠券为满18美元减2美元，优化后，调整优惠券为满16美元减2美元，甚至可以设置无门槛优惠券。

（3）给收藏加购的买家以及老客户发定向优惠券，可以给产品带来一定的订单。

（4）有投入的卖家，还可以"直通车+人为"控制订单，这样效果会更好，对优化带来的影响可以忽略不计。

4. 没有数据的产品如何优化

有卖家认为，反正产品没数据，干脆把该优化的地方全部修改，其实这叫"破罐子破摔"，没有数据的产品，即使优化了也还是没数据。

除非产品是当天上传的，上传后发现错误，在北京时间当天下午3点前修改一切都还来得及。例如，上午10点上传产品信息，在下午3点前可以对产品整体进行调整，因为此时搜索引擎还没抓取上传的产品信息。

第五节　学习直通车推广策略，加速"爆款"打造

速卖通直通车是较难掌握的知识点之一，很多新手卖家在使用直通车推广店铺产品的时候，因为缺乏经验，可能会盲目推广，结果往往是投入很多钱却没有达到预期效果。为了让卖家少走弯路，少花冤枉钱，笔者将详细讲述直通车的推广技巧，希望通过本节内容，卖家能够正确认识速卖通直通车，真正掌握速卖通直通车推广技巧，做一名合格的"老司机"。

一、什么是速卖通直通车

速卖通直通车是全球速卖通的付费推广方式之一，主要针对店铺单品

进行推广,其推广原理是通过自主设置所推广的产品或多维度关键词,快速提升产品排名,从而获得更多曝光,并按照所产生的点击率扣费,所获取的流量非常精准。作为店铺打造爆款的一种助推工具,其对产品流量提升、促转化有重要作用。

直通车是一种付费推广方式,因此卖家需要先在直通车后台充值才可进行直通车推广,如图3-5-1、图3-5-2所示。

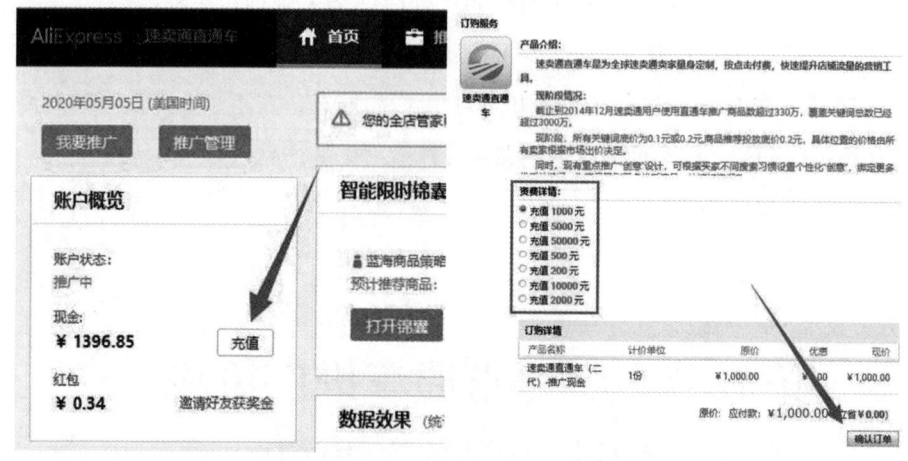

图3-5-1 直通车后台首页充值入口　　　图3-5-2 直通车充值页面

卖家可结合自身实际推广预算选择充值金额,最低充值金额为200元。

直通车的推广设置是非常"自由"的,卖家可以"自由"设置推广信息,包括推广图片、推广标题、推广关键词等。每个关键词点击的出价以及每天的推广花费都能自主控制,所有推广设置要非常细致,这也是直通车推广较难掌握的原因之一。卖家做直通车推广要考虑的因素很多,同时还要依赖选品和产品信息的质量,简单来说,如果卖家推广的产品不受买家喜欢、不受市场欢迎,而且产品的标题、主图、详情页、运费等内容都没有做好,是很难通过直通车进行推广的,所得到的推广效果也不会理想。选对产品,做好产品信息,再配合正确合理的推广设置,才能获得最佳的推广效果。

虽然直通车有比较简单的推广方式如智能推广，但在想打造爆款产品和获得较好投入产出比的前提下，笔者建议使用自主推广，通过正确的细致化操作，来达到预期的推广目的，获得更好的推广效果。

除了通过快速提升产品曝光量，打造爆款之外，卖家也可以通过直通车来测试产品，也就是测款。原理很简单，通过付费快速提升产品排名，进而获取更多曝光。在大量曝光的条件下，如果产品比较受买家喜欢，相应产品的点击率、加收藏和加购物车的数据表现就会比较好，即说明这款产品可以作为主推产品进行推广。反之，产品的点击率、收藏加购数据表现不好，则不能作为主推产品推广。通过直通车测款也是速卖通直通车推广的主要方式之一，通过周期性的推广数据分析，来判断产品是否可以进行主推，从而降低后期推广的风险性。

直通车是一种循序渐进并且需要长期坚持的推广方式，每个产品和所设置的关键词都有相应的"推广权重"。如果卖家决定使用直通车推广，需要做好推广预算，每天最低推广限额为30元，推广限额可以通过推广产品数量和推广方式、关键词的出价综合调整，预算完全可控。但如果"三天打鱼，两天晒网"，往往收不到良好的推广效果。直通车可以说是一把"双刃剑"，用好了能帮卖家快速打造爆款，达到预期的推广效果，用不好就容易"伤到自己"，投入大量资金也无法达到预期效果。直通车推广在店铺运营推广中也并非必做事项，很多经营得好的店铺并未使用直通车来推广产品。就目前速卖通来说，只要选好产品和做好产品布局及产品信息，非常容易出单。

笔者简单介绍了速卖通直通车推广原理和主要功能，方便卖家对于速卖通直通车推广有一个初步的认识和理解，这是变成"老司机"的第一步。

二、速卖通直通车的展示位置

前文中笔者对速卖通直通车的操作后台做了简单的阐述，卖家对直通车的操作后台有了初步的了解。本部分笔者主要为卖家讲述直通车推广的展示位置。

直通车的推广主要展示在速卖通官网的搜索结果页,因为电脑端和无线端的搜索结果页不同,所以相应的直通车展位也会有所区别。

1. 电脑端

直通车的单品推广分为关键词推广和灵犀推荐两种方式,两者在电脑端的展示位置不同。

(1)关键词推广的展示位置主要集中在搜索结果页的主要区域和底部的推广区域2个板块。

如图3-5-3所示,在搜索结果页主要区域所有附带"AD"标识的产品均为直通车推广的产品。目前电脑端搜索页60个商品为一页,第一页是从第12位起,每隔7位有一个直通车推广位;第二页是从第8位起,每隔7位有一个直通车推广位。直通车展示位置会随着商品更新变化有所调整,投放位置以实际展示位置为准。

图3-5-3 电脑端搜索结果页

如图3-5-4所示,在搜索结果页底部推广区的Premium Related Products板块也是直通车展位之一,在买家进行搜索或是类目浏览时,每一页的结果列表的下方区域可供同时展示最多5款直通车产品。

图 3-5-4　电脑端搜索结果页底部

（2）区别于关键词推广，灵犀推荐是在速卖通电脑端/无线端的推荐场景下出现，如商品详情页的 More To Love 推荐位。主要展示在和卖家推广的产品属性相类似产品的详情页底部，不属于关键词推广，但这也是一种非常精准的推广方式，而且推广效果良好。在电脑端商品详情页下方有一个 More To Love 板块，该板块共展示 30 款产品，每行展示 5 款产品，每行最右侧带有"AD"标识的产品所在位置即为灵犀推荐的主要展示位置之一，如图 3-5-5 所示。

图 3-5-5　电脑端商品页面底部 More To Love 板块

此外，在每个行业首页的底部，也有灵犀推荐推广的展示位置。以上是在电脑端直通车推广的主要展示位置。

2. 无线端

在速卖通无线端，直通车推广的展示位置主要集中在搜索结果页，所有附带"AD"标识的产品即为通过直通车推广的产品，无线端搜索页20款产品为一页，每页第8、16位为直通车展示位，投放位置以实际展示位置为准，如图3-5-6所示。

图3-5-6 无线端搜索结果页

三、直通车推广计划介绍

直通车推广计划是指根据做直通车不同的推广目的,创建针对不同推广目的的计划类型。例如,使用直通车进行测款、测标题、测主图或者打造爆款,不同的推广计划可方便卖家对所推广的产品进行管理,达到不同的推广目的。速卖通直通车推广计划整体分为两大类型,即智能推广和自主推广,如图3-5-7所示。

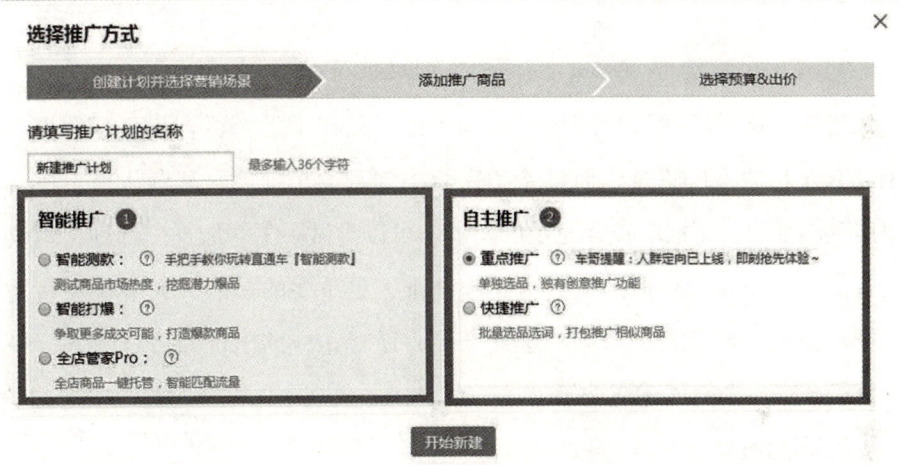

图3-5-7 直通车创建推广计划页面

1. 智能推广

智能推广属于偏"傻瓜式"的推广类型,包括智能测款、智能打爆和全店管家Pro三种推广方式,对应不同的推广目的选择相应的推广方式即可,设置起来比较简便。如果卖家具备丰厚的推广资金且个人时间不是特别充裕,可以考虑使用这种推广类型。但笔者认为,智能推广并不可控,比如关于产品的推广信息,卖家不能自主设置,唯一能设置的仅仅是出价和每日限额,也不需要设置相关关键词,更不需要针对每个推广关键词进行出价调整和推广评分优化,如图3-5-8所示。

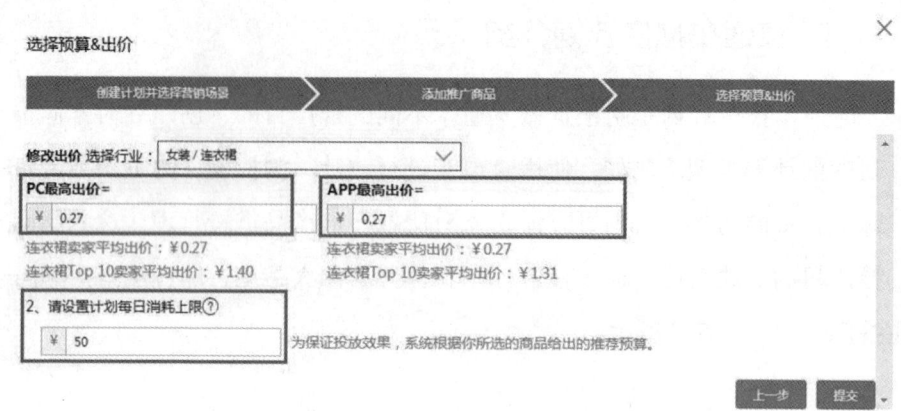

图 3-5-8　直通车预算与出价页面

当然，这并不代表智能推广计划不好，只在于是否适合自己。如果卖家没有充足的推广资金，而且希望完全控制直通车推广，笔者认为不适合使用智能推广。而推广资金充足的卖家，可以尝试一下智能推广计划，不仅设置简单，而且所获取的流量也比较精准，更重要的是能大大节省在直通车推广设置上所花费的时间，选好产品，设置相应的出价和每日限额，一个智能推广计划就创建成功了。

2. 自主推广

相对于智能推广，自主推广的设置更加灵活。卖家可以结合不同的产品来手动筛选更为合适的关键词，针对每个关键词的出价分别设置。例如，有的关键词数据表现比较好，有不错的转化效果，那么卖家就可以针对这种关键词单独调高出价，使其获得更多曝光、产生更多订单；而对于一些数据表现不好的关键词，卖家则可以单独降低其出价，避免不必要的花费，节省推广资金。笔者建议卖家选择自主推广下的重点推广计划和快捷推广计划，虽然自主推广在推广设置方面相较于智能推广比较烦琐，但整体的推广内容完全由卖家自主控制，并且可以有针对性地设置推广信息。自主推广也是卖家学习速卖通直通车需要重点掌握的内容，在本书中也是笔者针对自主推广计划进行讲述的。自主推广下有重点推广计划和快捷推广计划，卖家可根据不同的推广目的进行选择。一般重点推广计划比较适合打造爆款产品，快捷推广计划比较适合用来测款。笔者后续会为卖家分别讲述一下重点推广计划和快捷推广计划的优缺点。

四、快捷推广计划

笔者从字面意思来理解“快捷推广计划”这个名称所表达的大致意思，所谓“快捷”，即整个推广计划的创建和设置会相对比较方便。在快捷推广计划中，卖家可以针对所推广商品的关键词进行统一选择，为什么是统一选择？快捷推广计划中所有推广的商品共用所有筛选的关键词，无法针对单个推广商品单独选择关键词。例如，在快捷推广计划中有 A、B、C 三款商品，同时设置 d、e、f 三个关键词，那么计划中的三个商品都可以使用这三个关键词，只要这些关键词与商品相匹配，那么它们均有展现的可能。所以，快捷推广计划的创建和设置比较方便，同时可针对每个关键词分别设置出价，如图 3–5–9 所示。

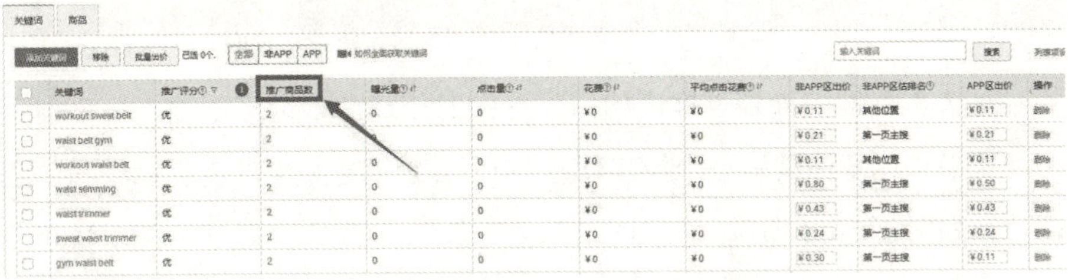

关键词	推广评分	推广商品数	曝光量	点击量	花费	平均点击花费	非APP区出价	非APP区估排名	APP区出价	操作
workout sweat belt	优	2	0	0	¥0	¥0	¥0.11	其他位置	¥0.11	删除
waist belt gym	优	2	0	0	¥0	¥0	¥0.21	第一页主搜	¥0.21	删除
workout waist belt	优	2	0	0	¥0	¥0	¥0.11	其他位置	¥0.11	删除
waist slimming	优	2	0	0	¥0	¥0	¥0.80	第一页主搜	¥0.50	删除
waist trimmer	优	2	0	0	¥0	¥0	¥0.43	第一页主搜	¥0.43	删除
sweat waist trimmer	优	2	0	0	¥0	¥0	¥0.24	第一页主搜	¥0.24	删除
gym waist belt	优	2	0	0	¥0	¥0	¥0.30	第一页主搜	¥0.11	删除

图 3–5–9 直通车快捷推广计划关键词管理页面

总的来说，快捷推广计划的优点是省时省力，可实现批量化操作，非常适合进行产品测款，且最多可建 30 个快捷推广计划，每个计划最多容纳 100 个商品。快捷推广中的批量选词、出价等功能可帮助卖家快速建立自己的计划，捕捉更多流量测试产品，并从中筛选有推广潜力的商品，产品测试完成后可直接转入重点推广计划，有针对性地推广。缺点是无法针对单个商品进行针对性推广，也无法创建更加丰富的推广信息。综合来看，卖家主要使用快捷推广计划进行测款。

五、重点推广计划

相对于快捷推广计划，重点推广计划的推广信息设置更加丰富，除了对商品单独添加针对性关键词进行推广外，其独有的推广创意功能可以大幅度增加商品的推广信息，覆盖更多关键词以获取更多曝光，如图3-5-10所示，这是重点推广计划的一个主要优点，即主要针对重点商品进行推广。

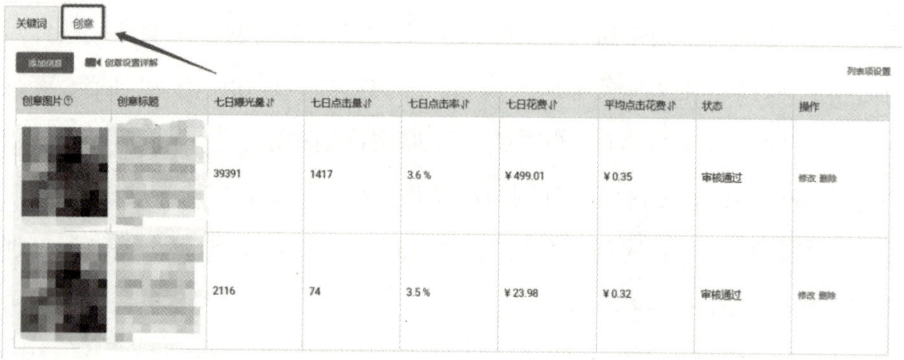

图 3-5-10　直通车重点推广计划推广创意管理页面

每个重点推广计划下推广的商品可同时创建两个推广创意（一个创意图片＋一个创意标题＝一个推广创意），可分别创建相应的创意标题和创意图片，如图3-5-11所示。

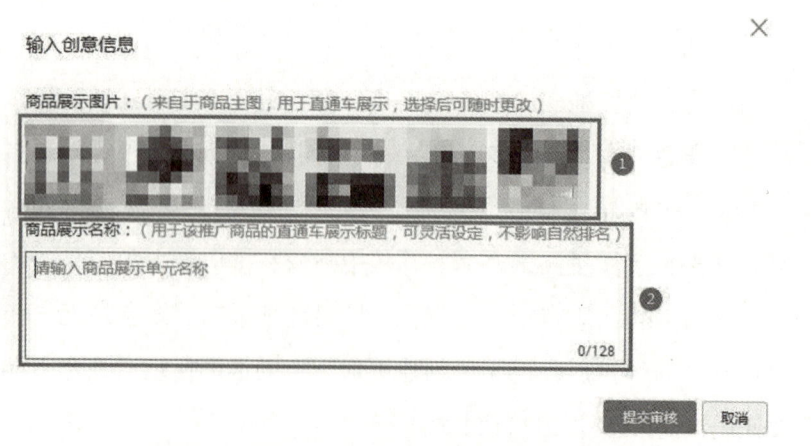

图 3-5-11　直通车重点推广计划推广创意编辑页面

从商品的 6 张主图中选择推广创意图片，创意标题和商品标题相同，最多可写满 128 个字符。创意图片和创意标题只作直通车推广展示用，不会影响商品的自然排名，但这些推广信息须手动设置，会比较耗费时间且无法批量操作。

重点推广计划可针对推广商品进行细致化的推广信息设置，所以适用于主推商品的推广。它最多可建 10 个重点计划，每个重点计划最多包含 100 个推广单元，每个单元最多容纳 1 个商品、200 个关键词。

重点推广计划的优点在于可以细致化地设置产品的推广信息，如关键词、推广主图、推广标题均可根据数据自行调整。缺点是所有推广设置都需要单独自主编辑，相较于其他推广计划，会比较复杂且耗时。

六、如何选择直通车推广产品

速卖通直通车作为一款辅助工具，推广效果比较依赖所推广的产品。所以卖家在选择主推产品时需要特别注意，什么样的产品适合做主推，什么样的产品没有推广必要以及什么样的产品可以尝试先测款。这些都需要卖家根据产品及系统所反馈的数据进行分析，以降低后期推广的风险性。那么如何选择推广产品呢？答案是使用速卖通直通车的选品工具，俗话说"选品不对，努力白费"，同样适用于做直通车推广。下面笔者就如何合理选择推广产品进行详细讲解。

选品工具中的筛选条件，为卖家推广选品提供了很好的数据支持。特别是新店铺，前期无数据基础，可以此作为选品推广的参考。选品工具页面共分为三大板块，即图 3-5-12 中序号①②③分别对应的商品筛选区、商品信息（商品主图、ID、标题）展示区和商品数据展示区。在商品筛选区，卖家可以针对不同的推荐理由、是否加入过直通车推广、商品在店铺的分组、商品发布的账号、7 天或者 30 天的数据维度以及直接搜索产品 ID 来筛选对应的商品，卖家需要重点掌握商品的推荐理由。

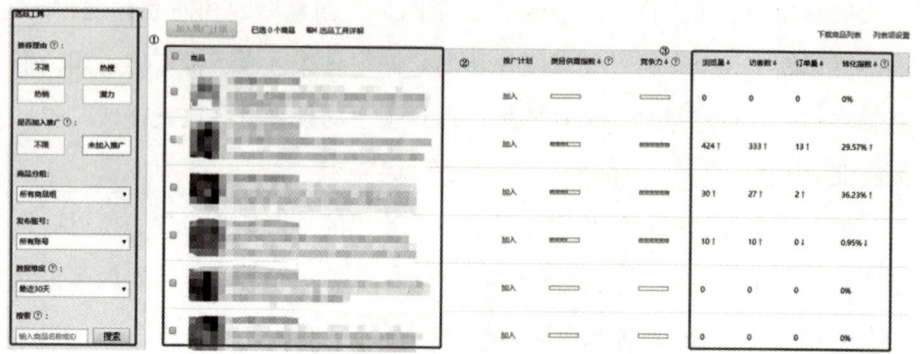

图 3-5-12　直通车选品工具页面

商品推荐理由,是系统结合店铺商品和平台其他商品的属性、数据等内容进行对比而提供的参考,分为不限、热搜、热销和潜力 4 种状态,选择不限即为无任何针对性的推荐理由,属于全部商品展示。

选择热搜为推荐理由,卖家需要查看店铺商品中与买家热搜商品属性相符的类似商品,查看哪些店铺商品属于潜在热搜商品。如果仅凭借系统对平台其他买家热搜商品属性进行对比推荐确定热搜的话,在推广中可能会存在很多不确定性,笔者建议将以热搜为推荐理由的商品先加入快捷推广计划,进行以 7 天为周期的测款,通过产品测试的数据反馈来决定是否将其作为主推产品转入重点推广计划。

选择热销为推荐理由,卖家需要查看店铺商品中与网站热销商品属性相符的类似商品,查看哪些店铺商品属于潜在热销商品。也是系统对平台其他热销商品的属性和店铺所有产品的数据进行对比推荐,在推广中依然存在很多不确定性,所以笔者建议先将以热销为推荐理由的商品加入快捷推广计划进行测款,通过测款期间的数据反馈来决定是否转入重点推广计划进行主推。

选择潜力为推荐理由,卖家要结合商品自身订单、转化率等各项数据,将综合表现较好、有投放潜力的商品、数据表现最佳的商品加入重点推广计划进行主推,如图 3-5-13 所示。同时优化好推广创意,提升商品点击率,为商品提供更多流量。

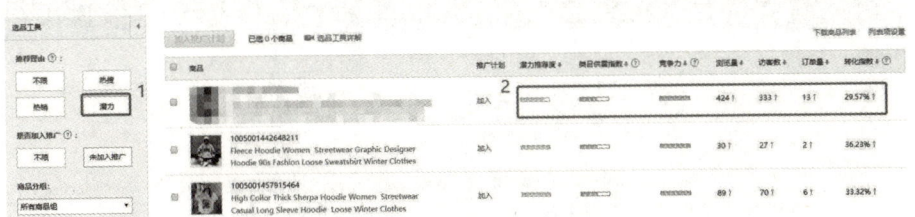

图 3-5-13　直通车选品工具页面

商品数据展示区中有类目供需指数和竞争力两项指标，类目供需指数代表平台将买家的搜索次数与类目的商品总数进行数据计算的结果，间接反映类目供需程度。条状图越长，代表类目的供求关系越强，即商机越大。反之，竞争越激烈。竞争力是以商品定价为主要要素，将自身商品定价以及其他要素与同类目商品做比较。条状图越长，代表商品在同类商品中竞争力越大，越容易被买家点击或购买。

最后，笔者建议将以热搜、热销为推荐理由的产品先加入快捷推广计划进行产品测试，再决定是否加入重点推广计划进行主推。以潜力为推荐理由的商品优先选择数据表现最好的直接加入重点推广计划进行主推，在考虑商品不同推荐理由的同时也应特别注意商品的类目供需指数和竞争力两项重要指标。

七、如何使用直通车关键词工具

速卖通直通车是以关键词推广为主的搜索推广工具，所以关键词的选择对于整个推广效果起到至关重要的作用。如何合理快速地筛选出优质的关键词？答案是使用直通车优化中心的关键词工具。关键词工具有 2 个入口，一是在推广计划中的关键词页面直接点击"添加关键词"按钮，即可进入关键词工具页面，如图 3-5-14 所示；二是通过"优化工具"—"关键词工具"进入，如图 3-5-15 所示。

图 3-5-14 直通车重点推广计划"添加关键词"入口

图 3-5-15 直通车优化工具中"关键词工具"入口

关键词工具中共有 3 种选词渠道,分别是通过搜索关键词找词、按推广商品找词、按经营类目找词,如图 3-5-16 所示。

3 种选词渠道所展示的关键词中有和产品相关的,也有和产品不相关的。无论哪个选词渠道中的关键词,卖家都需要结合关键词数据、推荐理由以及关键词与产品的相关度仔细筛选。

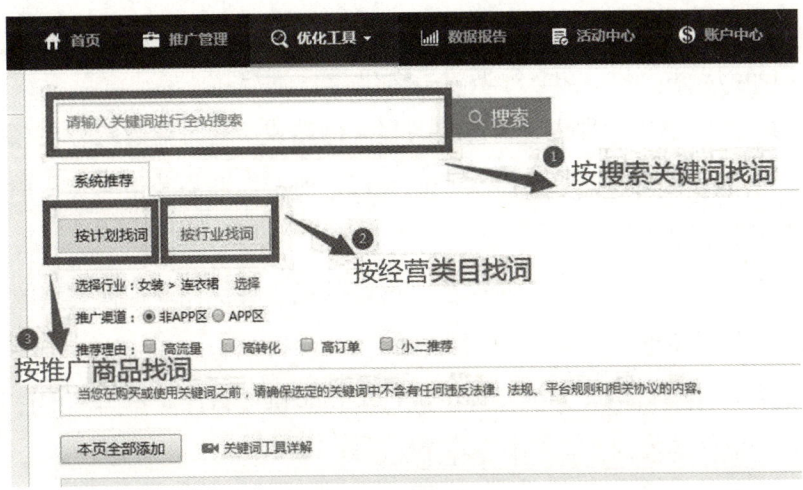

图 3-5-16　直通车手动查找关键词的 3 种渠道

1. 关键词的推荐理由

选词工具中关键词的推荐理由分为高流量、高转化、高订单和小二推荐 4 种类型，如图 3-5-17 所示。每种推荐理由下的关键词所产生的点击都有相应的特点。结合网站数据分析总结出的关键词所具备的某种特质，用以表征关键词的特性，为添加关键词时提供参考。

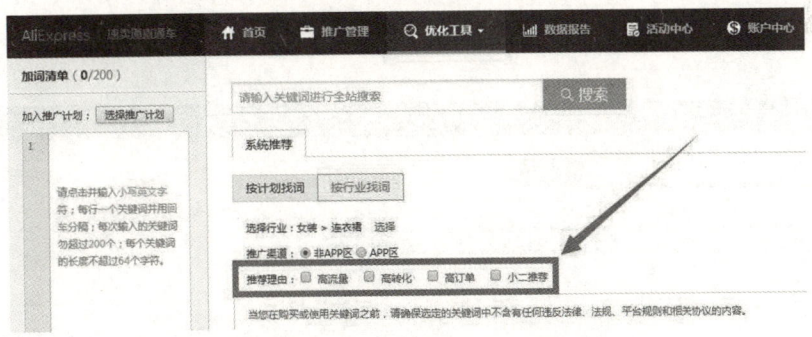

图 3-5-17　直通车平台关键词 4 种推荐理由

（1）高流量推荐理由，即速卖通整个网站或所选行业内买家搜索量高的关键词，这种推荐理由下的关键词平台买家搜索得最多，选择这种类型的关键词所推广商品获得曝光的机会会更多。

（2）高转化推荐理由，即速卖通整个网站或所选行业内买家搜索后更愿意点击的关键词。选择这种类型的关键词所推广商品获得的点击会更多，推广商品的点击率以及访客数据会比较好。

（3）高订单推荐理由，即速卖通整个网站或所选行业内统一使买家有下单意向的关键词。选择这种类型的关键词所推广商品获得的转化率数据会比较好，容易出单。

（4）小二推荐，即行业对应小二推荐的优质关键词。这种类型的关键词相当于优质关键词，卖家可以优先添加。

笔者对关键词的4种推荐理由进行了初步讲述，针对不同推广计划如何选择对应的关键词，后文中会有详细讲解。

2. 选词渠道

（1）在搜索框中输入产品的核心关键词、有一定相关度或者相关度较高的关键词，在搜索结果中会呈现和卖家所搜索的关键词高度相关的一些优质关键词。使用此渠道选词时，卖家所搜索的关键词务必和产品相关。例如，推广一款连衣裙，卖家在搜索框中最好搜索和连衣裙相关或者和推广产品属性相关的关键词，如dress（连衣裙）、long dress（长款连衣裙）、red dress（红色连衣裙）等，而不是搜索和产品不相关的关键词，如coat（外套）、jacket（夹克）、jeans（牛仔裤）等，如图3-5-18所示。

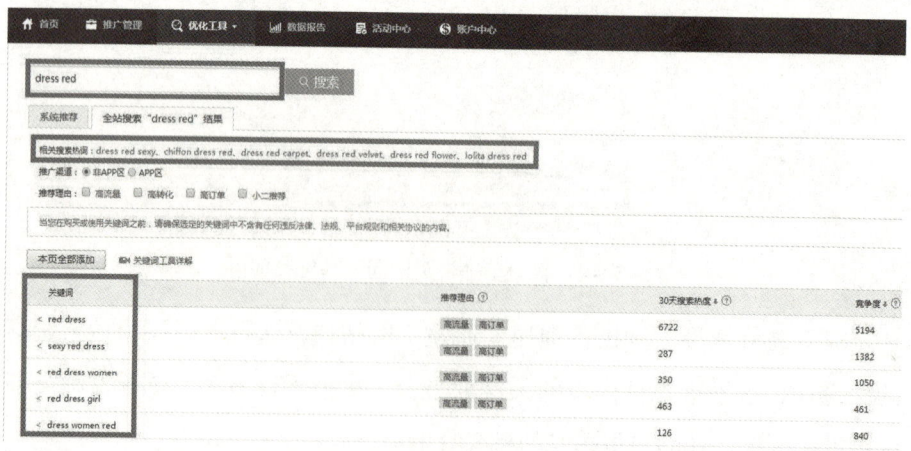

图3-5-18 直通车搜索关键词"dress red"页面

搜索框中输入的关键词和产品相关度越高,搜索结果中所呈现的关键词和产品的相关度也越高。卖家在关键词筛选页面,勾选相应的关键词推荐理由,在搜索结果中会展示关键词的相应推荐理由,如图3-5-19所示。

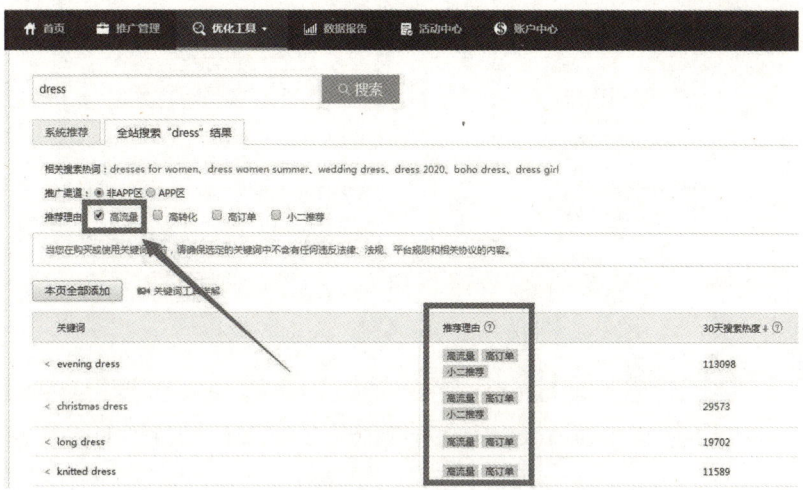

图3-5-19　根据推荐理由寻找关键词页面

(2)按推广商品找词,即按计划找词,针对已建好的推广计划中的商品选择关键词,所显示的关键词均与计划中的产品相关,系统根据推广计划中的商品自动筛选展示,如图3-5-20所示。

图3-5-20　直通车根据推广计划寻找关键词页面

在直通车关键词页面点击"选择推广计划",卖家确定需要添加关键词的推广计划,选择之后在页面会呈现和推广计划中的商品相关的关键词,如图

3-5-21所示。

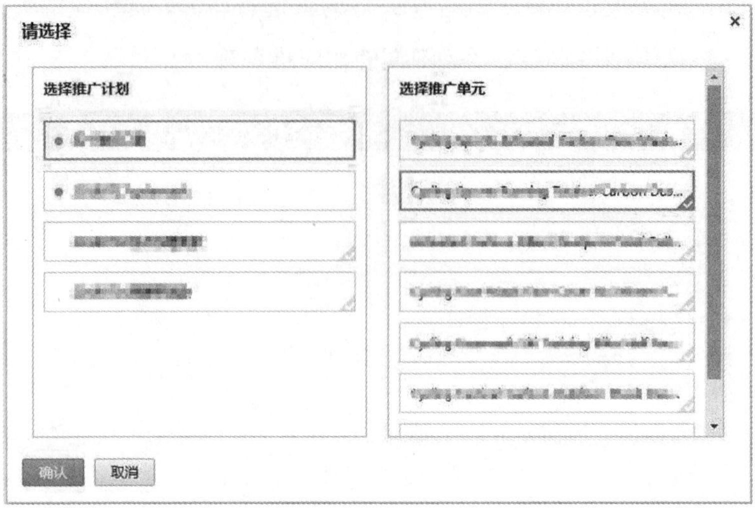

图 3-5-21 直通车关键词工具计划选词之"选择推广计划"页面

卖家按推广商品找词时一定要选择正确的推广计划，需要针对哪个商品添加关键词就选择相应的推广计划。在按推广商品找词渠道中，有对关键词的推广评分展示，如图 3-5-22 所示。这里展示的关键词推广评分仅为系统结合产品进行评分预测，以实际推广评分为准，受商品的推广信息及商品多个维度因素影响。

图 3-5-22 直通车关键词推广评分展示页面

（3）按经营类目找词。卖家通过经营类目找词时，要正确选择行业类目，而且要具体到细分类目，例如筛选的关键词是连衣裙，那么就在女装一级类目下选择二级类目连衣裙，如图3-5-23所示。

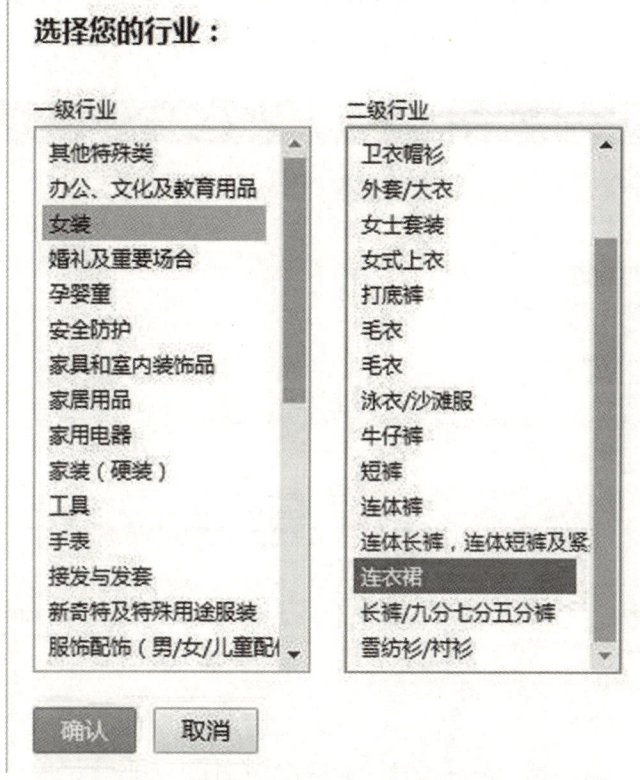

图3-5-23 直通车关键词工具类目选择类目页面

相较于按搜索关键词找词和按推广商品找词，卖家通过按经营类目找词所筛选出的关键词比较杂乱，因为其仅仅是通过商品所在的具体细分类目来展示关键词。例如，选女装产品下的连衣裙类目，有长款的、短款的；有商务风格的、性感风格的、休闲风格的等。所以卖家按经营类目找词时一定要注意展示的关键词和所推广的关键词的相关度，如果相关度不高，推广效果就会受到很大影响。例如，产品是长款连衣裙，但是选择的关键词却是短款连衣裙。买家使用长款连衣裙这个关键词搜索产品，说明买家真实的购买意向是以长款连衣裙为主，但是使用了短款连衣裙类型的关键词，平台推广的产品也会展示在买家的搜索结果中。这样买家不会点击，更不会转化。

卖家通过经营类目找词，需要重点注意这一点，即使展示的关键词在页面显示的相关度较高，也需要结合产品的相关度进行对比判定，如图3-5-24 所示。

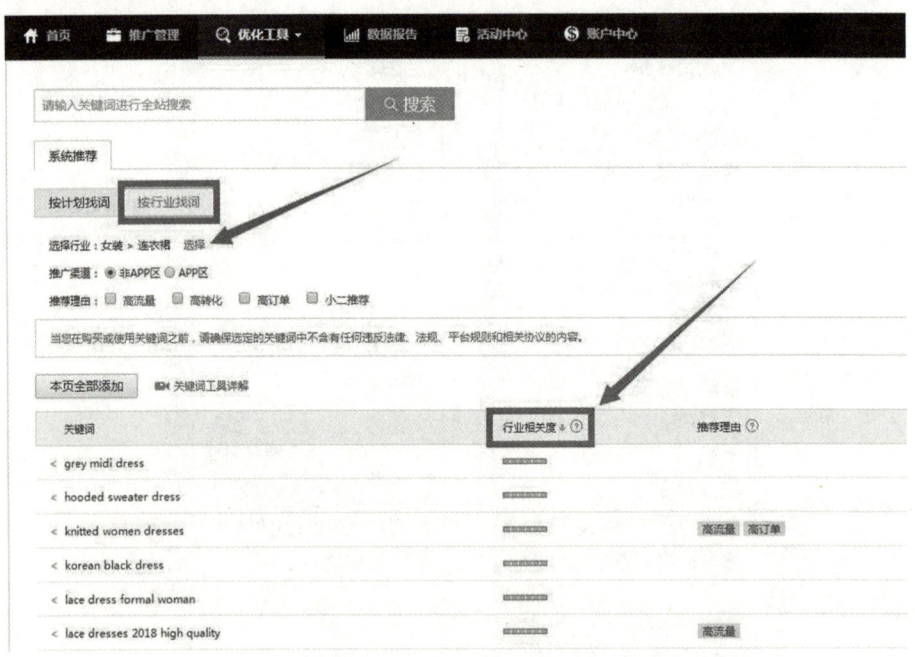

图 3-5-24　直通车根据经营类目找词页面

以上是关于直通车关键词工具的使用以及关键词推荐理由的主要释义。不同的推广计划适用于不同推荐理由的关键词，以达到不同的推广目的。

八、如何通过推广创意测试产品主图

卖家在使用直通车进行产品主图测试之前，首先将需要测试的产品图片上传到产品的第 2~6 张主图中的任意位置，如图 3-5-25 中方框所示，第 1 张主图在测试完成之前切勿随意更换。

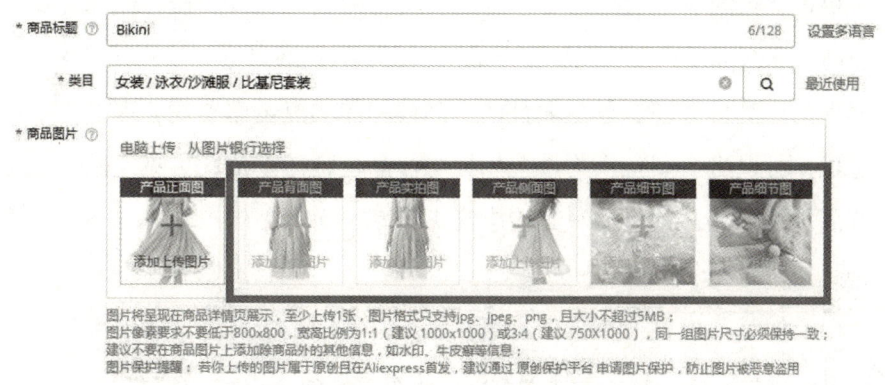

图 3-5-25　速卖通产品发布页面

此外，经营服装鞋包行业的卖家，要特别注意主图的规范性，如图 3-5-26 所示。

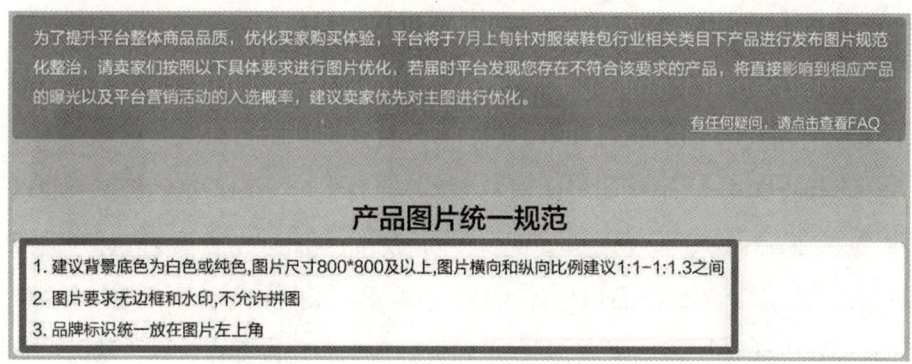

图 3-5-26　速卖通服装鞋包行业主图优化规范

其实测试原理很简单，即两个推广创意中，使用相同的创意而标题不同的推广主图，如图 3-5-27 所示。

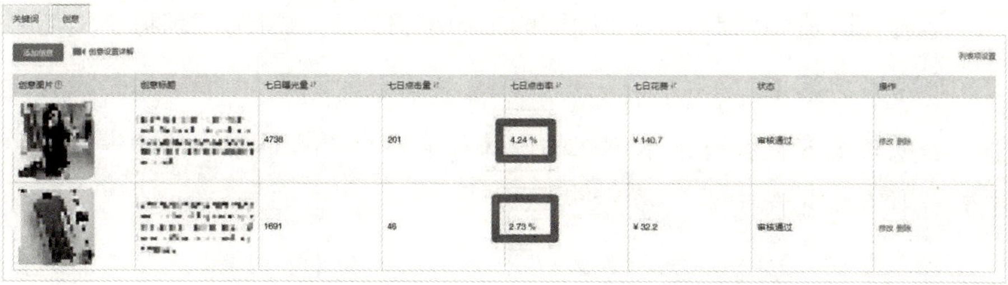

图 3-5-27　直通车重点推广计划推广创意管理页面

根据 7 天的测试数据，卖家看到有模特的图片比没有模特的图片点击率要高，那么可以将模特图作为产品的主图。假设通过进一步测试发现，红色属性的产品模特图比黑色属性的产品模特图的点击率要高，那么为了优中选优，可以将主图替换为红色属性的产品模特图。由此可见主图测试是没有固定结果的，其目的只是追求高点击率，而产品的点击率并不是无限的，而是存在一个峰值。

以上便是通过直通车推广创意测试产品主图的方法，卖家要知道，测试的时间越长，产品越多，所耗费的成本也就越高。

九、如何通过推广创意测试产品信息标题

通过推广创意测试产品信息标题的方法和测试产品主图的方法正好相反，即在两个推广创意中使用相同主图进行不同测试。创意标题和产品信息标题相同，最多可描述 128 个字符，制作方法同打造产品信息标题方法一致。关于打造产品信息标题的方法在本书第二章第四节有详细描述，这里不再赘述。

卖家测试时最好将产品现有的标题内容添加到一个创意中。另一个创意使用最新制作的产品信息标题，配备相同的产品主图，方便和现有标题进行数据比对。卖家测试产品信息标题时，需要重点关注创意 7 天的曝光数据，同时需要注意点击率数据。如果这两项综合数据表现得都比较好，则说明所测试的创意标题可以替换为产品信息标题使用，以获取最大的产品曝光量。

十、如何制作一个优质的推广创意

笔者在讲述如何制作一个优质的推广创意之前，引用车尔尼雪夫斯基一句非常经典的话："艺术源于生活，却又高于生活。"大概意思是没有生活原型或者现象就没有艺术创作的源头和灵感，也就是说，艺术素材来源于生活中的点滴小事。

直通车推广创意的制作虽然谈不上是多么高雅的艺术，但也需要从产品的信息源头出发，也就是所有的创意内容必须和产品的实际信息相

符合。如果创意中所描述的信息与产品实际信息不符,甚至过分夸大相关产品的描述,这样虽然会吸引买家产生点击或者购买意向,但在买家收到产品后很可能会发起退款或者给出差评,反而会对店铺造成更大的负面影响。所以卖家在推广创意之前,一定要从产品的实际出发,切勿夸大描述产品信息。

1. 创意图片

图片在速卖通电脑端、无线端分别占有很大的信息比重。做电商就是卖图片。产品主图做得好,对搜索点击率能起到较大作用。创意图片在搜索结果页会代替产品主图进行展示。不同于部分类目产品主图受到限制,创意图片的制作更加灵活,没有太大限制。例如,"牛皮癣"、边框、拼图等信息都可以在创意图片中展示,并且不会影响产品的自然排名。

一般产品都具有多个卖点。由于主图只能在搜索结果页展示一张,所以卖家可以将产品的其他重要卖点作创意展示信息,包括产品功能、产品外观、促销活动等。

如图 3-5-28 所示,3 个案例分别针对产品的不同功能进行展示。手套类型的产品,除了外观之外,买家更多关注的是产品的功能。手套的主要功能是保暖防护,其他重要功能如可直接操控触屏手机、防水等,均可作为创意主图的功能型卖点。

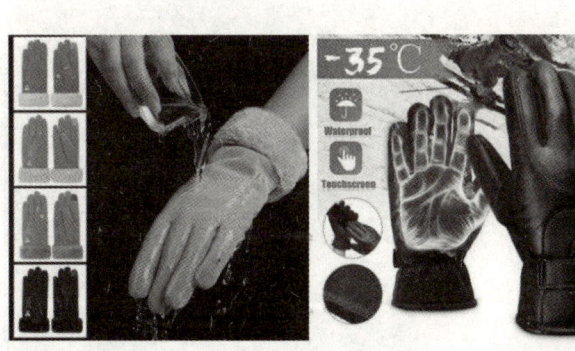

图 3-5-28　直通车功能型手套创意主图示例

图 3-5-29 所示是一款女士牛仔裤,图中明显展示了牛仔裤具有很好

的提臀效果，此为产品的主要卖点，也是大部分海外女性买家最为关注的一点，可以吸引有这部分需求买家的点击，从而提升产品点击率。

图 3-5-29　突出牛仔裤提臀效果创意图示例

此外，也可针对服装类产品的面料特性进行展示，如图 3-5-30 所示。买家通过图片可以直观了解到，产品面料具有弹性，内里还有加绒。

图 3-5-30　展示牛仔裤面料创意图示例

再者，纯粹地针对高腰裤腰部设计卖点进行突出展示，如图 3-5-31 所示。

3 打造速卖通"爆款"之营销攻略

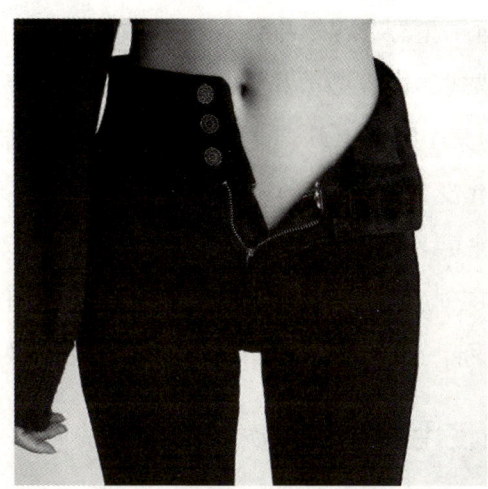

图 3-5-31　体现高腰裤腰部设计卖点创意图示例

买家通过图片能清晰地看到这款高腰裤的腰部设计以及在身体上的大致位置，可直观地了解产品的穿着效果。

一个好的创意图片，其中可包含多种类型的信息，比如产品的促销信息，如图 3-5-32 所示。

图 3-5-32　各类产品直通车创意图示例

价格是买家比较关注的信息之一，对买家是否会点击以及购买产品起到至关重要的作用，卖家在制作创意图片时可以添加相应的产品优惠信息，例如在图片中提示买家产品优惠是有时间限制的，营造出紧迫感，通过明显的"价格趋势图"或者"今日特价"等方式刺激买家点击、购买。

2. 创意标题

创意标题主要针对产品进行描述，同产品信息标题打造方法相同，其关键词主要通过"生意参谋"中的关键词数据得出。卖家在制作创意标题时，标题所描述的内容必须和创意主图展示的内容一致。一个标题最好能突出产品的某个主要卖点，重点在标题前端进行展示。

创意内容的制作没有固定统一的标准，只要创意的数据表现得好，能为卖家所推广的产品带来更多点击量、产生更多订单，就可以称为一个好的推广创意，卖家在制作推广创意时也可多发挥想象力，"自由"创作，同时多借鉴速卖通或者其他电商平台一些同行业优质的创意内容，做出更好的推广创意。

十一、如何使用直通车测款

卖家使用直通车测试产品主要是为了打造爆款，爆款打造成功，就会为店铺带来稳定的巨额流量。哪些商品具备爆款潜质，可以作为重点产品进行推广？测款就是一项必不可少的工作，测款可以通过自然流量测试，但是自然流量测试比较耗费时间，而直通车测款有比较理想的效率。

卖家使用直通车主要对新品进行测试，不必对店铺所有产品进行测试，可通过直通车的选品工具选择产品。测款的主要目的是结合测款结果，通过测款的商品数据反馈，判断被测产品能否得到买家的喜欢，以及判断产品是否可以作为主推爆品来进行推广，以降低未来推广的风险性。如果店铺有些产品的数据表现得不错，则无须测款。

1. 测款前的准备

（1）推广产品信息的质量是重要的基础，如标题是否结合搜索分析制作、主图是否按平台要求上传并突出体现产品卖点、设置精细化运费模板以及产品的关联模板制作（电脑端和无线端），这些内容是卖家在测款之前就需要做的准备工作。

（2）同批次测试的产品数量一定要和计划的每日限额相对应，比如测款的每日限额为50元，那么最多测5个产品。如果产品数量过多，每个产品所平均分配的推广费用就比较少，这意味着所获取的数据会比较有限，得到的测试数据不会特别准确。所以卖家在测款之前所选择的产品数量不要过多,要保证每个测试产品每天最低花费 10 元。

(3)如果使用快捷推广计划测款,同批次所添加的产品也应尽量属于同类目下同类型的产品。快捷推广计划中的关键词是所有产品"共同使用",为了方便管理和维护,在关键词选词上也比较有针对性。例如,女装类目下的连衣裙,按风格划分有休闲风格的、性感风格的或者复古风格的等,可根据不同风格分别整理,将相同风格的产品放在一个推广计划中测试。此外,按裙长划分,有长款连衣裙和短款连衣裙,可以分别将长款连衣裙或者短款连衣裙在不同的计划中进行测试。其主要目的就是方便卖家进行管理。试想一下,如果在一个快捷推广计划中有多个不同的产品,那么卖家必须结合每一款产品的属性分别选关键词,这样就会大大增加工作量。所以卖家在测试时最好将同类型的产品放在一个推广计划中进行测试。

2. 具体测款操作步骤

第一步,创建以测款为目的的推广计划。

智能测款或者快捷推广计划任选其一,笔者建议使用快捷推广计划,如图 3-5-33 所示。

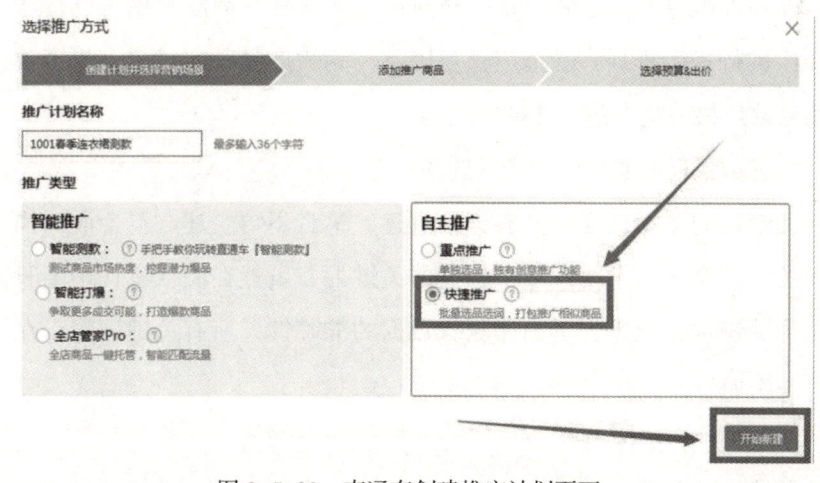

图 3-5-33 直通车创建推广计划页面

第二步,选择测试产品。

卖家可以通过直通车的"选品工具"进行产品筛选,或者在创建推广计划后也有选品页面，其内容等同于直通车的"选品工具"，二者仅仅是页面有所不同，所抓取的数据都是相同的，如图3-5-34所示。

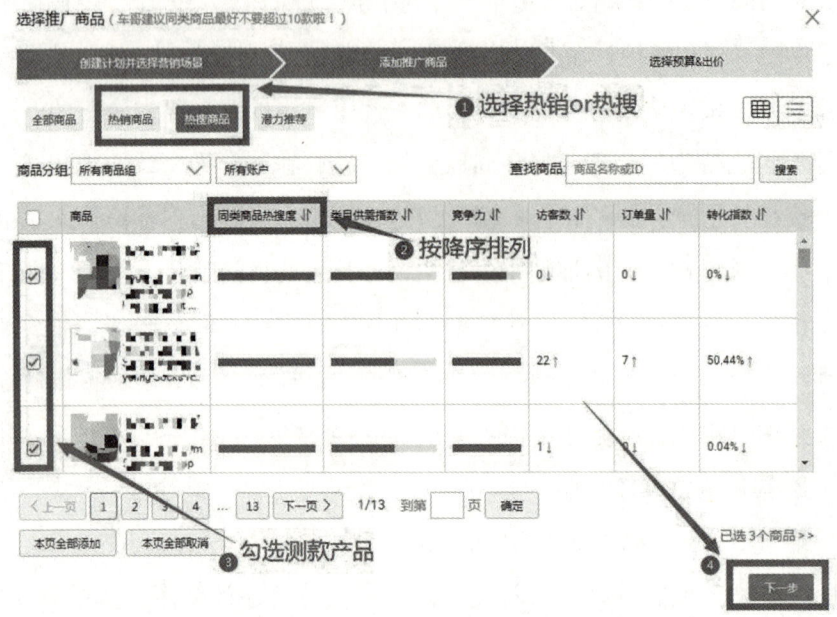

图3-5-34　直通车筛选推广产品页面

推荐理由方面，笔者建议选择热销或者热搜，商品数据可以按相应的升降序进行规律排列。受推广预算限制，测款产品不应过多。为了收到良好的测款效果，笔者建议选择3～5款产品。

第三步，根据所推广的产品选择关键词。

关键词的选择已在上文有详细讲述，笔者不再赘述。符合商品描述特征的关键词全选，不要添加不相关的关键词。虽然在测款过程中随时都可以添加关键词，但是为了确保测款数据的准确性，所有关键词尽量在测试前统一添加好。

第四步，关键词出价。

选择关键词后初始的出价有两种类型，即默认出价（电脑端与无线端均适用，价格相同）和无线端出价。默认出价又分为在市场平均出价的基础上加自定义费用和在底价的基础上加自定义费用，默认0.01元，如图3-5-35所示。

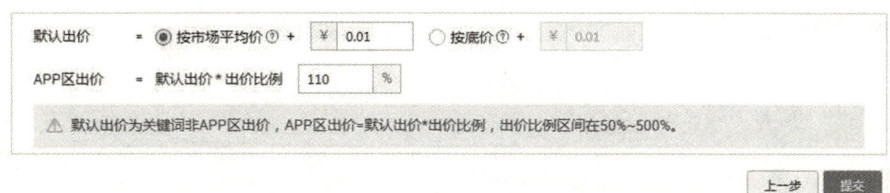

图 3-5-35　直通车快捷推广计划关键词出价页面

笔者建议自定义费用按默认的 0.01 元，App 出价比例不低于 100%。

3. 测款数据分析

卖家要准确分析测款数据，需要保证其数据周期在 7 天或 7 天以上，测试时间越长，收集的数据越多，所得到的测款结果越准确。数据分析可从数据报告、商品报告中针对相应的快速推广进行查看，如图 3-5-36 所示。

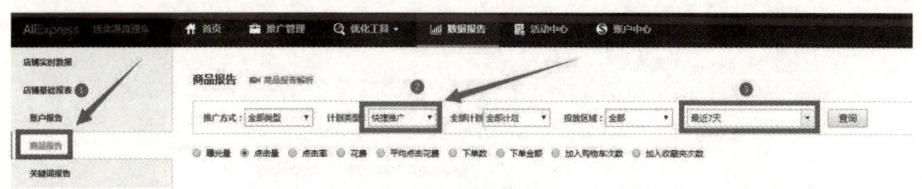

图 3-5-36　直通车数据报告页面

通过筛选条件，卖家可以查看相应测款产品的各项数据表现，如图 3-5-37 所示。

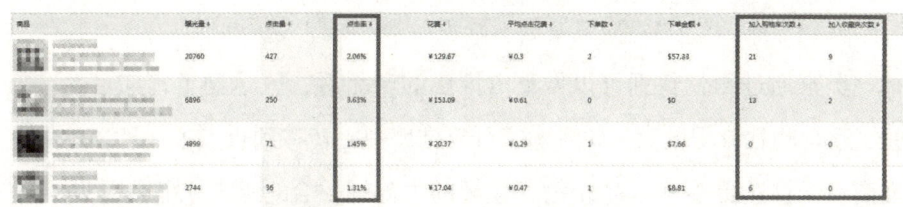

图 3-5-37　直通车商品数据页面

卖家分析测款数据时只需针对点击率、加收藏次数和加购物车次数进行对比，优选三项数据表现比较好的产品作为重点推广对象。若同批次测款产品的数据都不理想，那么就需要测试其他产品，寻找数据表现最好的产品作为主推产品，加到相应的快捷推广计划中，点击"移动到"按钮，将产品转入重点推广计划进行主推，如图 3-5-38 所示。

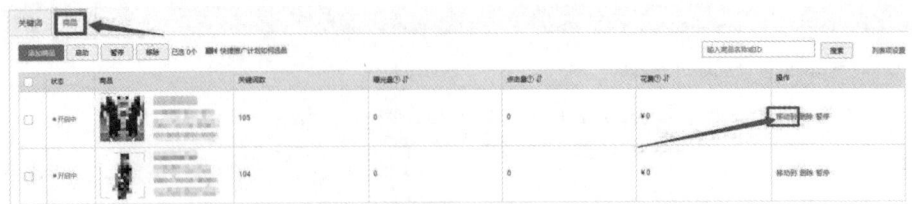

图 3-5-38　直通车快捷推广计划推广商品管理页面

产品迁移到重点推广计划后,商品数据将会清空,商品历史数据可在数据报告中查询。卖家测款时所设置的关键词也一并迁移,但相应的关键词出价、分时投放均会自动失效,如图3-5-39所示。

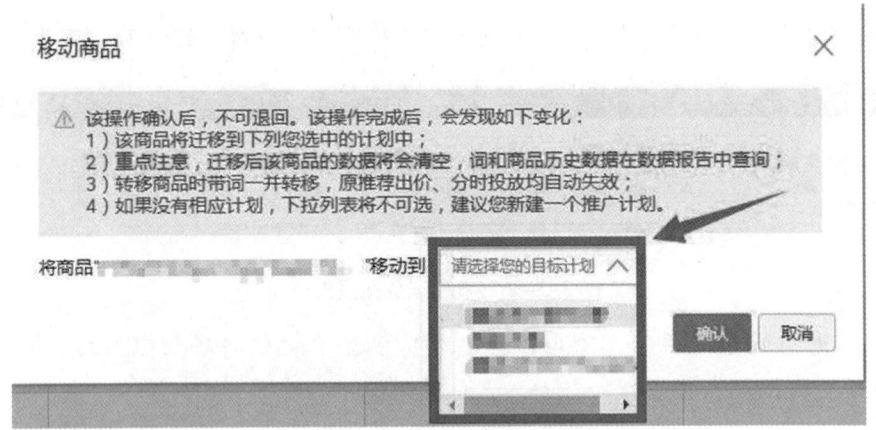

图 3-5-39　直通车快捷推广计划转移推广商品页面

卖家通过测款找到可以做重点推广的产品后,就达到了预期目的,至此,整个测款流程结束。此时卖家可将推广中心转移到重点推广计划中的主推商品,挑选更多和产品相关度较高的关键词,合理调整关键词出价,编辑好相应的推广创意,定期进行数据分析,通过数据所反映的问题有针对性地优化推广设置。

十二、直通车关键词"良"词推"优"

1. 为什么要做"良"词推"优"

关键词的推广评分会影响关键词的排名和出价。如果关键词的推广评分为"优",表示该关键词有资格进入主搜位置的广告区,这意味着可以以较低的出价,获得较好的排名。但是否实际进入,还要取决于关键词的整体出价人数和出价情况。

如果关键词的推广评分为"良",则说明推广评分较差,只能排在底部推广区,需要通过更换关键词,或者优化商品信息或推广信息等方法,将推广评分提升为"优",并设置有竞争力的价格,增加进入主搜广告区的展示机会。关键词的推广评分越好,在一定程度上越能帮助卖家节省推广费用,同时能在更靠前的位置进行展示。

2. 关键词推广评分的影响因素

关键词的推广评分主要以关键词和产品的相关度为判定标准。关键词和产品的相关度越高,关键词的推广评分也越高。关键词的推广评分主要受以下因素影响。

(1)产品信息的质量与关键词的匹配度。

①产品属性是否正确且填写完整,主要体现在产品的属性、各项数据,即关键词和产品属性中的某项属性值相同,如图 3-5-40 所示。

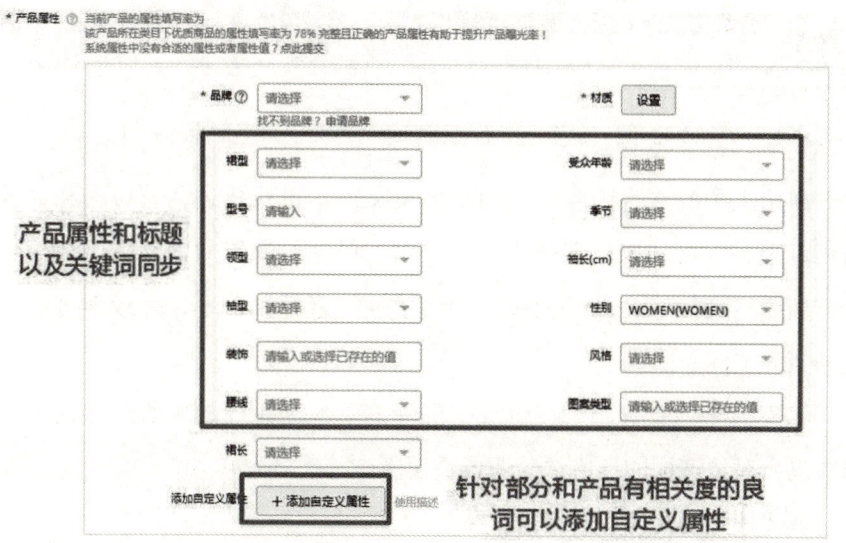

图 3-5-40　速卖通产品发布页面的注意事项示例

215

②产品信息标题中是否包含所用关键词,如图 3-5-41 所示。

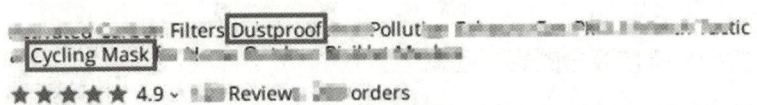

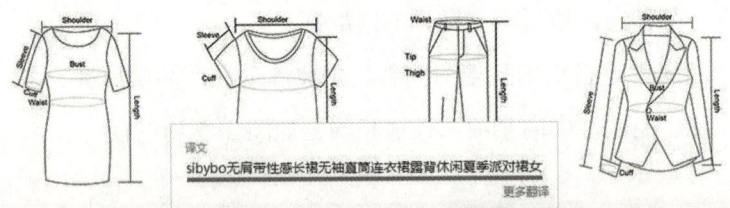

图 3-5-41　直通车所用关键词与产品信息标题所用关键词示例

③产品详情页是否巧妙出现过相关关键词,如图 3-5-42 所示。

图 3-5-42　速卖通产品电脑端详情页文字描述关键词示例

详情页中的文字内容,必须采用英文文本进行描述,若包含相关关键词,对于关键词的推广评分也会有帮助。但这并非绝对的,推广评分受到多方面因素的影响,如果把各方面的影响因素都完善了,一般都可以将关键词变为"优"词。

④直通车创意标题。在重点推广计划下,创意标题中所包含的关键词内容也会对关键词的推广评分造成重要影响。

具体操作步骤为:

第一步,在关键词列表中找到需要提升推广评分的部分"良"词,如

图 3-5-43 所示。

由图可知，方框中的这 3 个关键词推广评分为"良"词，其中包含两个长尾精准关键词，一般长尾词直接添加到创意标题中会"立即提升"关键词的推广评分。

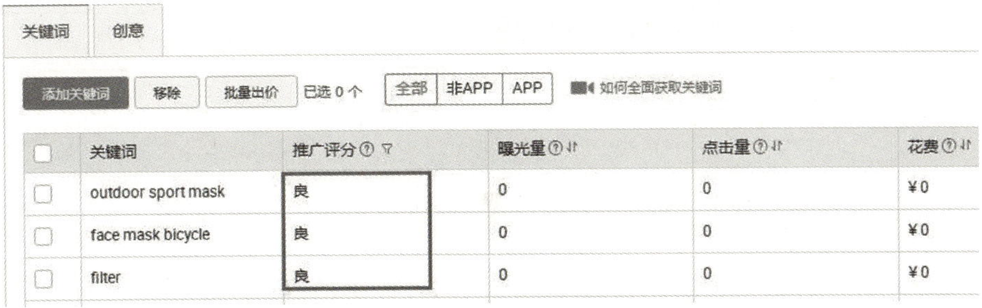

图 3-5-43　直通车重点推广计划关键词为"良"词管理页面

第二步，在推广创意标题中，添加需要提升推广评分的关键词，如图 3-5-44 所示。

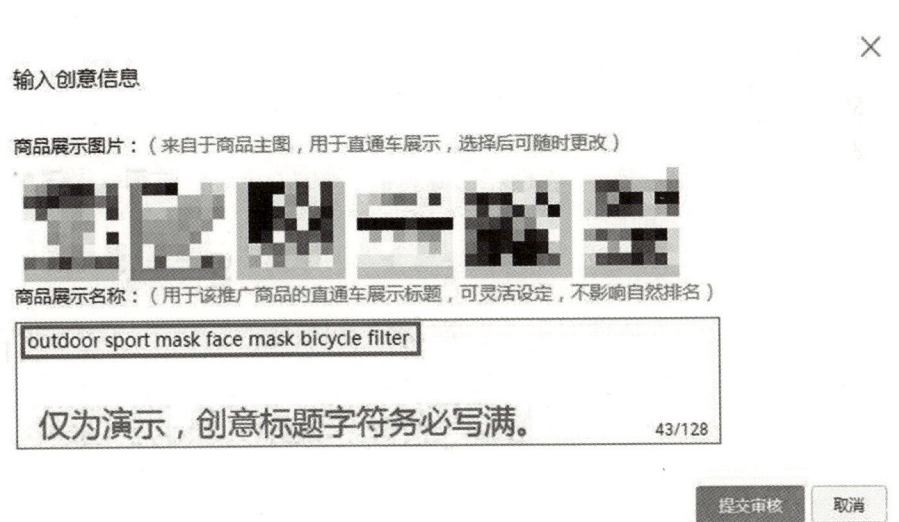

图 3-5-44　直通车推广创意管理页面

为了让各位读者理解直通车的"良"词推"优"，笔者将图 3-5-44 中的 3 个关键词直接添加到了创意标题中，在创意标题内容中并未写满 128 个字符（仅供演示）。卖家在制作创意标题时，务必写满 128 个字符。

通过以上两步简单的操作，关键词的推广评分能实现"立即提升"，如图 3-5-45 所示，先前推广评分为"良"的 3 个关键词，通过将关键词添加到推广创意标题中，其中两个长尾词的推广评分已变为"优"。

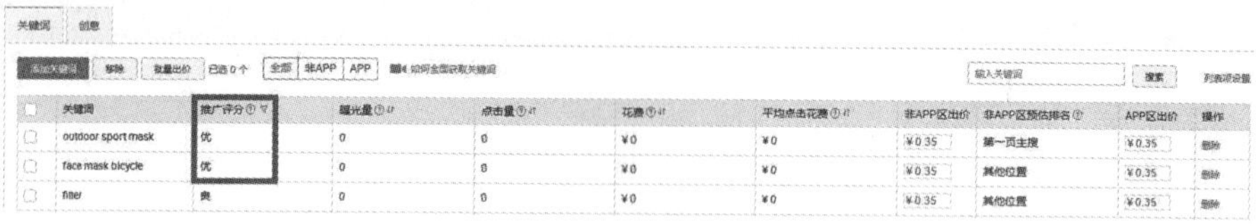

图 3-5-45　直通车重点推广计划关键词由"良"词变"优"词管理页面

这只是影响关键词推广评分的因素之一，虽然笔者将 3 个推广评分为"良"的关键词都加入了创意标题中，但是只有两个长尾词的推广评分变为"优"，还有一个和产品相关度不是很高的关键词并未变成"优"。其主要问题是还有影响推广评分的其他多个因素存在。

⑤商品类目是否发布正确，也是影响关键词推广评分的一个重要原因，但一般很少出现。卖家都比较熟悉自己的产品类目，笔者不再赘述。

（2）所推广商品受买家的喜爱程度。除了商品信息的质量方面，关键词的推广评分还会受整体数据的影响，这主要基于买家对商品的喜好程度，其中主要包含对商品的评分、店铺服务质量两个方面。

商品的评分如果比较低或者产品差评较多，也会直接影响所有关键词的推广评分。另外店铺的服务质量包括店铺整体的好评率、DSR 三项评分和店铺"卖家服务分"。如图 3-5-46 所示，为速卖通店铺后台卖家服务分值页面，其中低于 60 分不利于曝光，60~80 分正常曝光，80~100 分有利于曝光。

以上因素都会对推广产品的关键词评分产生综合性影响，所以卖家首先应该考虑这些因素，再通过产品信息的质量与关键词的匹配度实现"良"词推"优"。

3 打造速卖通"爆款"之营销攻略

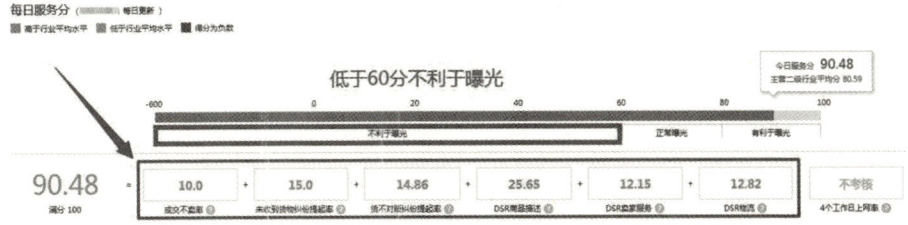

图 3-5-46　速卖通店铺后台卖家服务分值页面

"良"词推"优"作为直通车推广过程中重要的优化内容,针对的是重点推广计划下的主推产品。若是通过快捷推广计划进行日常测款,则不必有针对性地提升某个关键词的推广评分。

十三、直通车关键词如何合理出价

1. 关键词出价设置

关键词作为直通车推广的主要内容,其出价决定了相关关键词的排名,卖家在快捷推广计划和重点推广计划中可以自行对每一个关键词进行出价设置,包含非 App 区出价(电脑端)和 App 区出价(无线端),如图 3-5-47 所示。

非APP区出价	非APP区预估排名	APP区出价	操作
￥0.21	第一页主搜	￥0.21	删除
￥0.80	第一页主搜	￥0.50	删除
￥0.60	第一页主搜	￥0.60	删除
￥0.20	第一页主搜	￥0.11	删除
￥0.43	第一页主搜	￥0.43	删除
￥0.24	第一页主搜	￥0.24	删除
￥0.30	第一页主搜	￥0.11	删除
￥0.20	第一页主搜	￥0.11	删除

图 3-5-47　直通车关键词管理页面

点击关键词的出价，进入关键词出价的编辑页面。根据当前的关键词出价，系统会提供一个大致的预估排名，如图 3-5-48 所示。

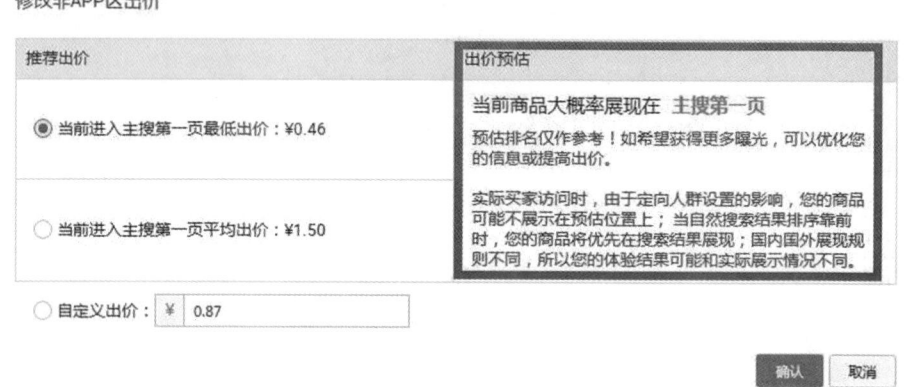

图 3-5-48　直通车关键词非 App 区出价设置页面

关键词的出价设置包含推荐出价和自定义出价两种类型。推荐出价是按系统提供的主搜第一页最低出价和平均出价进行选择，达到系统所推荐的价格后，关键词很可能会在搜索结果的第一页进行展示。若系统推荐价格过高，卖家也可通过自定义出价并结合自身的推广预算来自行设置关键词的出价，做到和推广计划的每日限额相适应，覆盖全时段。

直通车推广是一个循序渐进的过程，卖家在推广前期不要因为刻意追求关键词排名而导致直通车高花费、低成交。当主推产品的数据表现偏稳定之后，卖家再结合自身的推广预算决定是否加大推广投入。关键词的排名靠前，虽然所获取的曝光以及点击量会比较多，但随着关键词的点击量增加，所产生的花费也比较高。在没有稳定产出的情况下，这样出价毫无意义，而且如果每日的推广限额不高，相应所获取的点击量也非常有限。例如，每天的最低推广限额为 30 元，而关键词在第一页的出价达到 1 元，那么相应只能获取 30 个点击量，在较低点击量的情况下产生转化的概率也非常低。所以卖家不能盲目追求高排名、高出价，要切合实际、结合自身的推广预算，再根据不同关键词的数据表现有针对性地投入推广资金，例如，针对重点推广计划下主推产品的关键词，参照关键词的访客价值来进行调整。

2. 以关键词的访客价值调整出价

访客价值是指通过不同渠道引进的每一个访客所能产生的价值，而关键词的访客价值主要代表通过直通车推广所使用的关键词引进的访客所产生的价值，其计算公式为：利润/访客数。

例如，一款连衣裙售价为100元，利润为40%，单品转化率为2%。

也就是说，当有100个访客浏览这款连衣裙，卖出2件，产品利润是40%，卖家能赚80元，这就是利润，把利润均摊到每个访客的身上，也就是平均每来一个访客卖家能赚0.8元。

以关键词的访客价值调整出价主要针对的是重点推广计划下的主推产品，主推产品一般以打造爆款产品为目的，在关键词推广上，关键词能否为产品带来成交尤为重要。卖家在添加关键词时往往存在过量情况（重点计划下的每个产品最多添加200个关键词）。在这些关键词中，有些能为卖家带来订单，而有些并不能为卖家带来订单，有些关键词甚至在花费了一定的推广费用后，连基本的收藏加购都没有，那么这就需要通过关键词数据来进行细致分析，了解重点推广产品的每个关键词能为产品带来多大价值。

卖家对关键词数据进行分析时，在数据报告中，选择关键词报告，同时筛选好相应的推广计划和推广单元，如图3-5-49所示。

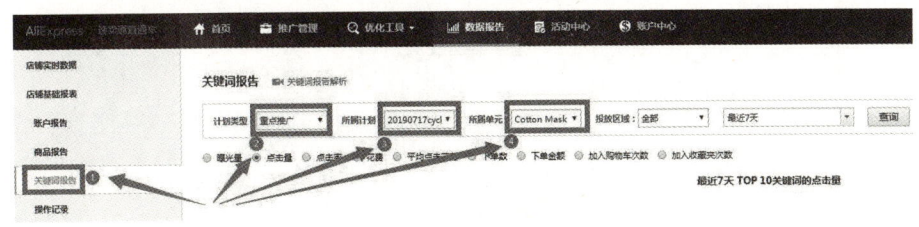

图3-5-49 直通车数据报告页面

卖家在分析相关产品的关键词数据时，一定要选择具体的推广产品，这样在关键词数据中才会只显示具体产品所使用的关键词。如果不细致选择，显示的就是整个直通车推广中所包含的关键词，结果导致比较混乱，不利于区分。具体步骤为：

第一步，下载关键词数据表格。

筛选好推广计划和推广单元后，在页面中会出现各个关键词的各项数据，若要计算各个关键词的访客价值，则需导出关键词数据，如图 3-5-50 所示。

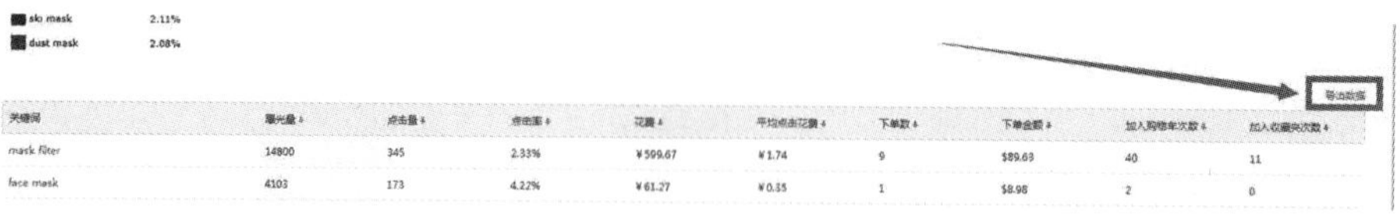

图 3-5-50　直通车关键词报告下载页面

在下载的关键词数据表格中，各项数值默认以文本形式进行展示，首先需要对表格进行基本处理，更换单元格中各数值的展示形式，如图 3-5-51 所示。

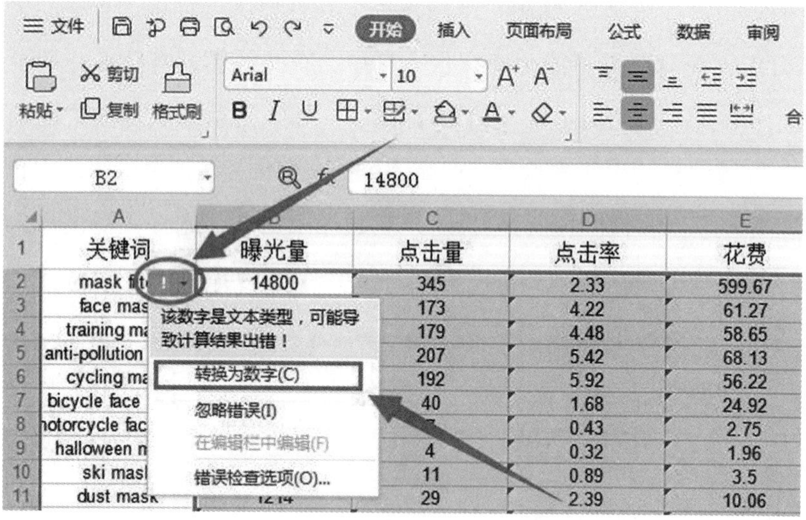

图 3-5-51　处理直通车关键词报表

全选各项数值，通过点击图 3-5-51 中的感叹号，将各项数值转换为数字。

第二步，数据排序。

在关键词数据表格中按点击量数据进行降序排列，如图 3-5-52 所示。

3 打造速卖通"爆款"之营销攻略

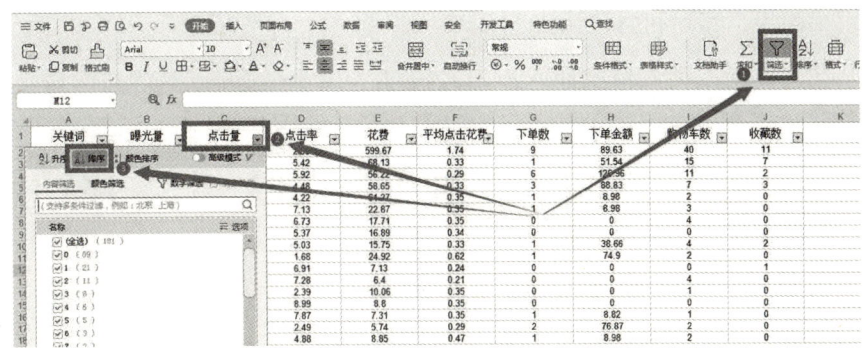

图 3-5-52 直通车关键词点击数排序

第三步，货币换算。

在关键词数据表格中插入一列换算"人民币"单元格，如图 3-5-53 所示；并按照当前的人民币与美元的汇率，计算出对应的人民币数值，如图 3-5-54 所示。

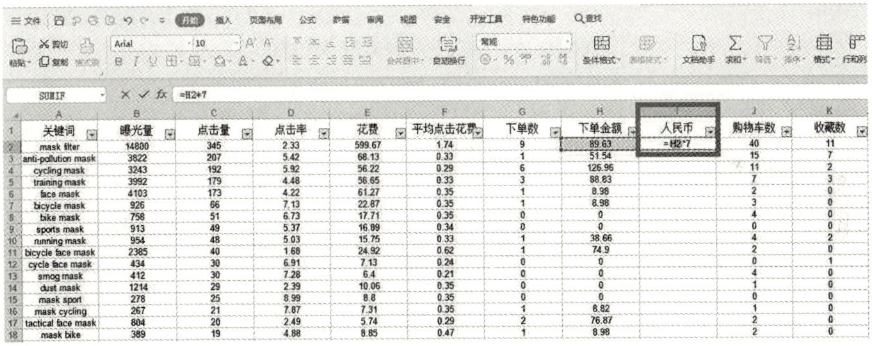

图 3-5-53 计算单个关键词产出

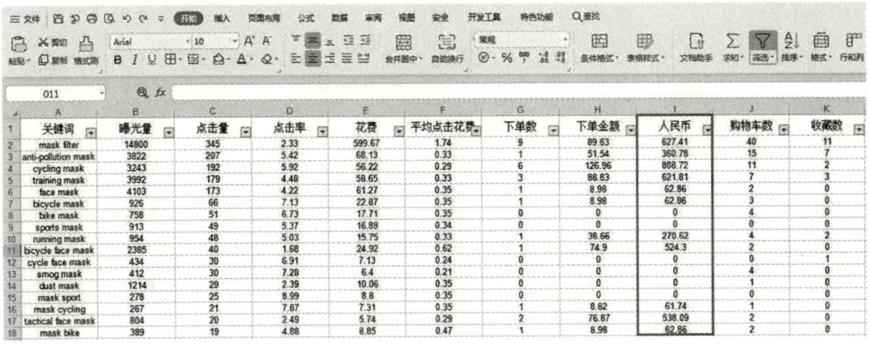

图 3-5-54 批量计算关键词产出

223

第四步，实际利润计算。

在关键词数据表格中插入一列"利润"单元格，并按照产品的相应利润率，通过公式计算出相应利润，如图3-5-55所示。

图中所计算出的利润为产品本身的利润值，并未包含直通车推广的费用，所以还需要计算出实际利润，用"利润"减去"花费"数据，得到"实际利润"，如图3-5-56所示。若关键词的实际利润为负数，则代表通过该关键词推广属于亏损状态。

关键词	曝光量	点击量	点击率	花费	平均点击花费	下单数	下单金额	人民币	利润	购物车数
mask filter	14800	345	2.33	599.67	1.74	9	89.63	627.41	250.964	40
anti-pollution mask	3822	207	5.42	68.13	0.33	1	51.54	360.78	144.312	15
cycling mask	3243	192	5.92	56.22	0.29	6	126.96	888.72	355.488	11
training mask	3992	179	4.48	58.65	0.33	3	88.83	621.81	248.724	7
face mask	4103	173	4.22	61.27	0.35	1	8.98	62.86	25.144	2
bicycle mask	926	66	7.13	22.87	0.35	1	8.98	62.86	25.144	3
bike mask	758	51	6.73	17.71	0.35	0	0	0	0	4
sports mask	913	49	5.37	16.89	0.34	0	0	0	0	0
running mask	954	48	5.03	15.75	0.33	1	38.66	270.62	108.248	4
bicycle face mask	2385	40	1.68	24.92	0.62	1	74.9	524.3	209.72	2
cycle face mask	434	30	6.91	7.13	0.24	0	0	0	0	0
smog mask	412	30	7.28	6.4	0.21	0	0	0	0	4
dust mask	1214	29	2.39	10.06	0.35	0	0	0	0	1
mask sport	278	25	8.99	8.8	0.35	0	0	0	0	1
mask cycling	267	21	7.87	7.31	0.35	1	8.82	61.74	24.696	1
tactical face mask	804	20	2.49	5.74	0.29	2	76.87	538.09	215.236	2
mask bike	389	19	4.88	8.85	0.47	1	8.98	62.86	25.144	2

图3-5-55　批量计算关键词利润

关键词	曝光量	点击量	点击率	花费	平均点击花费	下单数	下单金额	人民币	利润	实际利润	购物车数	收藏数
mask filter	14800	345	2.33	599.67	1.74	9	89.63	627.41	250.964	-348.706	40	11
anti-pollution mas	3822	207	5.42	68.13	0.33	1	51.54	360.78	144.312	76.182	15	7
cycling mask	3243	192	5.92	56.22	0.29	6	126.96	888.72	355.488	299.268	11	2
training mask	3992	179	4.48	58.65	0.33	3	88.83	621.81	248.724	190.074	7	3
face mask	4103	173	4.22	61.27	0.35	1	8.98	62.86	25.144	-36.126	2	0
bicycle mask	926	66	7.13	22.87	0.35	1	8.98	62.86	25.144	2.274	3	0
bike mask	758	51	6.73	17.71	0.35	0	0	0	0	-17.71	4	0
sports mask	913	49	5.37	16.89	0.34	0	0	0	0	-16.89	0	0
running mask	954	48	5.03	15.75	0.33	1	38.66	270.62	108.248	92.498	4	2
bicycle face mask	2385	40	1.68	24.92	0.62	1	74.9	524.3	209.72	184.8	2	0
cycle face mask	434	30	6.91	7.13	0.24	0	0	0	0	-7.13	0	1
smog mask	412	30	7.28	6.4	0.21	0	0	0	0	-6.4	4	0

图3-5-56　查看关键词实际利润

第五步，访客价值计算。

结合访客价值的计算公式——实际利润/访客（点击量），计算关键词的访客价值，如图3-5-57所示。

3 打造速卖通"爆款"之营销攻略

关键词	曝光量	点击量	点击率	花费	平均点击花费	下单数	下单金额	人民币	利润	实际利润	访客价值	购物车数	收藏数
mask filter	14800	345	2.33	599.67	1.74	9	89.63	627.41	250.964	-348.706	-1.010742029	40	11
anti-pollution mas	3822	207	5.42	68.13	0.33	1	51.54	360.78	144.312	76.182	0.368028986	15	7
cycling mask	3243	192	5.92	56.22	0.29	6	126.96	888.72	355.488	299.268	1.5586875	11	2
training mask	3992	179	4.48	58.65	0.33	3	88.83	621.81	248.724	190.074	1.061865922	7	3
face mask	4103	173	4.22	61.27	0.35	1	8.98	62.86	25.144	-36.126	-0.208820809	2	0
bicycle mask	926	66	7.13	22.87	0.35	1	8.98	62.86	25.144	2.274	0.034454545	3	0
bike mask	758	51	6.73	17.71	0.35	0	0	0	0	-17.71	-0.347254902	4	0
sports mask	913	49	5.37	16.89	0.34	0	0	0	0	-16.89	-0.344693878	0	0
running mask	954	48	5.03	15.75	0.33	1	38.66	270.62	108.248	92.498	1.927041667	4	2
bicycle face mask	2385	40	1.68	24.92	0.62	1	74.9	524.3	209.72	184.8	4.62	2	0
cycle face mask	434	30	6.91	7.13	0.24	0	0	0	0	-7.13	-0.237666667	0	1
smog mask	412	30	7.28	6.4	0.21	0	0	0	0	-6.4	-0.213333333	0	0
dust mask	1214	29	2.39	10.06	0.35	0	0	0	0	-10.06	-0.346896552	0	0

图 3-5-57 计算关键词投入产出比

计算出每个关键词的访客价值后，然后根据每个关键词所产生的每个点击来判断产品是盈利还是亏损。针对平均点击量花费较高，且访客价值为负数的关键词，卖家需要适当降低关键词的点击单价，尽量确保部分主要关键词为盈利或持平的状态，节省推广成本。对部分访客价值数据较高但平均点击花费较低的关键词，卖家可以适当调高相应的关键词出价，提升关键词的排名，获取更多曝光，产生更多成交，如图 3-5-58 所示。

关键词	曝光量	点击量	点击率	花费	平均点击花费	下单数	下单金额	人民币	利润	实际利润	访客价值	购物车数	收藏数
mask filter	14800	345	2.33	599.67	1.74	9	89.63	627.41	250.964	-348.706	-1.010742029	40	11
anti-pollution mas	3822	207	5.42	68.13	0.33	1	51.54	360.78	144.312	76.182	0.368028986	15	7
cycling mask	3243	192	5.92	56.22	0.29	6	126.96	888.72	355.488	299.268	1.5586875	11	2
training mask	3992	179	4.48	58.65	0.33	3	88.83	621.81	248.724	190.074	1.061865922	7	3
face mask	4103	173	4.22	61.27	0.35	1	8.98	62.86	25.144	-36.126	-0.208820809	2	0
bicycle mask	926	66	7.13	22.87	0.35	1	8.98	62.86	25.144	2.274	0.034454545	3	0
bike mask	758	51	6.73	17.71	0.35	0	0	0	0	-17.71	-0.347254902	4	0
sports mask	913	49	5.37	16.89	0.34	0	0	0	0	-16.89	-0.344693878	0	0
running mask	954	48	5.03	15.75	0.33	1	38.66	270.62	108.248	92.498	1.927041667	4	2

图 3-5-58 根据投入产出比调查关键词出价

计算出相应的访客价值后，卖家在推广后台搜索需要调整的关键词出价，如图 3-5-59 所示。

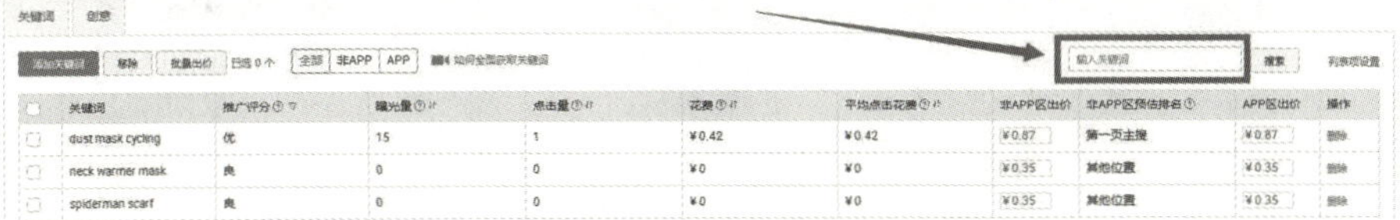

图 3-5-59 直通车重点推广计划关键词管理页面

直通车推广的长期收益包括直接转化和间接转化。直接转化就是买家通过直通车展示位进入产品链接，直接浏览下单。间接转化主要指买家通过直通车推广将商品加入收藏夹或者购物车，在未来的某个时间点下单购买。卖家通过关键词的访客价值来设置关键词出价，只是根据在固定时间段内按关键词的直接转化数据进行测算，所以笔者建议对部分无访客价值或访客价值为负数且关键词存在部分收藏加购数据的保留，只需适当降低关键词的出价即可。

十四、灵犀推荐详解

1. 什么是灵犀推荐

灵犀推荐是速卖通直通车针对商品的一种推广方式，按投放出价及商品与买家需求的匹配度，展示在买家所关注的位置。与关键词推广不同，灵犀推荐着重于非搜索的流量，根据当前买家的行为习惯或者流量特性来匹配，也就是产生点击才会扣费。

灵犀推荐的主要展示位置在商品详情底部的 More To Love 板块中，如图 3-5-60 所示。买家对产品有相关需求时，才会去点击产品。

图 3-5-60　直通车商品详情页底部 More To Love 板块展示位置

3 打造速卖通"爆款"之营销攻略

商品详情页底部的 More To Love 板块中共展示 30 款产品,分 6 行,每行 5 个产品,在每行产品中的最右侧位置,附带"AD"标识的即为通过灵犀推荐推广的产品。其排序规则主要依据商品信息的质量、商品推广的出价和商品是否满足浏览买家的潜在需求,展示在和所推广产品属性相同的产品详情页底部。灵犀推荐的前身是直通车商品推荐投放,未来在速卖通首页、购物车、订单支付成功页面等 More To Love 板块都会有相应的广告位展示。

2. 灵犀推荐的设置步骤

灵犀推荐的推广设置相对比较简单,它仅包含出价和推广创意图片设置两方面内容,操作非常方便,系统也有相应的步骤引导。在直通车推广后台首页,选择"灵犀推荐"进入其推广设置后台,如图 3-5-61 所示。

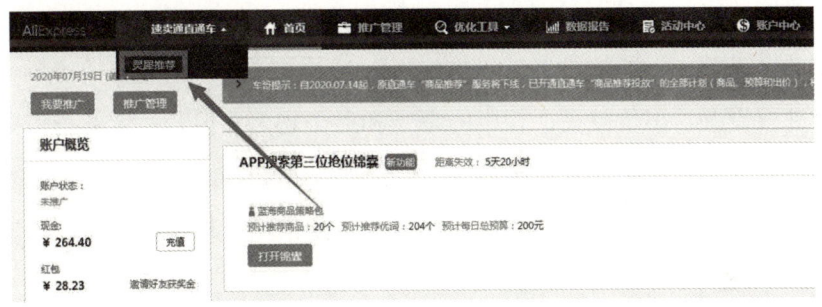

图 3-5-61 灵犀推荐后台入口

灵犀推荐后台支持分别创建不同的推广计划,统一管理所推荐的产品,如图 3-5-62 所示。

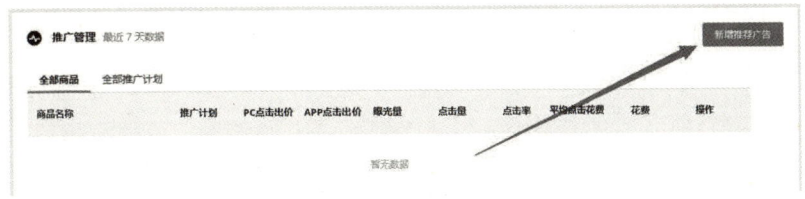

图 3-5-62 灵犀推荐管理页面

第一步,添加商品。

点击"新增推荐广告",勾选需要推广的商品,可分别按新发、热销和热搜推荐理由以及直接搜索商品 ID 来筛选对应商品,如图 3-5-63 所示。

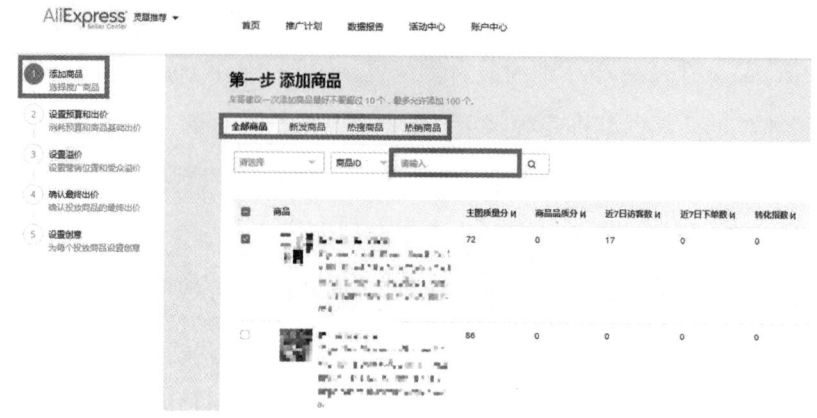

图 3-5-63　灵犀推荐中添加商品页面

第二步，设置预算和出价。

勾选"添加商品"后设置相应的推广预算和出价。在设置出价之前，卖家可以参考一下系统给出的出价建议，笔者建议在前期卖家按市场平均出价进行设置。出价越高，相应的曝光和点击越多，但若每天的推广限额不高，基本上很快就会被消耗完，所以前期应尽量按市场平均出价来设置。一般市场平均出价不会很高，如果部分类目的市场平均出价偏高，卖家可结合自身的推广预算合理设置，如图 3-5-64 所示。

图 3-5-64　灵犀推荐中的设置推广预算和出价页面

3 打造速卖通"爆款"之营销攻略

第三步,设置溢价。

在灵犀推荐中,卖家可针对不同买家和展示位置分别设置不同的溢价比例,将推广信息投放在更加精准的买家面前,如图3-5-65所示。

图3-5-65 灵犀推荐中的设置溢价页面

第四步,确认最终出价。

卖家设置完溢价比例后,再确认最终出价页面,系统会根据当前出价和溢价比例提示当前点击单价的价格区间,如图3-5-66所示。

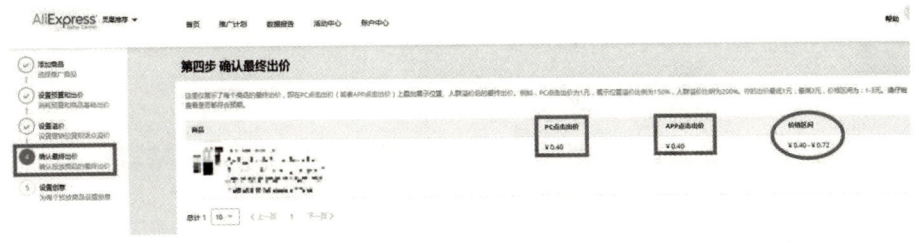

图3-5-66 灵犀推荐中确认最终出价的页面

第五步,设置创意。

灵犀推荐中的推广创意图片,卖家可直接在系统后台制作,节省了自行手动制作的时间。每个推广产品最多设置10张创意图片,在创意设置页面,通过点击添加创意进行设置,如图3-5-67所示。

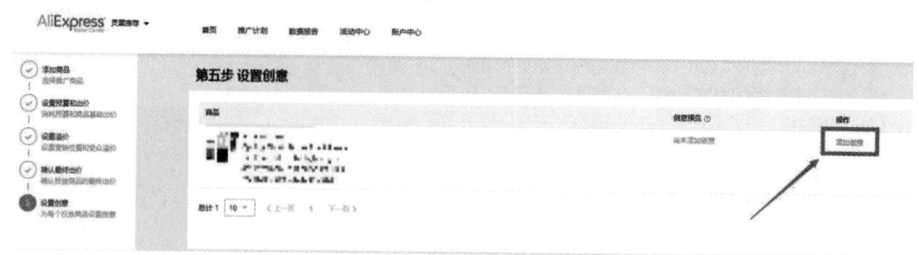

图 3-5-67　灵犀推荐中的创意设置页面

在创意设置页面，卖家可根据系统自身需求，分别用不同的商品主图和系统提供的创意模板制作并生成相应的创意图片，如图 3-5-68 所示。

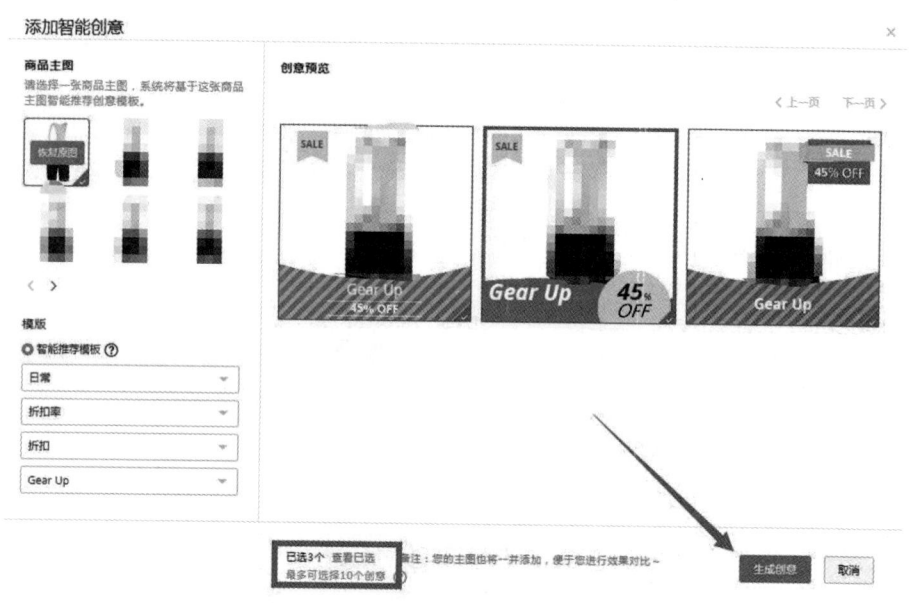

图 3-5-68　灵犀推荐中的创意编辑页面

在创意编辑页面点击"生成创意"，确认创意图片无误后点击"完成并提交"，如图 3-5-69 所示。至此，灵犀推荐的推广设置完成。

灵犀推荐推广涉及精准流量，由于其设置内容较少，所以卖家需要结合不同时期的市场平均点击价格来适当调整出价，以获得更好的投入产出比。

3 打造速卖通"爆款"之营销攻略

图 3-5-69　灵犀推荐中的计划提交页面

十五、全店管家推广详解

全店管家是直通车中一款可以实现一键进行全店商品推广的工具，开启之后，全店商品都可以通过直通车推广产生点击和扣费，是智能推广方式的一种。面向全店商品进行推广，也会产生很大的推广费用。平台超级大促期间，卖家可以利用全店管家来快速带动店铺整体流量。

1. 设置入口

通过直通车后台首页和"推广管理"均可进入"全店管家"的设置页面，如图 3-5-70 所示。

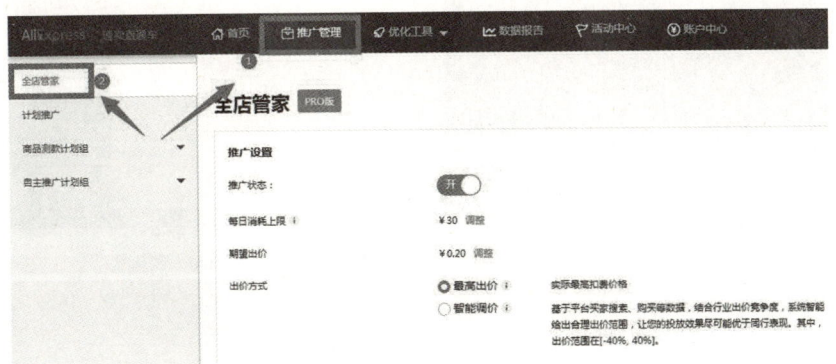

图 3-5-70　直通车全店管家推广编辑页面

2. 每日消耗及点击出价

在推广状态中点开"开关"开启全店管家推广，开启后全店商品即处于推广状态，同时店铺结合自身的推广预算设置好每日的推广限额以及期望出价。期望出价可以理解为点击出价，其出价方式主要有最高出价和智能调价两种方式。

（1）最高出价：系统会根据流量的热度和匹配度，智能地选择最合理出价，从而达到最优性价比，但最终出价会在设置的出价范围内。

例如，每日期望出价是1元，开启最高出价后，实际扣费价格不会高于1元。

（2）智能调价：基于平台大数据和智能化能力，店铺根据自身营销目标在合适的人群进行出价的自动调整，调价一般为 -40%~40%。

例如，每日期望出价是1元，开启智能调价后，实际扣费价格为0.6~1.4元，且不会高于1.4元。智能调价将在开启后第二天生效，持续开启的话，有助于提升推广效果。

为了保证花费稳定，笔者建议采用最高出价方式进行设置，同时点击价格按当前行业平均出价进行设置，如图3-5-71所示。

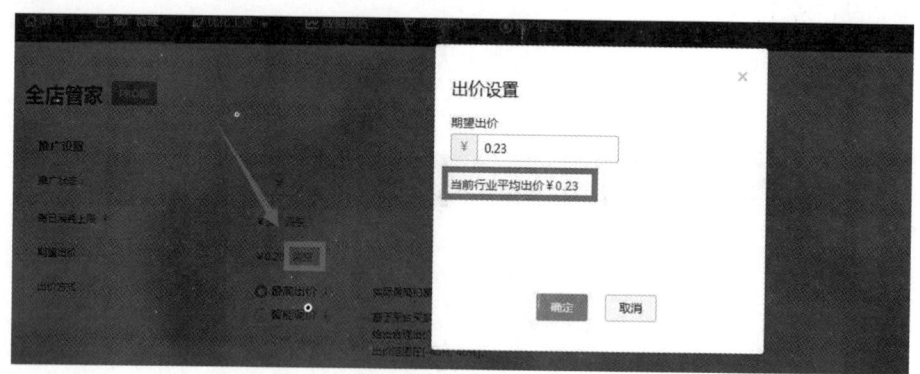

图3-5-71 直通车全店管家推广出价设置页面

3. 数据查看

在全店管家推广页面可查看近7天数据，每个通过全店管家推广的商

3 打造速卖通"爆款"之营销攻略

品得以曝光后,都会有对应日期的详细数据展示,如图 3-5-72 所示。

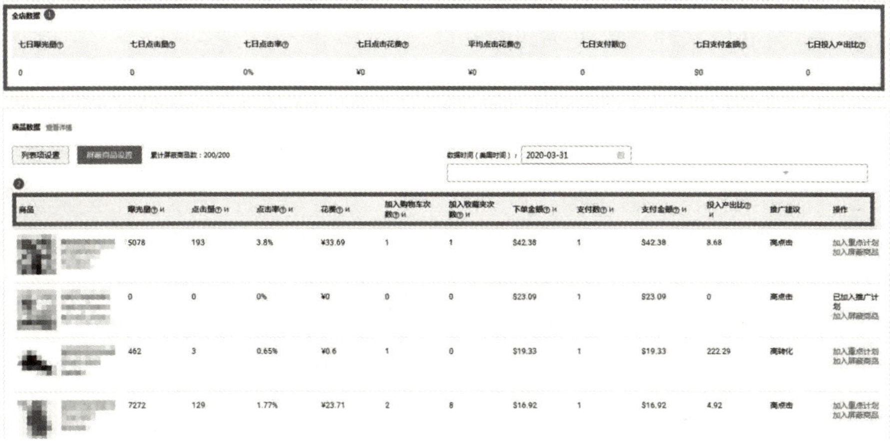

图 3-5-72　直通车全店管家推广页面

在商品报告中也可查看全店管家推广的数据,如图 3-5-73 所示。

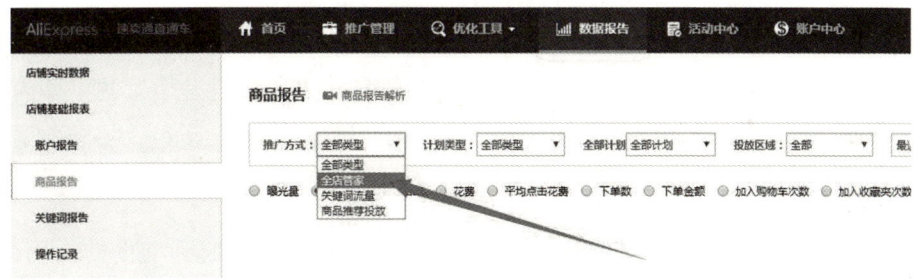

图 3-5-73　直通车商品报告数据页面

4. 全店管家的流量来源

全店管家是一种非常智能的推广形式,属于全自动化托管。系统会根据买家搜索喜好度筛选最合适的商品进行推广,可在各个直通车推广的展示位置进行展现,可以以较低的价格获取优质的流量,只是无法有针对性地对产品进行推广。其流量来源主要分为以下两种。

(1)可能买家搜索的是很精准的长尾词。自主推广计划中,不会把所有买家搜索词都考虑到,这会导致推广位置没有设置足够的信息。

233

例如，white long summer dress 这个关键词在平台所有推广选词时都没有被选择，如果有买家搜索，就没有相关的直通车展位出现，那么开启全店管家后就会获取这种类型关键词的流量。

（2）可能买家搜索的是热门关键词。如果恰好其他卖家直通车账户推广中的日限额达到了日消耗上限，或是超过了投放时间、直通车账户欠费，那么热门关键词的直通车推广就有了空缺。在开启全店管家后，卖家就有机会以很低的价格获得平时竞价较高的关键词位置。

例如，dress women 这个关键词平时竞价为 3~5 元。倘若由于导致推广展位暂时空缺，那么全店管家就有机会以较低的价格获取这个热门词的展示位。

以上是关于直通车全店管家推广工具的介绍，其涉及内容不多，主要是针对全店商品进行推广，卖家可以结合实际的推广目的，有选择性地使用。

十六、使用速卖通直通车打造爆款流程

店铺使用直通车打造爆款是推广的主要目的之一，也是运营的主要内容。店铺有了爆款产品就会吸引更多免费流量，形成更多转化，为店铺带来更多收益。

直通车作为一款推广工具，在打造爆款过程中仅仅起到辅助的作用，就是为商品提供更多展示的机会。商品是否会形成转化，主要取决于选品、定价、运费以及商品信息描述等方面。很多新手卖家使用直通车进行推广时，往往都把推广效果不好归咎于直通车，其实最主要的原因是商品本身的基础工作没有做好，这也是很多新手卖家都存在的一个误区。直通车推广作为一项工具，一些基础的操作，比如数据分析、优化、选词等推广设置方面的技能是需要充分掌握的，同时还需要做好一定的推广预算，有足够的推广资金才能顺利打造出爆款产品。

除了直通车，店铺其他营销推广也需要共同发力，才能加速爆款产品的打造。店铺主推的产品也可以同时加入联盟营销单品营销计划进行推广，

除可以获取更多曝光外，通过联盟成交的订单在主搜上也会享有加权，帮助产品获取更多流量。在店铺设置方面，关联模板是必不可少的。卖家可以将店铺中和主推产品属性相似，或者存在可搭配性的一些产品的关联模板中都加入这款主推产品，通过店铺内商品的关联设置为主推商品引入部分流量。除了关联模板，针对无线端设置的搭配活动也可照此操作。在店铺首页装修方面，需要在首页显眼位置重点展示主推产品，配以相应的促销活动和文案，加强在店内流量中的曝光。

在整个推广过程中，卖家也不要错过官方的热门资源，比如 Flash Deals、俄团[①]等比较优质的固定频道活动。其次是每个月平台都会举办的促销型活动或者部分超级大促，如"3·28""双11"等。卖家可以尝试报名参加这些活动，利用官方资源进一步提升产品曝光率。

以上是其他运营方面需要配合直通车使用的一些内容。下面笔者再来梳理一下直通车推广整个操作流程。

第一步，推广选品。

推广选品可以从不同角度进行选择。首先，产品已上架一段时间（30 天以上），并且产品数据（包含搜索点击率、收藏加购数据等）表现比较好，也有出单，商品评分和评价都很好。若这种产品是通过分析平台热销产品属性分析上传的，可以直接加入重点推广计划进行试推，表现比较好的产品一般也符合直通车选品工具中的"潜力"推荐理由。其次，在上架的新品中选择一款具备爆款潜质的商品进行主推，这就需要在直通车选品工具中以"热销"或者"热搜"为推荐理由进行筛选，加入快捷推广计划，进行为期不少于 7 天的测款活动，然后结合测款数据来决定是否作为爆款主推。推广选品是直通车推广最为重要的一个环节，产品选好了，后期推广才会顺利。

第二步，产品测款。

通过直通车打造爆款，卖家需要投入一定的推广费用，任何产品在成

---

① "俄罗斯团购"的简称。

为爆款之前,都会存在很多不确定性,比如产品不受市场欢迎、市场对于产品的需求量并不多等。卖家直接采用直通车推广存在一定的风险。爆款不仅没有打造成功,相应的推广费用也打了水漂。所以为了避免这样的情况发生,卖家需要在确定主推产品之前,先测款,以降低未来推广的风险。

测款属于打造爆款的第二阶段。在整个测试环节中,卖家要重点关注产品的点击率、收藏加购数据,这些直接反映了产品受买家的喜爱程度。买家对产品感兴趣才会点击产品,点击率越高,相应的点击量也就越高。有了点击才会有后续的成交转化以及收藏加购,相对于买家直接浏览下单购买,收藏加购则是间接转化的一种体现,这要从买家心理角度进行分析。

(1)加收藏。随着速卖通无线端的兴起,很多买家打开速卖通App不只是为了购买商品,更多的是一种消遣、娱乐行为,对于要购买什么样的产品没有明确的目的。之所以毫无目的地闲逛,主要有两种情况:第一种情况是,一款产品现在不需要,但过段时间可能会需要,比如,怀孕的准妈妈们看到相应的母婴用品、准备买车的买家看到相应的汽车用品。另一种情况是暂时没有购买力,比如,刚参加工作的年轻买家看到了喜欢的商品,但由于囊中羞涩,暂时还没有闲钱购买,需要等到发工资或者攒够钱后才会购买。这代表了买家很喜欢这款产品,但暂时不会购买,在未来的某个时间点满足了购买条件后就会打开收藏夹下单。

(2)加购物车。相对于加收藏,加购物车的买家则体现出对是否购买产品的犹豫,这主要源自对多个相似产品的对比。相同产品的价格有高有低,并且卖点不同,以致无法决定选择哪一个。买家在购买产品时大多会有一个比较的过程,想要选一个最好的。既然是比较,把意向产品都加入购物车,这样比较起来会更方便。除了价格相差太大的外,最后起决定作用的往往是不同产品之间的差异点。这些差异点,买家需要通过详情页介绍或者咨询客服来了解。还有一种加购行为,就是加购同一个产品下的多个SKU,对比之后再下单。

总的来说,加收藏直接体现了买家对产品的喜爱程度——对产品非常感兴趣，但暂时还不需要购买。而加购则体现了买家的购买欲望，准备购买，但需要在比较价格、款式后，再决定购买哪款产品。以上两种情况还体现了“购买距离远近”问题，加收藏的买家距离购买远一些，而加购的买家距离购买近一些，均反映了买家对于产品的喜爱程度，所以测款对于店铺能否顺利打造出爆款产品至关重要。

第三步，数据分析。

数据分析主要是通过直通车数据报告中的商品报告数据，针对正在测试产品的数据进行分析，如图 3–5–74 所示。

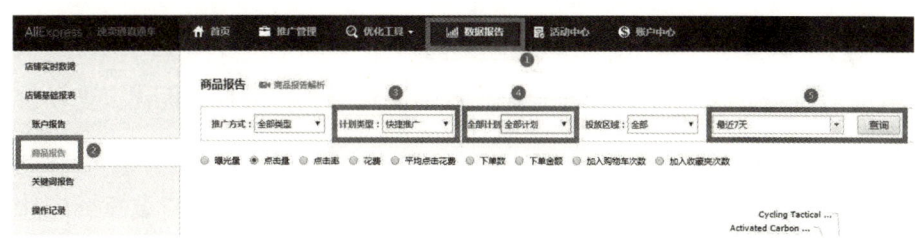

图 3–5–74　直通车商品报告页面

第四步，筛选产品。

通过阶段性数据（7 天以上）分析，分别查看所测试产品的点击率、收藏加购等项主要数据，如图 3–5–75 所示。

商品	曝光量	点击量	点击率	花费	平均点击花费	下单数	下单金额	加入购物车次数	加入收藏夹次数
	12987	411	3.16%	¥248.96	¥0.61	1	$15.18	24	3
	14593	271	1.86%	¥85.39	¥0.32	1	$8.8	15	11
	2478	33	1.33%	¥15.71	¥0.48	0	$0	2	1
	1150	23	2%	¥6.92	¥0.3	1	$7.66	0	0

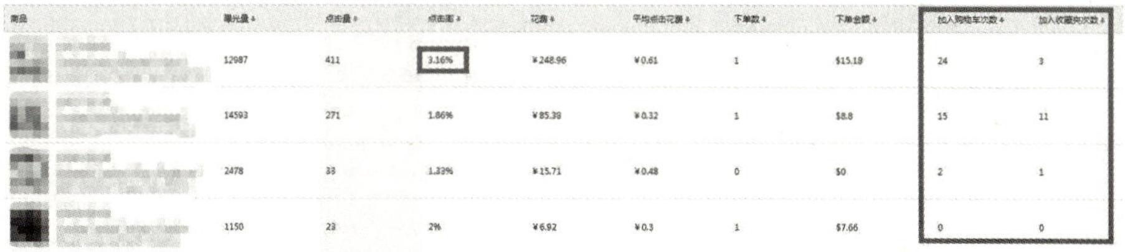

图 3–5–75　直通车商品报告查看阶段性数据页面

选取数据表现最好的产品转入重点推广计划进行主推，若同批次测试的产品中没有数据表现比较好的，那么本次测款则无法确定主推产品，需要重新进行推广选品并测款。

第五步，重点推广。

将测款数据中表现最好的产品转入重点推广计划中，如图3-5-76所示。

图3-5-76　直通车快捷转入重点推广计划页面

第六步，推广优化。

产品转入重点推广计划时，会连带先前在快捷推广计划中所设置的关键词一并转入，所以针对重点推广计划需要进行相应的推广优化，主要包含以下两方面。

（1）关键词。根据不同推广计划的选词策略，卖家需要对重点推广计划中的关键词进行调整。重点推广计划以商品成交为主，通过直通车关键词工具筛选以"高流量""高订单""小二推荐"为推荐理由的更多优质精准关键词，同时部分重点关键词做好"良"词推"优"，以获取更好的关键词排名。

（2）推广创意。推广创意中的创意标题和创意主图可以丰富产品的推广信息，使所推广产品覆盖更多关键词、获取更多曝光，以商品的各个主要卖点或者主要功能为重点来制作两个不同的推广创意，达到更好的推广效果。

第七步，数据分析。

卖家通过直通车数据分析能够检验相关推广计划的推广设置是否合理。数据表现好，有持续出单，投入产出能形成正比或持平就继续保持；如果推广数据没有提升，持续处于亏损状态，则根据数据反馈来进行相关优化。对直通车数据进行分析主要看点击量和点击率，点击量数据少的几乎没有参考价值，更起不到太大作用，这种情况下就要看点击率数据。最后对推广花费数据、商品的投入产出比进行综合对比。重点推广计划下的推广效果以投入产出比为主，这点和测款时关注点击率和收藏加购数据完全不同，即使点击率做得再好，没有形成转化，也毫无意义。

第八步，加大推广力度。

加大推广力度只针对重点推广计划下的商品数据，只有表现好才考虑加大投入，而具体加入多少则取决于卖家的经济状况。加大每日限额、优质关键词或灵犀推荐出价组合，同时每日限额要和出价相对应，确保推广24小时全时段覆盖，随着投入加大进而获取更多曝光，为打造爆款产品提供一定的流量支持；在数据不稳定前，切勿乱踩"油门"。

任何事物的发展都需要一个过程，做直通车推广也不例外。正所谓"循序渐进则水到渠成，揠苗助长则欲速不达"。从整个店铺运营层面来看，直通车并非必做内容，从打造爆款层面来看，直通车只是起到辅助作用，通俗地说，就是"花钱买流量"，如何将引进的流量完美承接下来形成转化，则主要取决于产品——"产品为王"。重产品本质、做好服务，流量上升是水到渠成的事。

第六节　做有"特色"的产品图片，抓住买家"痛点"

图片对于产品数据来说至关重要，产品的点击率和转化率，大部分是由产品图片来决定的，所以便有了"做电商，无非就是卖图片"的说法。电商网站上，图片会影响买家对产品的第一印象，关系到买家是否有意向点击产品。图片不好看，买家就会认为你不专业，自然不会有点击的欲望，没有点击何谈转化。

大部分速卖通卖家在1688等批发平台上拿货销售，这导致多家店铺售卖同款产品的现象。再加上产品图片往往由供应商提供，所以难免出现主图和详情页相同的情况。这时就需要卖家通过"超级符号"来设计图片，吸引买家点击并购买产品。

一、图片的超级符号是什么

超级符号是指人们在日常生活中所看到的图案图形、听到的声音、闻到的气味。比如，在红绿灯路口，如果红灯亮起，那么在此期间，机动车不能通行，只有等到绿灯亮起时才能通行。这是日常生活中关于超级符号的常见案例。

但在品牌运营常识中，超级符号又和品牌标识产生直接关联。比如，苹果公司被啃了一口的"苹果"、阿迪达斯的"三道杠"、麦当劳的"M"，通过品牌标识让人们自然而然地联想到相应的品牌和产品。当然超级符号并不局限于品牌标识。在品牌运营过程中超级符号的涵盖面非常广泛，笔者在此不详细赘述，只重点讲述产品图片方面的超级符号。

1. 突出产品功能的卖点

超级符号也可以说是超级创意，每个产品都会存在多个卖点，卖家在设计图片、展示产品卖点时可以通过超级符号来表述；而且表述方式多种多样，就看卖家有何创意。

图3-6-1中的两款保暖产品，在展示产品卖点时以产品的保暖性为重点，所使用的超级符号便是火焰和雪山。雪山上是非常寒冷的，而火可以带来温暖，买家由图片可以产生穿上它会非常暖和的联想，从而增加产品的点击率和转化率。

3 打造速卖通"爆款"之营销攻略

图 3-6-1　突出产品保暖性超级符号示例

此外,部分功能型产品也可以通过超级符号来突出其功能。图 3-6-2 中重点体现了挂钩的吸附性——甚至能够承受一个成年男子的重量,同时展示了防水功能。因为买家对这类挂钩最担心的就是吸附性和承重力方面的问题,这样展示可以有效打消买家此方面的顾虑。

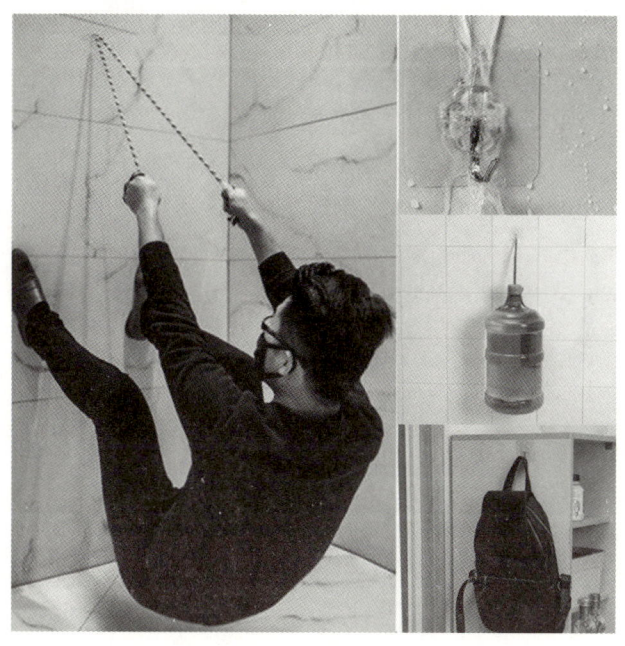

图 3-6-2　超级符号示例

2. 突出产品质量的卖点

超级符号除了突出产品功能型卖点外，还可以体现产品质量，如图 3-6-3 所示。卖家通过图像处理软件将一头大象放在这款折叠凳上，来突出产品的质量过关且承重力强。这种超级符号的使用虽然比较夸张，但在很大程度上能加深买家对于产品的第一印象。图片还展示了该产品设有不同的尺寸，以及通过卖家单手拿折叠凳来突出产品的便携性，在一张图片中将产品卖点体现得淋漓尽致。

图 3-6-3　突出产品质量超级符号示例

如图 3-6-4 所示，卖家在图片中放入一把锋利小刀的符号，来强调手机膜的防刮性。虽然手机平常不会接触像小刀这样锋利的物品，但可能经常和钥匙扣及打火机等比较坚硬的物品放在一起，这样手机屏幕难免会被刮花而影响后期使用。图片展示了使用这款手机膜后连锋利的小刀都不能刮花屏幕，更不用说其他物品了。

图 3-6-4　突出产品耐乱超级符号示例

以上典型案例体现了超级符号在图片中的巧妙运用，要打造一个产品优秀的超级符号，需要卖家大胆发挥创意。如果没有创意灵感，可以参考其他同行产品的超级符号，多借鉴多吸收，从而更好地打造出属于自己产品独有的超级符号。

二、主图如何排版布局

在速卖通，无论在哪个渠道，产品主图都是重点呈现的产品信息，所以产品的第 1 张主图对产品的点击率的高低有较大影响，剩余 5 张主图则对产品的转化率有一定影响。买家可以直接通过 6 张产品主图来了解产品，甚至部分买家根本不会查看产品详情，而是直接通过 6 张主图来决定是否购买产品，所以产品的 6 张主图一定要针对产品的不同卖点进行充分的展示。

目前，速卖通对服装鞋包行业下（女装、男装、童装、婚纱礼服、鞋、包、配饰）的相关产品主图进行了规范，如图 3-6-5 所示。

图 3-6-5　速卖通服装鞋包行业主图优化规范

除以上行业产品外,其他产品目前无明确的主图规范,具体可参见平台《图片优化规范》。

产品主图排版主要涉及产品图片和文案之间的位置分布及设计制作,方法较多,笔者分享一些较为常用的主图设计方案。

(1)底部文案排版,如图 3-6-6 所示。

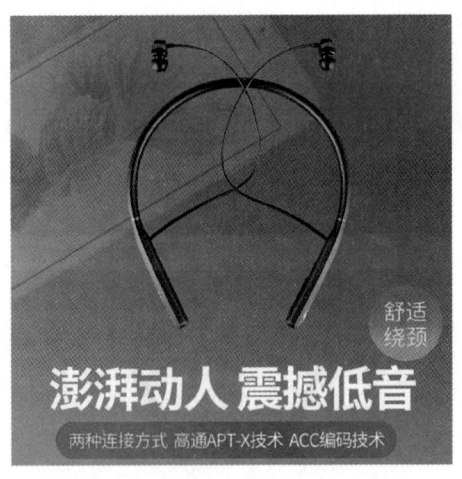

图 3-6-6　底部促销文案的主图排版示例

文案信息处在图片底部的排版方式一般不会破坏图片的整体性,文字信息更易与图片背景色配合调整。笔者建议文案设置为两行,若是超过两行,最好选择左右对齐或者中间对齐,确保文字不会扰乱图片整体效果,给买家浏览造成障碍。

（2）顶部文案排版，如图 3-6-7 所示。

图 3-6-7　顶部促销文案的主图排版示例

这种排版方式会给买家一种总体不稳定的感觉，笔者建议少用。

（3）左右分布排版，如图 3-6-8 所示。

图 3-6-8　左右分布的主图排版示例

主图左右分布属于比较常见和通用的排版方式。其文案位置偏左或者偏右，文字信息主次分明，字体尽量选择单色或者两种颜色。文案信息越精简越好，重点突出产品卖点和功能即可。

（4）上下分布排版，如图3-6-9所示。

图3-6-9　上下分布的主图排版示例

上下分布排版是将文案顶部和底部排版结合在一起。这种方式受产品图片素材的限制较大，若产品图片以横版内容展示，可使用这种排版方式，上下有充足的空间来放置相应的文案内容。

（5）混合排版，如图3-6-10所示。

图3-6-10　混合主图排版示例

这种排版方式包含上下排版和左右排版两种方式，卖家需要多发掘和尝试，比较考验美工的设计能力。

（6）自由构图排版，如图 3-6-11 所示。可结合产品位置，自由进行构图排版。

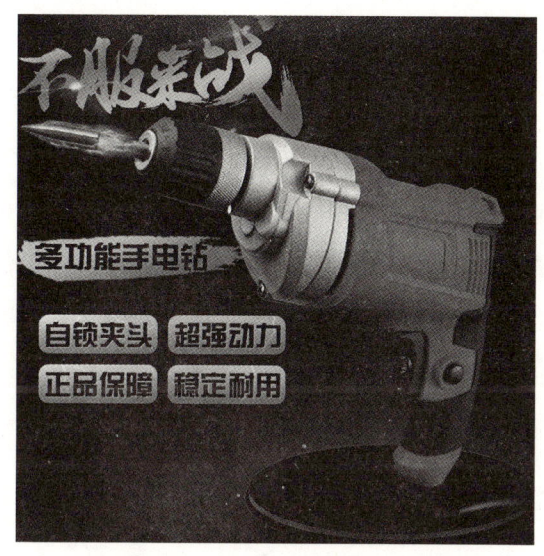

图 3-6-11　自由构图主图排版示例

以上 6 种是较为常见且实用的主图排版方式，其主要目的是提升图片的点击率。排版方式多种多样，卖家通过产品图片和文案布局为买家留下产品卖点以及产品质量过硬、经济实惠的第一印象。

三、如何制作高点击率主图

在速卖通众多流量渠道中，产品主图的第 1 张是重点呈现的产品信息，也是产品点击率的主要影响因素之一。

1. 合理排版主图，提升产品点击率

产品主图一共可以上传 6 张，除首图外剩余 5 张图片可分别展示产品不同的角度、卖点、功能等信息，在一定程度上也会影响产品的转化，买家可以通过产品的 6 张主图来简单了解产品。吸引买家点击产品，提升产品点击率，在产品有限曝光的情况下获取更多流量。

卖家要知道，平台只会给产品提供展示机会，将产品展示在买家面前，而不是直接给产品带来流量。可能很多卖家在这方面会存在一个误区，认为只要产品排在靠前的位置就能够获得巨额流量，其实不一定。产品流量是由曝光量和点击率两个数据共同决定的，平台只能决定让什么产品出现在买家面前，却无法决定买家点击哪款产品。

点击率除了决定产品的流量外，对产品的曝光量也有影响。读者不妨换个角度来理解，假设现在有A、B两款同品类产品，两款产品的曝光量均为1000个，其中A产品的点击率是2%（20个点击量），而B产品的点击率是5%（50个点击量）。速卖通更希望将哪款产品排在靠前的位置呢？毋庸置疑，一定是将B产品排在靠前的位置，因为买家浏览B产品的几率更高，也就是说，买家更喜欢B款产品，B款产品的成交几率会更大。有成交自然就能产生速卖通佣金，平台主要靠这方面来盈利，所以对点击率高的产品，平台会分配相应的资源。对此，可查看店铺商品"流量渠道能力"中的"搜索点击率"指标，如图3-6-12所示。

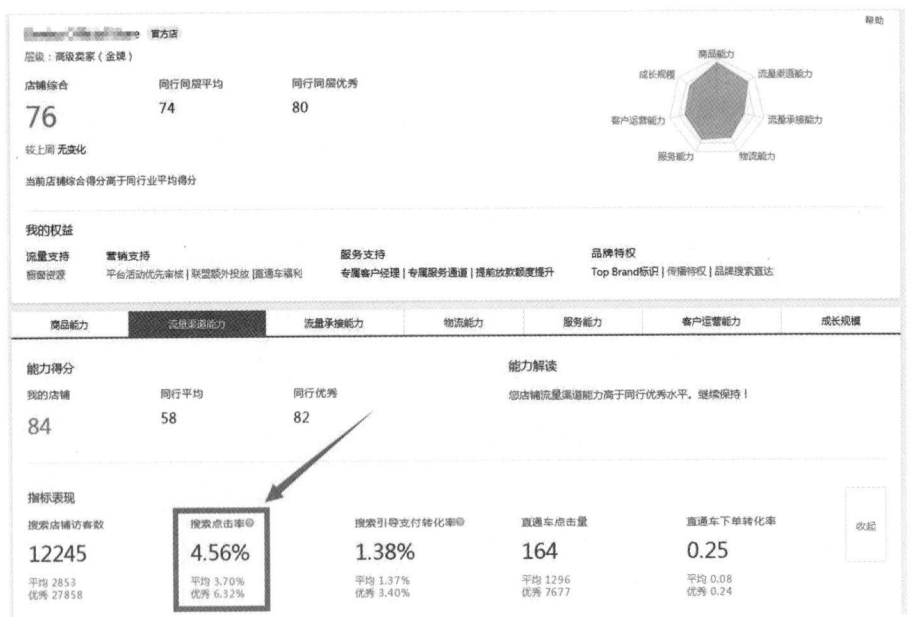

图3-6-12　速卖通店铺运营能力分值页面

2. 主图图片要求

卖家制作一张高点击的产品主图前首先要知道平台对产品主图的要求，商品发布的主图上传页面下方有平台对产品主图的基本要求，如图 3-6-13 所示。

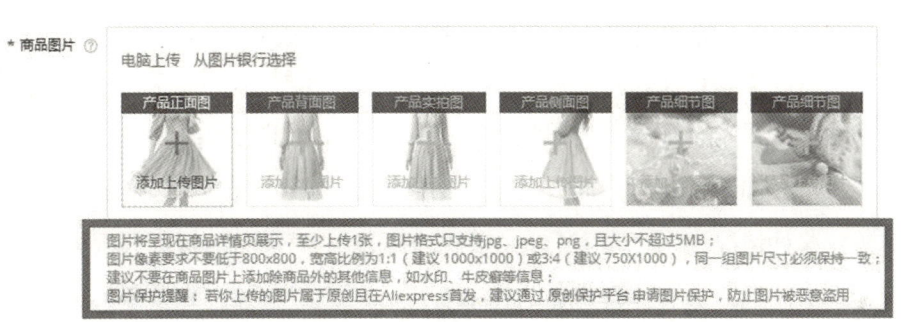

图 3-6-13　速卖通商品发布页面——对产品主图基本要求

在遵循平台主图规范的同时，卖家还应该知道如何挖掘产品卖点，通过图片向买家传达购买产品的一个或多个理由。将这些理由具体表现在产品的图片和文案中，引导买家购买。很多卖家对自己的产品一头雾水，不知道产品卖点是什么，这主要是因为他们对自己的产品不了解。要挖掘产品卖点，首先要深入了解自己的产品，如果卖家自己都不了解产品，又怎么说服买家购买呢？

3. 通过产品属性体现产品卖点

通过采购平台拿货的卖家，大部分直接使用供应商提供的产品主图。笔者不建议直接使用供应商提供的产品主图，因为在采购平台拿的产品，可能很多同行都在使用同一张主图，买家很容易发现这些都是同款产品。如果产品价格没有优势，买家会倾向于购买价格更优惠的产品。所以卖家需要对产品主图进行区分，如果在采购平台拿货出售，最好调整一下产品主图。可以从不同角度、根据不同卖点进行主图制作，以避免因为图片相同且产品竞争力较弱而导致主图点击率不高。

卖家通过供应商提供的产品信息，可了解产品的相关卖点，如产品的材质、设计、包装、性能、属性、质量、用法、效果等。当然卖家最好亲自使用产品,让自己站在买家的角度去挖掘产品卖点:买家购买这款产品的目的是什么?购买这款产品,买家最为担心的是什么问题?例如,一款扫地机器人,可能买家同时在意价格优惠、功能齐全、能处理死角、声音小、清扫干净、处理垃圾方便等方面。从买家的角度去考虑对产品的需求,应把符合买家需求的一个点或多个点通过主图展现出来。

当然这些都是卖家站在买家的角度想到的产品卖点。卖家也可以结合买家的真实需求,如售前客服的咨询——产品是否有保修、优惠、发货等问题,当然如果买家对产品有疑惑,也会直接联系卖家,咨询产品的相关问题,这种情况说明,卖家没有在图片和页面中对产品的这部分内容阐述清楚或未阐述,没有体现产品的这些卖点,所以买家才会来询单,了解问题。笔者建议卖家定期将买家平时咨询的问题总结整理,再在图片中补充相关内容。

4. 通过用户提问,挖掘产品卖点

挖掘产品卖点最简单的方法是参考同行是如何针对同款产品进行卖点表述的,但要切合产品实际。

针对已有稳定销量的产品,卖家可以通过产品详情中的 Buyer Questions & Answers 了解买家所考虑的问题,如图 3-6-14 所示。

图 3-6-14　速卖通商品主图与详情页 Buyer Questions & Answers 板块示例

卖家只有熟悉产品，了解产品卖点，才能从产品材质、功能、质量等方面提炼出卖点，在主图中将产品卖点表达出来。需要特别说明的是，服装类买家更多地关注款式和设计，所以这类产品不需要在首图中进行卖点描述，但功能类服装产品的特性，如保暖、塑形、特殊材料类等，则需要描述卖点。由于买家大多通过关键词搜索产品，那么主图就是对关键词内容的具象化，展示产品卖点，针对买家的需求点和痛点进行描述，达到高点击率的效果。

5. 6种主图卖点的表达方式

（1）产品需求表达，如图3-6-15所示。

图3-6-15　主图产品需求表达示例

买家通过这张产品主图可以很直观地了解到，这款手套具有直接操控触屏手机的功能。寒冷的冬天，如果手套不具备操控触屏手机功能的话，人们往往需要先脱掉手套才能接打电话。整个过程虽说简单，但多数人会觉得有些麻烦，所以会存在这方面的潜在需求，卖家在主图中对这一潜在需求进行表达就能收到很好的效果，从而吸引买家点击。

（2）使用对比表达，如图 3-6-16 所示。

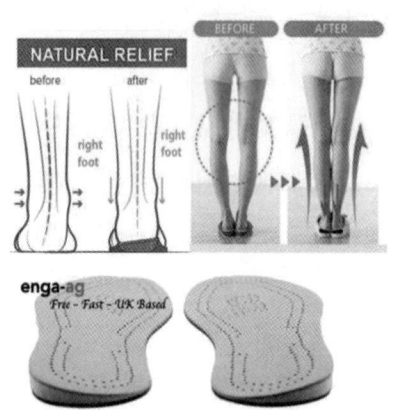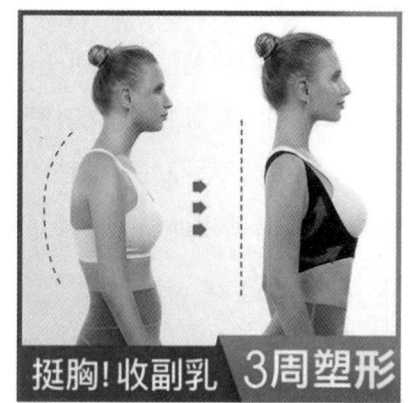

图 3-6-16　产品使用对比表达示例

关于身体塑形产品，买家关注更多的是产品使用后的效果。卖家了解买家所关注的痛点问题后，在产品主图中便可将产品使用前后的效果进行对比，吸引买家点击产品甚至产生转化。

（3）产品品质表达，如图 3-6-17 所示。

图 3-6-17　产品品质表达示例

上图中呈现的是一款钓鱼竿,通过承受多个大容量瓶装饮料来凸显其品质。一般钓鱼爱好者在购买渔具时更为关注的是产品质量。这种非常直接的品质表达是更为吸引买家的。

(4)使用场景表达,如图 3-6-18 所示。

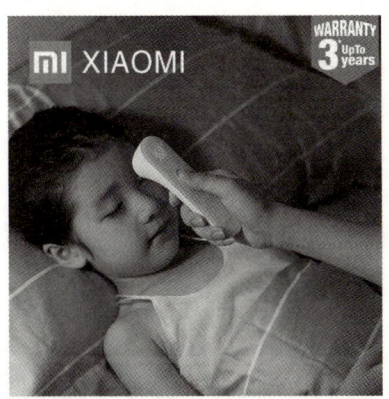

图 3-6-18　产品使用场景表达示例

图片的使用场景表达也可以称为生活图片。其主要展示产品的使用场景,需采用真人模拟,让买家在浏览筛选过程中不仅看到产品,还能产生相应的代入感,让买家想象产品在日常生活中的真实情景。一张好的场景图能够充分调动买家情绪,进而产生有效的点击和购买行为。

(5)赠品表达,如图 3-6-19 所示。

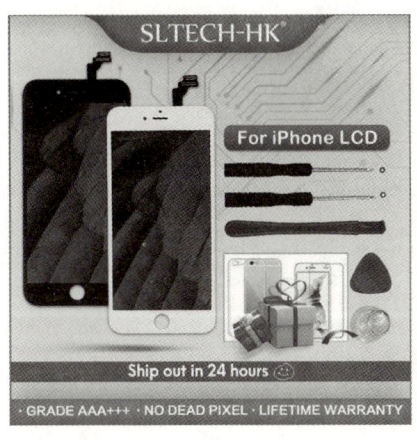

图 3-6-19　赠品表达示例

卖家可以根据买家的潜在需求制作主图或者安排赠品，通过赠品来提升点击率和产品转化效果，目前使用得比较广泛。

（6）底价表达，如图3-6-20所示。

图3-6-20　底价表达示例

产品价格永远是买家最为敏感的因素，卖家可以利用这一点在主图中表达产品的优惠底价，与平时出售的产品价格进行对比，营造紧迫感，刺激买家点击。

高点击率的主图，就是要对目标人群有吸引力，让买家看到就想点进、深入了解产品，看完后能够快速下单。图片质量、展示卖点、营销文案、创意等组合成的图片视觉内容是影响买家点击的重要因素。卖家需要做的就是使买家在这张主图上清楚、直观地看到他想了解的内容，这样图片的点击率就不会低。

四、高转化产品详情页排版技巧

产品详情页中需要通过图片和文字向买家详细介绍产品，方便买家更深入了解产品，高品质的详情页可以提高产品的转化率。由于设备显示差异，无线端和电脑端的产品详情需要单独编辑。详情页的展示内容包括关联模板、场景图、卖点图、对比图、产品规格尺码、买家秀、售后服务、实力展示等。产品详情页的展示内容没有固定标准，只要能向买家详细介绍产品，促进产品转化即可。

同类目的产品，详情页中所包含的内容会有所不同。例如，日常穿搭的服装类，买家更加关注产品的上身效果，重点考虑这件衣服穿着是否好看、尺码是否合适、做工好不好、面料怎么样、对应展示内容、产品模特图、买家秀、产品规格尺码、产品做工细节、面料特点等，所以卖家在详情页重点呈现买家所关注的内容即可。但部分功能型产品，在产品详情页中除描述产品的基本信息以外，还需要和其他产品进行对比，凸显产品优势，戳中买家痛点，刺激买家下单。例如，无线蓝牙耳机，买家对产品的音效、续航、佩戴效果、操控等方面会比较关注，详情页需要分别针对这些卖点进行描述，最好和其他产品进行对比，来突出产品优势。一个完整的产品详情页一般包含内容如图 3-6-21 所示。

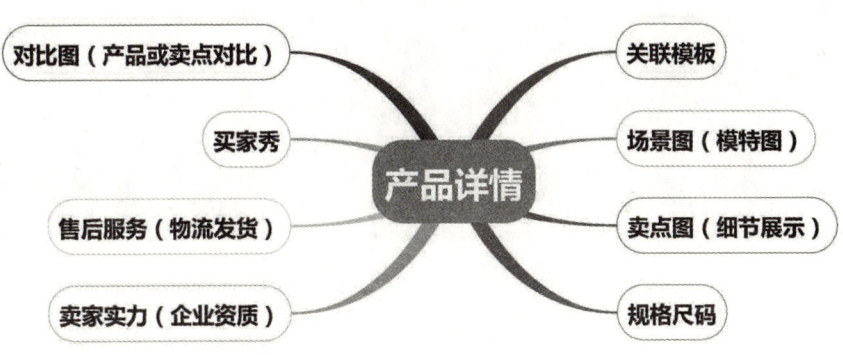

图 3-6-21　产品详情页包含内容示例

1. 场景图

如图 3-6-22 所示，每种服装对应着相应的场景。这种场景图可以融入环境，代入感特别强。买家只有产生了代入感，才会有强烈的购物欲望。

图 3-6-22　产品场景图示例

针对功能型产品,卖家制作不同的使用场景。场景图中也可添加少量文字来描述产品核心卖点,如图 3-6-23 所示。

图 3-6-23　功能型产品场景图示例

2. 卖点图

卖点图需突出产品优势。卖家选择做一款产品,首先要了解产品的优势,然后在卖点图上体现出来,包括产品的材质、功能、设计等,如图 3-6-24 所示。

产品卖点图需在产品详情页中丰富展示,产品卖点就是买家购买产品的理由,理由越充分,买家购买产品的欲望就越强烈。

 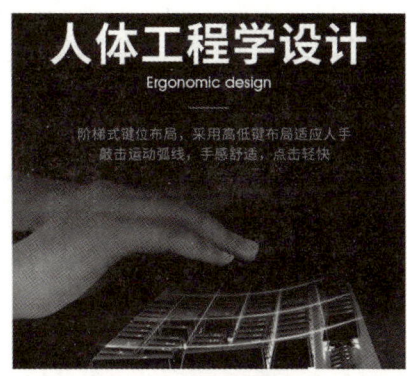

图 3-6-24　产品卖点图示例

3. 对比图

你的产品是什么样子的，同行的产品是什么样子的；你的产品比同行的具体好在哪里，同行的产品又不好在哪里，都可以有一个展示。这样能更加鲜明并直观地突出产品的优势和亮点。但是切勿故意抹黑同行，真实是最重要的，如图 3-6-25 所示。

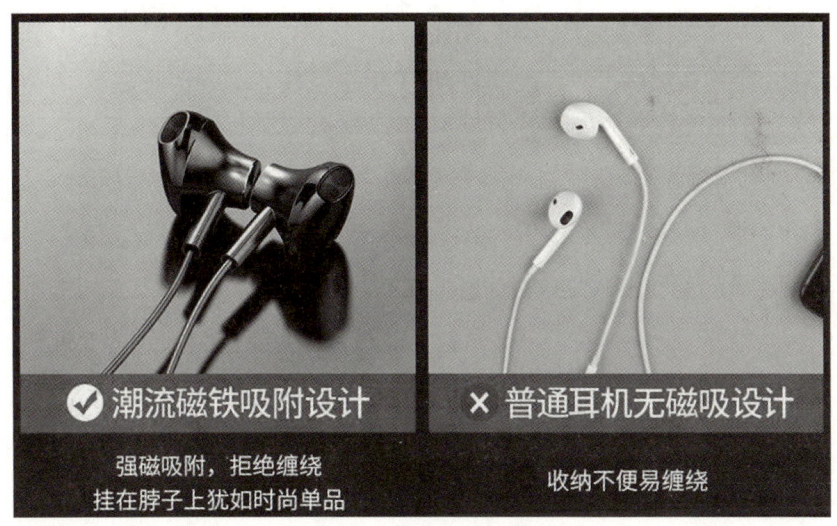

图 3-6-25　产品对比图示例

卖家可以从产品材质、功能、设计、质量等方面与同行产品进行对比。只要是产品较为突出的地方都可以使用这种方式体现，但体现的内容无须过多，突出某个最大优势点并与之进行对比即可。

4. 规格尺码信息

详情页中产品的规格尺码信息是非常重要的，特别是服装类产品。现在多半买家是自行下单，与卖家联系不多。详情页中的产品尺码信息，可方便买家自行查看参考。这样可以减少一道咨询程序，有些买家会因此而增加购买意向。如图3-6-26所示，详细展示了产品的各个尺码参数。

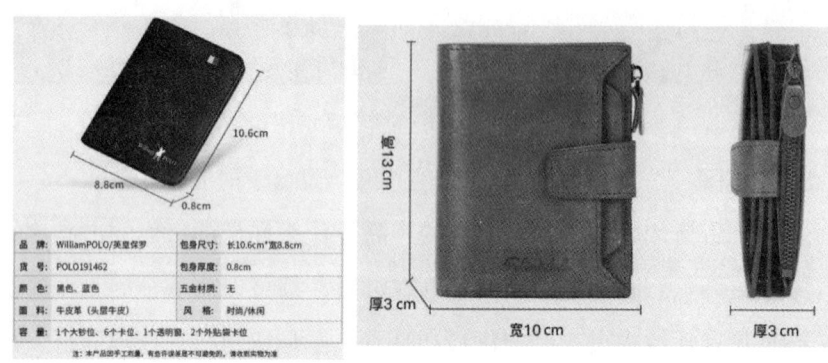

图3-6-26　产品规格尺码信息示例

由于速卖通面对全球买家，各个国家和地区在尺码上可能存在一些区别，所以卖家在描述产品尺寸时，最好和买家熟知的参照物进行对比，方便买家更好地理解产品尺寸，如图3-6-27所示。

图3-6-27　产品规格尺码示例

5. 产品买家秀

买家购物都有一种从众心理。例如，服装类的，放入买家秀买家可以直观、清楚地看到，产品穿在自己身上的大概效果。毕竟很多买家认为模特不仅身材好,长得又漂亮,穿起来肯定好看,那么买家秀就有助于打消买家的这些顾虑。

买家秀主要是买家提供的拍摄图片,体现产品的真实使用情况,展示形式没有统一标准。不过卖家在选择产品买家秀图片的时候一定要注意,在详情页展示的买家秀图片也要美观、漂亮。不要选择一些表现不好的图片,以免对产品转化产生负面影响。

6. 物流发货和企业资质

企业资质和物流发货这部分内容一般放在产品详情页最底部,适用于店铺所有商品。所以统一制作一个模板即可,如图3-6-28所示。

企业资质展示的主要作用是增加买家对产品的信赖感,间接提高产品转化率,并体现出店铺产品实力,打消买家顾虑,如图3-6-29所示。

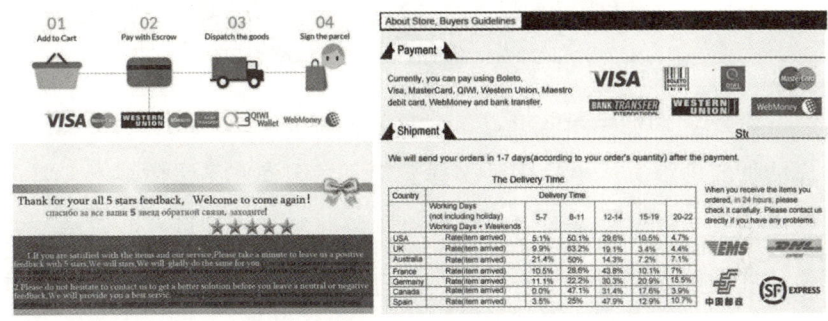

图3-6-28 展示物流发货情况若干示例

图3-6-29 企业资质示例

因为物流发货和企业资质这部分内容适用于店铺所有产品,所以卖家没必要对每个产品的详情页进行编辑,可以使用产品信息模块统一进行编辑，然后投放到店铺所有产品中。和制作产品关联模板的方法基本相同，选择自定义模块进行编辑即可。制作好后，选择在"详情底部产品信息模块"中展示。

7. 排版顺序

关于产品详情页的排版，不同产品有不同的展示方式，使展示内容具有条理性即可，大致布局如图3-6-30所示。

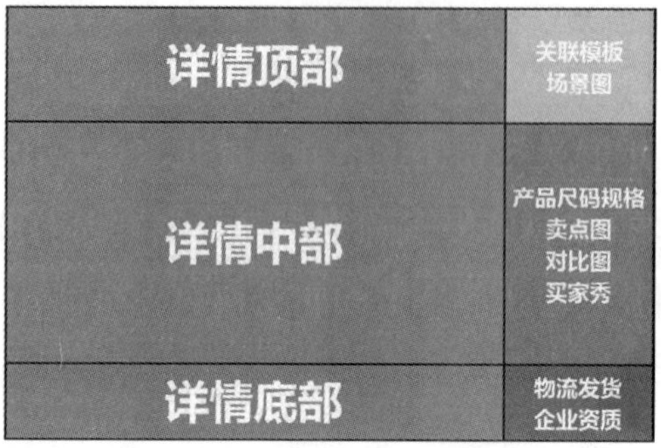

图3-6-30 产品详情页排版内容示例

详情页的排版方式更是多种多样。卖家在制作产品详情页时，若无具体思路或创意，可借鉴参考同行中做得比较好的，激发自己的灵感。若不会图像处理软件或者想要节省制作产品详情页时间，也可以借助服务市场中比较优质的第三方软件来快速制作产品详情页。

第七节 营销型店铺装修技巧，引爆流量

店铺装修是很多新手卖家经常忽略的一个内容。他们认为店铺目前没有流量，首页也没人看，干脆不装修或者随便添加几个模块、上传几张图片就

算装修完成，其实这是一个很大的误区。机会都是留给有准备的人的，成交订单也是留给做好准备的店铺，使那些进入店铺的买家能够更加方便快捷地找到想要的商品，从而提高产品转化率。

一、店铺装修的作用

店铺装修的作用主要包含以下两点。

第一，通过整洁美观的店铺装修来营造店铺形象，让买家能浏览更多的店内商品。就像线下购物时，一些装修堂皇、整洁，商品摆放整齐的店铺，往往能让买家多驻足，在给买家留下美好印象的同时，也提升了产品的品质和价值。而一些装修简陋或者灯光昏暗、商品摆放杂乱的店铺，买家往往不愿多停留，可能在心理上也会对店铺商品产生不良印象。

第二，为进入店铺首页的买家提供方便。一般来说，进入店铺首页的买家，已经准备购买店铺中的某款产品，为了达到店铺营销活动门槛，希望在店铺中再次挑选一款自己需要或者喜欢的产品，获得相应的优惠。或者买家在商品详情页浏览完产品后，并未产生购买欲望，再次进入店铺首页看看有没有其他比较适合自己的产品。如果在店铺首页中胡乱摆放产品、产品分类不细致，买家不能快速且有针对性地查看某个类别的产品，那么他们很可能会关闭页面，果断离开。

以上就是店铺装修的两大作用，在提升店铺和产品形象的同时，也方便买家快速找到自己所需要的商品。

二、店铺装修的基本内容

店铺首页装修包含的内容非常丰富，但主要由营销活动信息、类目商品导购和商品展示3个主体部分构成。另外，店铺的特殊通知也可以在首页进行传达，如放假通知、物流发货通知等。对于新手卖家来说，手动装修一个完美店铺首页或许会有些难度，但保证具备这3方面内容，还是比较轻松的。

1. 营销活动信息

活动信息是首页装修的重要组成部分,主要针对部分主推商品,一般以轮播图或者全屏海报方式进行突出展示,放置在页面顶部。买家进入店铺后能马上看到相关的商品活动信息,促进商品转化。活动信息包含店铺活动和同期的平台活动,这些内容都可以在店铺首页较为显眼的位置进行展示,向买家传达相关的优惠活动内容,刺激买家下单,如图3-7-1所示。

图3-7-1 店铺首页装修营销活动内容示例

2. 类目商品导购

类目导购的作用是方便买家快速找到自己所需要或者有意向的产品,节省购物时间,增强购物体验,如图3-7-2所示。

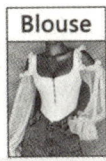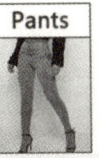

图 3-7-2　店铺首页装修类目导购内容示例

例如，买家通过一款连衣裙的商品链接进入，没有在商品详情页产生购买意向，而是跳转到店铺首页去浏览其他相关的连衣裙。这就需要卖家在首页中放置类目导购，方便买家快速进入店铺连衣裙类目，浏览更多相关产品。如果没有设置类目导购，有耐心的买家可能会慢慢去找，但如果买家没有耐心，很可能会直接关闭页面，去浏览其他店铺的产品。所以类目导购在首页装修中是非常重要的，在一定程度上可以降低首页流量的跳失率。

3. 商品展示

编辑好活动信息和类目导购的内容后，就是商品展示了。店铺中一般有成百上千款商品，需要全部在首页展示吗？这肯定是不现实的。在店铺首页，卖家需要优先展示的是店铺热销产品，同时每个品类的产品也要整齐统一进行排列展示。不管是电脑端首页装修还是无线端首页装修，系统都提供相应的产品模块，可以按照不同的展示条件在首页中进行产品展示。

在店铺首页利用产品模板对不同商品按类别整洁有序地进行展示。买家到店铺的主要目的是看商品，如果商品随意杂乱摆放，非常不利于买家浏览。

三、店铺装修后台介绍

在店铺后台通过"店铺"—"店铺装修"，进入首页装修，如图 3-7-3 所示。

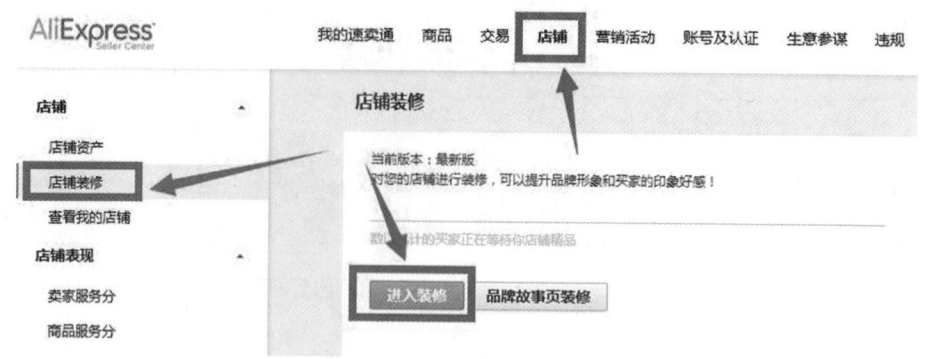

图 3-7-3 店铺装修页面入口

店铺装修分为电脑端首页装修和无线端首页装修,后台简洁易懂且大体相似,故以下仅以无线端页面(如图 3-7-4 所示)为例进行说明。

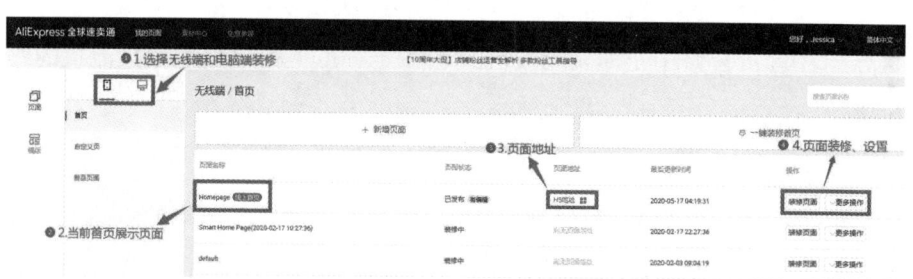

图 3-7-4 无线端店铺装修页面

整个店铺装修首页页面编辑,由不同的模块组成,每个模块又都有不同的展示方式和编辑方式。模块类型主要分为以下 3 类。

1. 图文类模块

顾名思义,图文类模块主要是以图片和文字的方式进行编辑和展示,包括轮播图、单列图文、双列图文、热区图文、文本和视频模块。其编辑内容主要以图片为主,例如,首页的首屏海报就可以通过轮播图和单列图文制作,首页的类目导购则可以使用热区图文模块制作,大体编辑方式都类似。

2. 营销类模块

营销类模块主要针对店铺活动信息的展示,以无线端为主且大都无须编辑，在店铺后台设置好相应的营销活动即可。在首页中添加相应模块后就能自动展示。

3. 产品类模块

产品类模块以产品展示为主，主要包括产品列表、排行榜、猜你喜欢、新品和智能分组，其中仅产品列表模块可编辑，其余模块均属于默认展示，无须编辑。

无线端店铺首页中可任意添加模块内容，长按鼠标左键可将不同模块拖入首页编辑内容中，如图3-7-5所示。

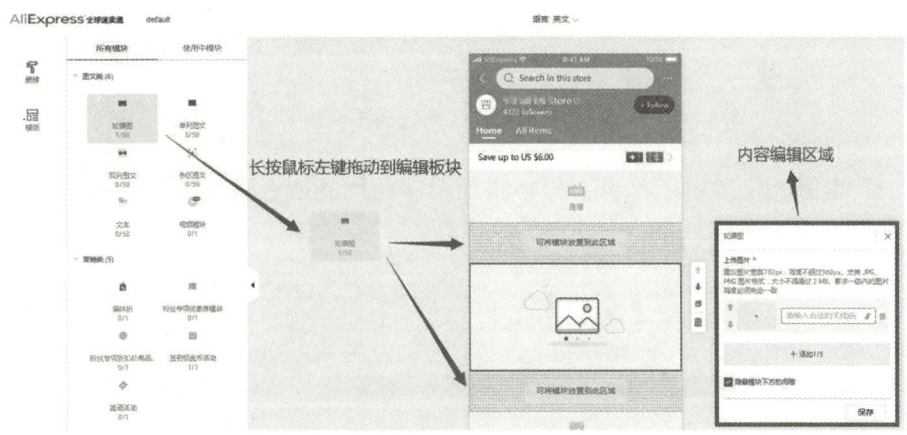

图3-7-5　无线端店铺首页添加模块页面

四、不同模块的编辑方法

1. 图文类模块编辑方法

图文类模块是在店铺装修中重点运用的模块，使用图片模块时须先制作相应的图片素材，再将图片上传到模块内容中。

（1）轮播图模块。首页的轮播图一般放置在店铺招牌下方，这是最为突出的位置，可同时放置5张同尺寸图片，添加对应产品或者店铺类目链接，进行轮播展示，一般用来展示店铺或平台活动海报、店铺通知以及热销产品。无线端和电脑端轮播图的编辑方法大致相同，只是在图片尺寸上会稍有区别，上传页面如图3-7-6所示。

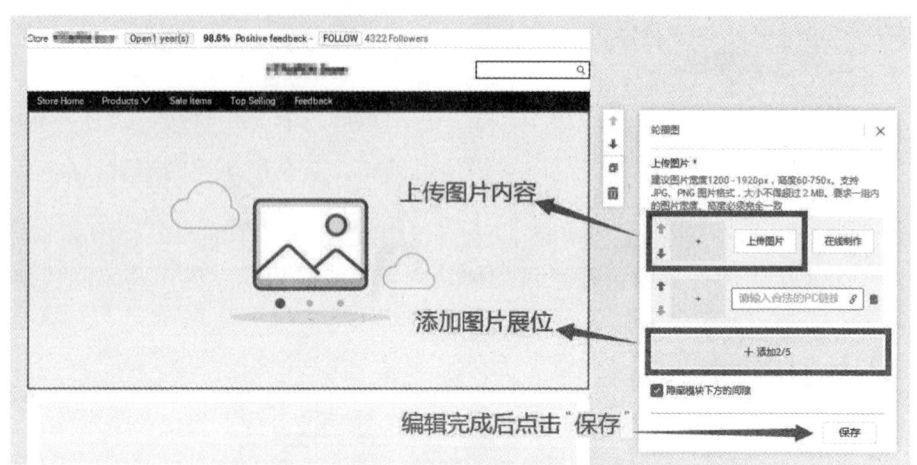

图3-7-6　电脑端店铺首页装修轮播图模块上传图片页面

卖家上传展示图片后，务必添加相应的产品或者页面链接，这样买家点击图片就可直达相关页面，如图3-7-7所示。

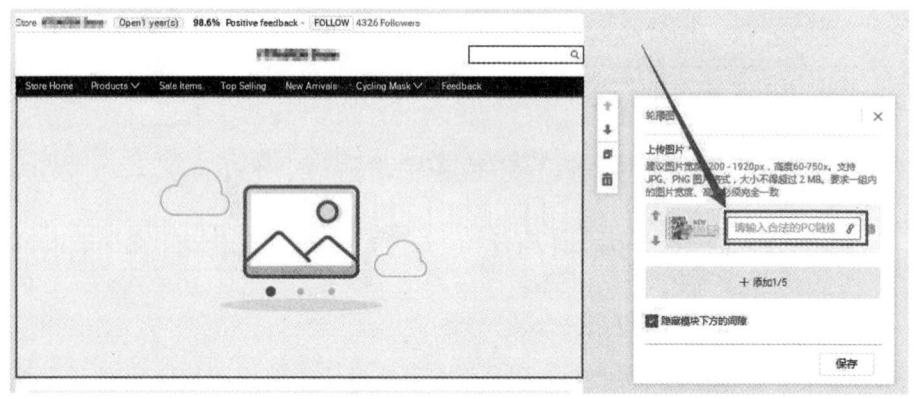

图3-7-7　电脑端店铺首页装修轮播图模块添加产品链接页面

（2）文本模块。文本模块主要针对店铺装修中会使用到的文字内容进行展示，相对于图片，系统能将文本模块中的内容自动翻译成对应国家和地区的文字，方便所有国家和地区的买家浏览。

文本模块分为大标题、中标题、正文三种展示样式，区别在于字号的显示大小。一个文本模块中，可同时添加三段文字内容。每段内容均可添加相应的链接，如图 3-7-8 所示。

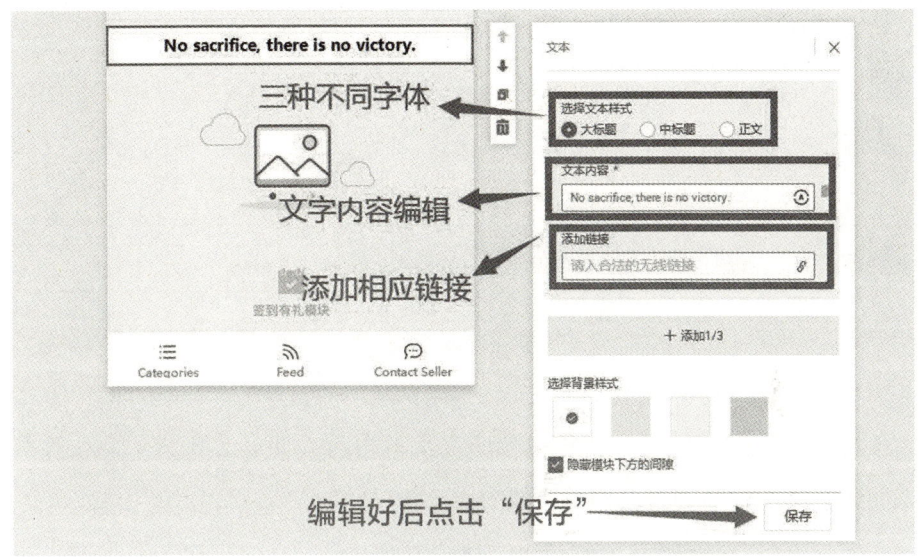

图 3-7-8　店铺首页装修文本模块编辑页面

（3）单／双列图文模块。图文模块是图片和文字相结合的展示形式，分别支持单列和双列进行展示。

这两种类型的唯一区别是图片尺寸要求有所不同，同时电脑端和无线端的尺寸也会不同，文字的编辑和文本模块的编辑方法相同不再赘述。

①单列图文模块只限上传一张图片，电脑端和无线端图片尺寸要求有所区别。电脑端图片尺寸要求宽度在 1200px ~ 1920px，高度不超过 1080px。无线端图片尺寸要求宽度为 750px，高度不超过 960px。

卖家按照要求上传相应的图片后，编辑文案，点击图 3-7-9 中箭头所示的回形针按钮添加链接，可针对店铺现有的产品、类目和页面链接进行选择，当然也可以直接在输入框中输入电脑端的产品或者页面链接，至于文本内容，可填可不填。

图 3-7-9　单列图文模块编辑页面

②双列图文的编辑方法和单列图文基本相同,唯一的区别在于双列图文可以两张图片并列进行展示,如图 3-7-10 所示。

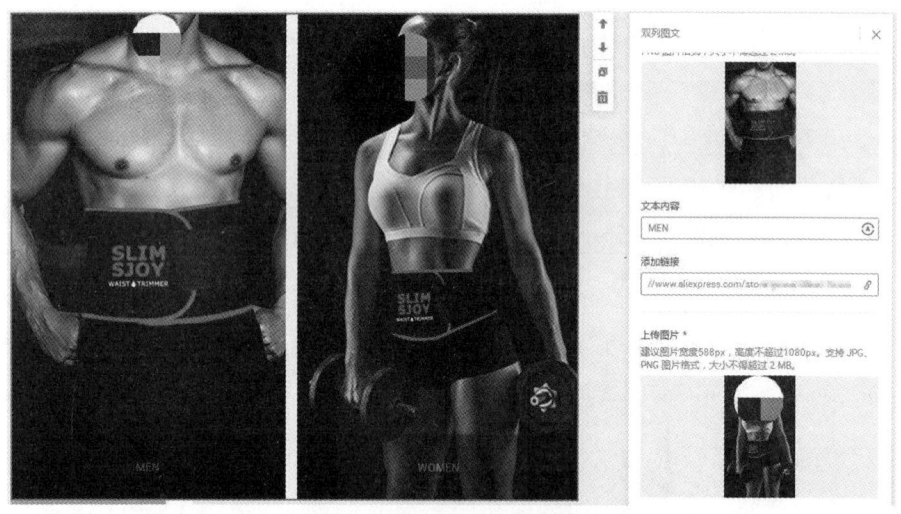

图 3-7-10　双列图文模块编辑页面

同样,电脑端和无线端的图片尺寸要求有所不同,相关的图片尺寸要求见后台页面。

(4)热区图文模块同其他图文模块上传方法相同,其独有的"添加热区"功能可以让卖家在一张图片中的不同区域添加多个不同的链接。

热区图文模块在店铺装修中的应用以制作类目导购为主。类目导购需要针对不同类目添加不同的链接。卖家将制作好的类目导购图片上传后再进行热区编辑,通过点击图 3-7-11 中的"添加热区",进入热区图文模块编辑页面,如图 3-7-12 所示。

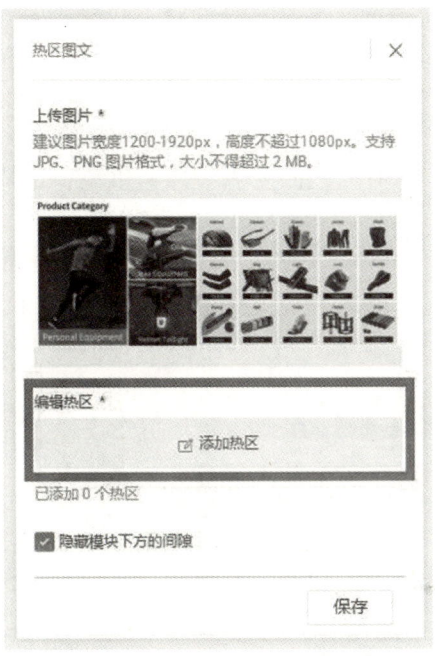

图 3-7-11　进入热区图文模块页面

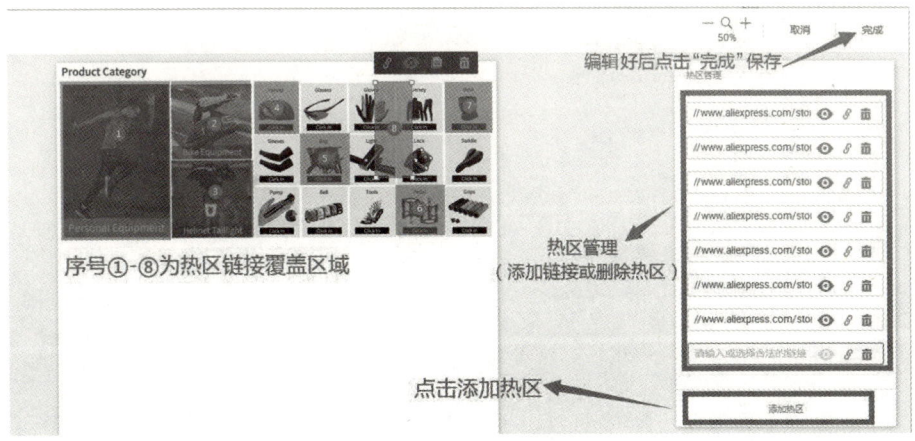

图 3-7-12　热区图文模块编辑页面

卖家可以自行编辑热区链接，覆盖需要添加链接的图片区域，在热区管理中添加对应的链接即可，编辑好后务必在页面右上角点击"完成"保存。

2. 营销类模块编辑方法

营销类模块无须编辑，卖家只需针对不同模块中展示的活动内容在店铺后台进行相关活动设置，营销类模板主要针对无线端。

3. 产品类模块编辑方法

产品类模块中，仅有"产品列表"模块可编辑，其余模块均为系统默认展示，无须编辑，如图3-7-13所示。

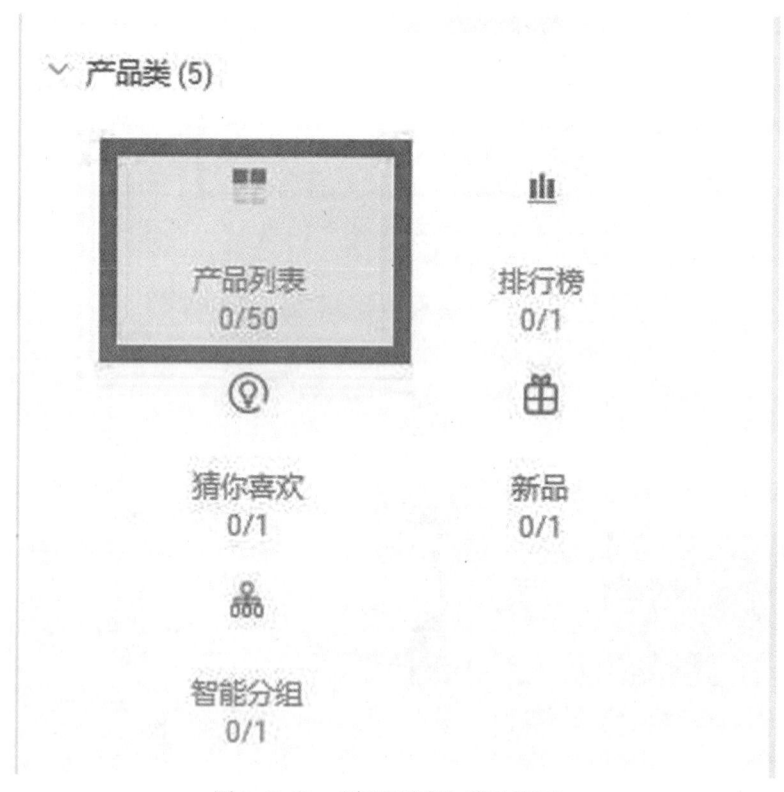

图3-7-13 "产品列表"模块页面

（1）"产品列表"模块。"产品列表"模块中可分别以不同的产品分组、产品在店铺热卖、新发、售价的标准进行排序展示，以及设置展示的产品数据。产品选择方式包括自动选品和手动选品两种，如图 3-7-14 所示。

图 3-7-14　产品列表模块编辑页面

卖家在设置"产品列表"模块时，可根据店铺不同的产品分组进行分区，整齐划一地展示。

（2）"猜你喜欢"模块。本模块不可编辑，但对于进入店铺的买家来说非常重要，一般放置在首页的最底部，商品展示系统会基于算法自动向买家推荐展示最合适的产品，实时"千人千面"展示。不同买家浏览此模块所看到的产品有所不同。

4. 店招模块

（1）通俗地说，店招就是店铺招牌。招牌的作用是告诉买家这家店是卖什么的，大多是以店铺名称和品牌标识为主。买家通过店招可以清楚了解这家店铺是卖什么的，并对所经营的品牌起到一定的宣传作用，给买家留下良好的第一印象。

而在速卖通店铺，店招只能向进入商品页或者店铺首页的买家进行展示，电脑端店招展示如图3-7-15所示。

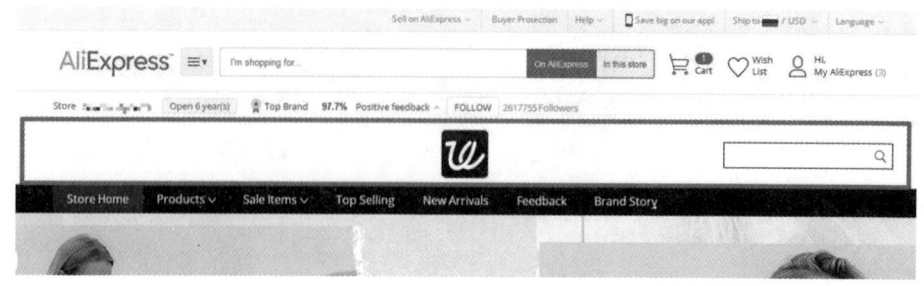

图3-7-15　电脑端店铺首页店招示例

（2）店招如何进行编辑。无线端和电脑端的装修后台稍有不同，所以店招的装修也会有所差别。需要特别说明的是，两端店招都自带搜索框，无须针对搜索框进行编辑。

①在电脑端，店招有图片和文字等展示形式，同时可编辑店铺导航，如图3-7-16所示。

图3-7-16　电脑端店招编辑页面

展示形式方面，可以将店铺名称（默认展示）、店铺标识及自定义背景图进行单独展示，主体是店铺或品牌信息，按需选择。

②无线端店招仅支持两种图片形式，且没有店铺导航，如图3-7-17所示。

③ 打造速卖通"爆款"之营销攻略

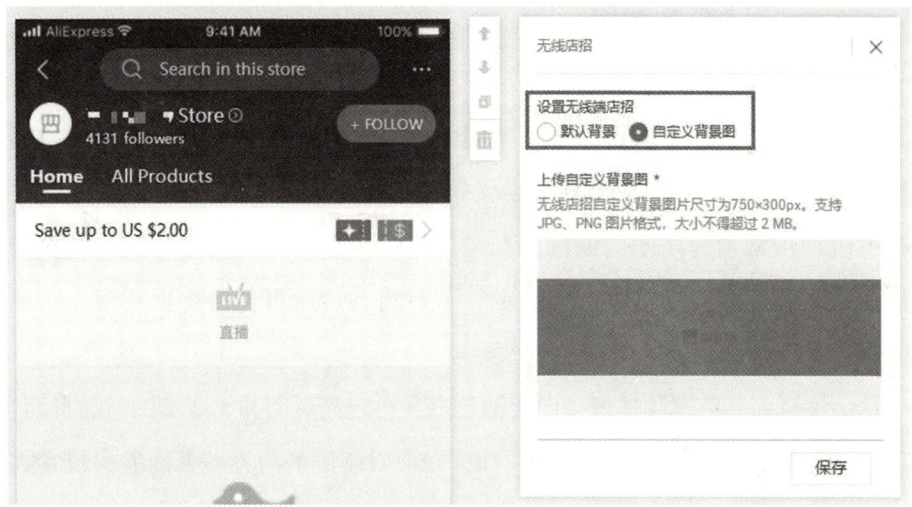

图 3-7-17　无线端店招编辑页面

无线端店招编辑仅限于背景图片的展示，按图片尺寸要求上传相关的背景图片即可。

（3）店铺导航仅支持电脑端进行编辑，可以编辑的内容有限，部分内容是固定展示的，如 Store Home "首页"入口、Products "产品"入口、Sale Items "热卖"入口、Top selling "排行"入口、Feedback "评价"入口均无法编辑，如图 3-7-18 所示。

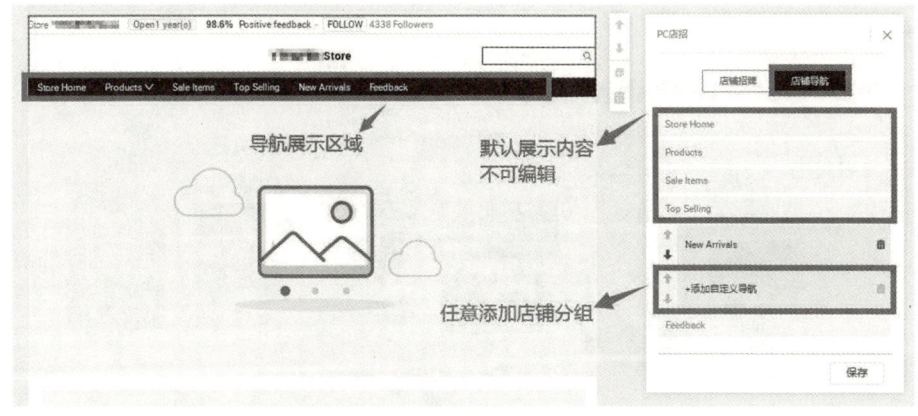

图 3-7-18　电脑端店铺首页店招店铺导航编辑页面

五、店铺页面管理

一个店铺可以创建多个首页，但最终只能以其中一个页面作为店铺首页进行展示，这样卖家可以针对不同的季节、节日、活动进行首页装修风格的编辑。例如，在圣诞节期间，卖家制作一个含有圣诞风格的店铺装修，在不改动正常销售期间店铺首页的情况下，可以将一个新增并装修的页面作为圣诞节期间店铺首页进行展示，节日活动过后再更换首页页面，这样就避免了反复编辑首页装修的麻烦。

店铺页面共有3种类型，即店铺首页、自定义页面和无线端的新品页面、首页和自定义页面都可新建多个页面，以应对不同的内容。页面的编辑方式大致相同，均通过不同模块进行编辑。卖家可对不同页面进行统一管理。

六、装修模板

做店铺装修，卖家除具备编辑装修页面知识外，还需要具备一定的图像处理能力和设计能力。首页装修在保证美观的同时，还需要对店铺商品进行分类编辑，以方便买家查看。如果不具备以上能力，卖家可以通过订购装修模板来编辑一个优质的店铺首页。

在店铺装修后台，如图3-7-19所示，点击"模板"即进入装修模板选择页面。

图3-7-19　首页装修后台系统装修模板选择页面

首页装修模板分为系统模板和第三方设计师模板两种类型，系统模板为系统提供免费使用；第三方模板是付费订购，有相应的使用期限，如图3-7-20所示，卖家可以在首页装修后台进入服务市场选购装修模板。

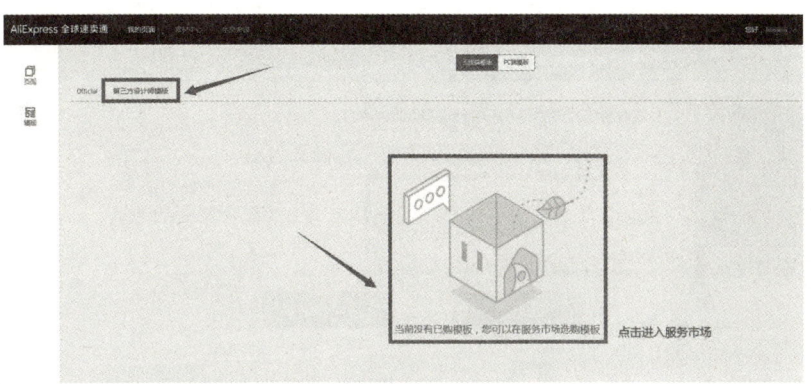

图3-7-20　首页装修后台服务市场第三方设计师模板入口

相对于系统模板，第三方模板的设计更加细致丰富，页面也简洁美观。卖家订购模板后只需在装修模板上略微编辑即可，就可大大节省时间和精力。卖家选择适合店铺产品类目和风格的模板后，可在页面直接点击相应的装修模板，如图3-7-21所示。

图3-7-21　服务市场第三方设计师模板筛选页面

卖家在订购模板前，可以根据自己的需要选择相应的使用期限，使用期限一般为一个月、一个季度、半年和一年。然后点击"马上试用"验证模板的具体展示效果，待确定后再购买，如图 3-7-22 所示。

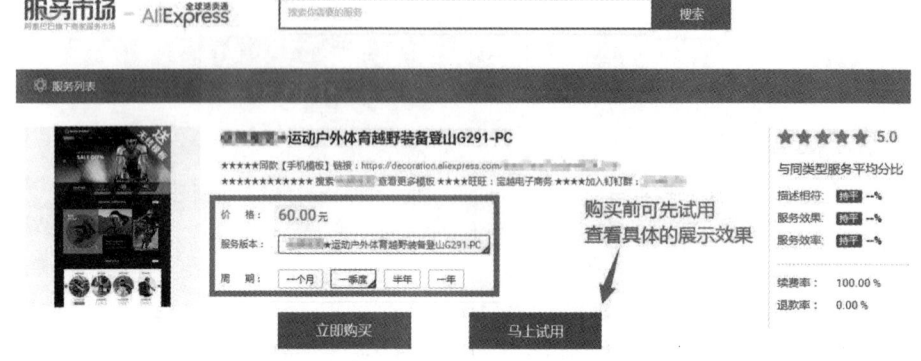

图 3-7-22　第三方设计师模块试用及购买页面

如果卖家不会使用图像处理软件制作图片或者时间精力有限，可以直接使用付费的第三方设计师模板，既省时省力，价格也比较实惠。

第八节　多种平台活动参与方式与申请渠道

一、什么是平台活动

平台活动是速卖通面向卖家推出的免费推广服务活动，每一期平台活动都会在卖家后台营销活动中进行展示和招商。卖家可以申请参与和自己店铺产品相符合的活动。若报名成功并通过审核，在活动开始后，该活动产品的信息会出现在活动页面上，从而为卖家带来巨额流量。

平台活动后台显示的活动招商时间和展示时间均为美国太平洋时间。美国太平洋夏令时比北京时间慢 15 个小时，冬令时比北京时间慢 16 个小时。

例如，活动开始时间为美国时间 2 月 14 日 0 点。美国夏令时情况下，开始时间为北京时间为 2 月 14 日 15 点开始。美国冬令时情况下，开始时间为北京时间为 2 月 14 日 16 点。

二、平台活动类型

平台活动共有两种类型，即促销型活动和频道型活动，具有代表性的有：电脑端平台活动，如 Flash Deal、俄团等频道活动；无线端平台活动，如无线金币、无线试用等频道活动；平台大促活动，如"3·28""6·18""双11"等促销型活动，如图 3-8-1 所示。

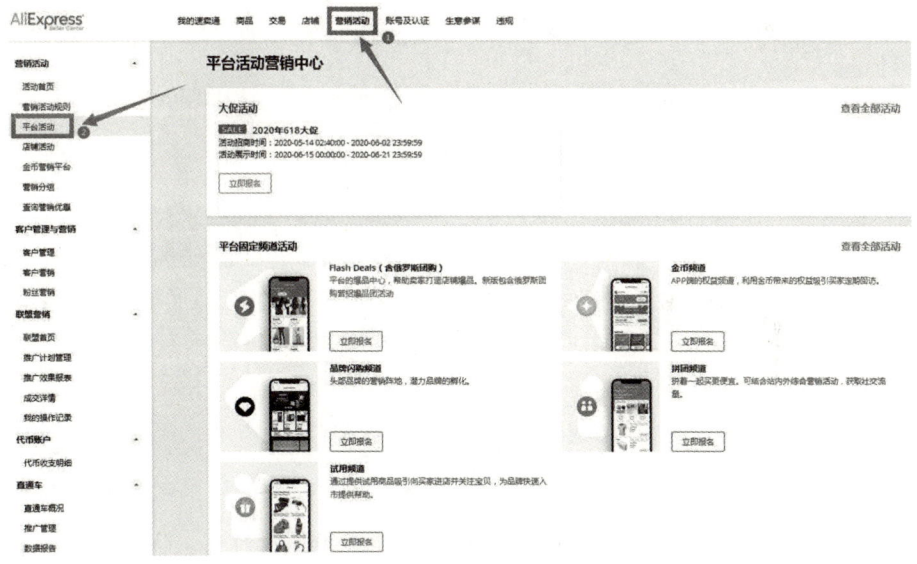

图 3-8-1　店铺后台平台活动页面

参加平台活动是一种站内推广方式，所获得的流量均属于站内流量，审核通过的商品可以获得更多展示机会，快速提升商品曝光，为商品或者店铺带来巨额流量，优化店铺数据。

不同的平台活动，对于商品和店铺的要求也不同（多数会综合店铺及商品资质）。不符合活动要求的，在平台活动营销中心会有相关提示，如图 3-8-2 所示。

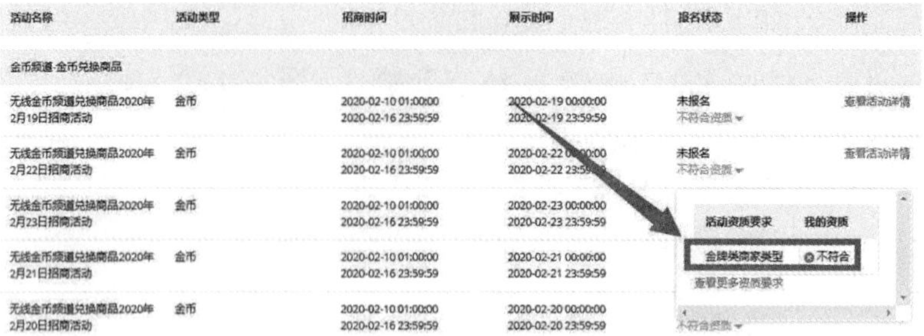

图3-8-2 店铺后台平台活动报名页面

符合活动要求的，可以直接点击"立即报名"申请。

三、如何提升平台活动的通过率

平台活动报名后，需要经过速卖通小二或系统审核，只有审核通过了才会在活动开始后进行展示，如果审核没有通过则无法参与活动展示。平台活动审核流程如图3-8-3所示。

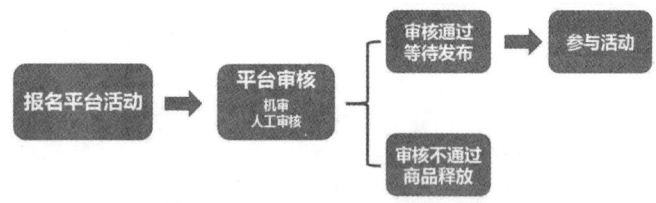

图3-8-3 平台活动审核流程示意

在不考虑活动对于店铺资质要求的情况下，提升活动报名通过率的有效方法是提高商品优势。活动名额有限，平台也会层层筛选，优中选优。平台会优先选择商品数据好的产品参与活动。基于平台活动报名的竞争因素，卖家在报名平台活动时，特别是频道型活动，一定要高频次申报，第一期没通过接着报第二期。另外，报名平台活动时，所选商品的数据最好高于活动要求，这样有助于提高审核通过率。

四、平台活动库存添加

报名平台活动并通过审核后，商品会在活动页进行展示并出售，直至活动结束或商品库存全部售空。报名平台活动时,可以填写活动商品的库存数量,这个活动商品库存数量要在商品管理中填写的库存数量之内,比如产品发布时填写的库存数量为500件,那么报名平台活动时填写的活动商品库存数量只能在500件以内。另外,活动商品库存数量也不是填写得越多越好,要有售罄率指标。售罄率是平台活动的一项隐性指标,在前台不直接展示此项数据,但它会影响商品下一次报名该活动的审核通过率。

例如,报名平台活动时填写的活动商品库存数量为200件,活动期间售出20件,那么售罄率为10%;活动商品库存数量为100件,活动期间售出20件,售罄率为20%。

上一场活动的售罄率会影响商品下一次报名该活动的审核通过率,上一场活动的售罄率越高,下一场活动的审核通过率也就越高。

所以卖家在填写活动商品库存时,为了保证良好的售罄率数据,切勿填写过多。如果活动进行中,活动商品的库存即将售空,那么卖家就需要为活动商品添加库存。

如图3-8-4所示,在筛选条件中选择"参与中活动",点击对应的查看活动详情。在活动详情页页面找到需要添加库存的活动商品,点击"补充库存",如图3-8-5所示。在库存输入框中输入需要添加的库存数量,点击"确定"即可,如图3-8-6所示。

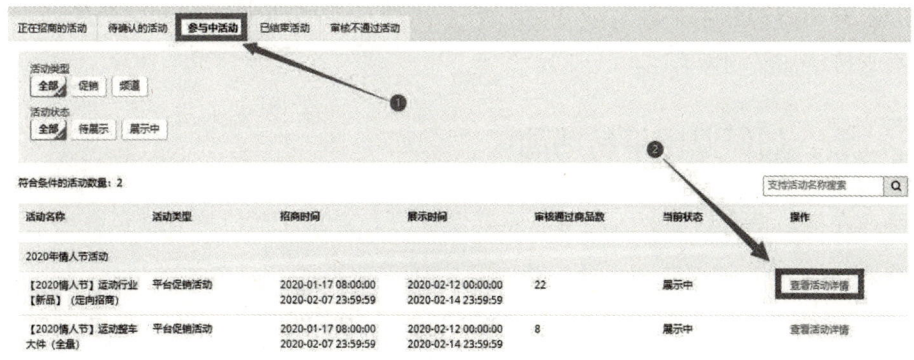

图3-8-4 店铺后台平台活动选择页面

图 3-8-5　参与中的平台活动管理页面

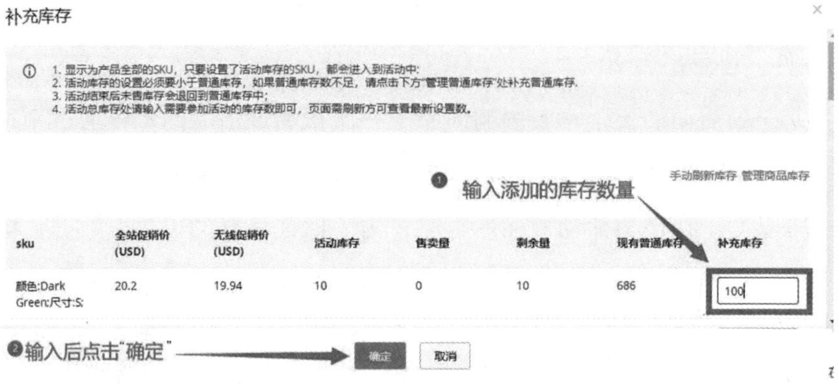

图 3-8-6　参与中的平台活动补充库存页面

活动库存是从普通库存中扣减的，如果普通库存不足，则需先到商品管理中增加普通库存，以添加活动库存。

秒杀类活动如试用、金币兑换等不可增加活动库存，预售活动目前也不支持增加活动库存。

五、如何退出平台活动

在报名平台活动时，很多新手卖家在设置商品活动价格时难免会出错。笔者建议在提报商品的活动价格时一定要仔细检查，避免活动价格设置错误而导致亏损。但如果在报名平台活动、填写商品活动价格时，不小心填写错误，需要及时退出平台活动。切记：这是最后的挽救措施，不会对店铺造成太大影响。

但平台活动能否退出，与活动状态有直接关联。如果活动被审核通过，商品状态待展示，那么是无法退出平台活动的，这点卖家一定要知道。只有商品处于未被审核状态时，才可以退出活动。如图3-8-7所示，选择"待确认的活动"，找到需要退出的活动。

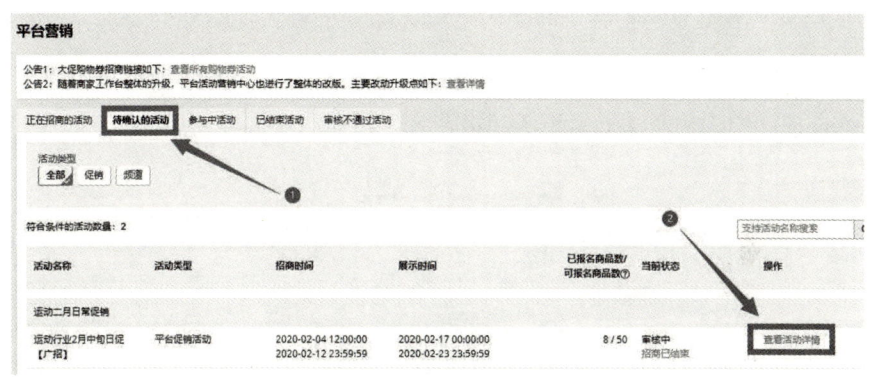

图3-8-7　店铺后台平台活动待确认活动页面

如果卖家同时提报了多款产品，找到活动信息设置错误的产品，点击"撤销报名"即可，如图3-8-8所示。

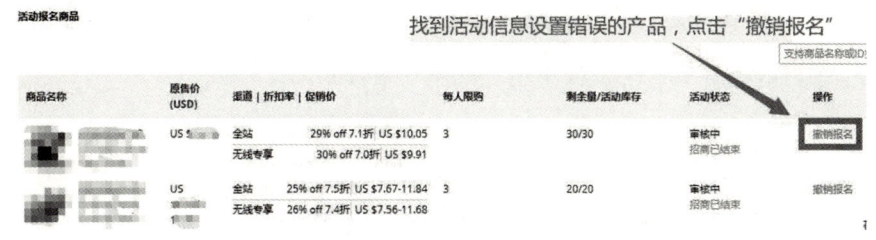

图3-8-8　店铺后台平台活动撤销活动页面

六、平台购物券活动

1. 什么是购物券活动

购物券活动是指由平台提出基本活动规则，卖家报名参与的活动。购物券由平台发放给买家，买家领取后可单店使用，也可跨同门槛的店铺凑单使用。

例如，A店铺设置满15美元减2美元，B店铺满15美元减2美元，购物券门槛相同才可跨店使用。每满 x 美元减 y 美元，上不封顶。

根据平台给出的基础规则设置相应的门槛和面额，买家在参与该活动的店铺下单时，如果满足单店门槛，且有张数剩余时即可使用下单（数量、金额有限）。

卖家无法发放购物券，面额为定值。部分平台大促活动会要求先设置符合条件的购物券活动（具体参照每个平台活动的要求），系统会根据是否已设置符合条件的购物券活动给予活动报名入口，如图3-8-9所示。

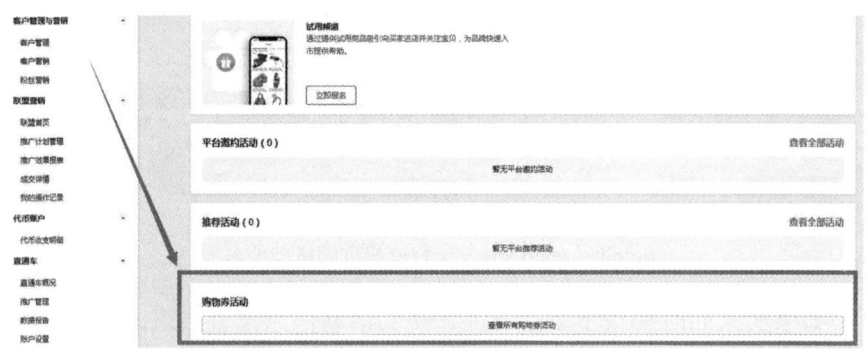

图 3-8-9　店铺后台购物券活动报名入口

2. 购物券的发放方式及展示位置

平台购物券有多个发放渠道，如图3-8-10所示。

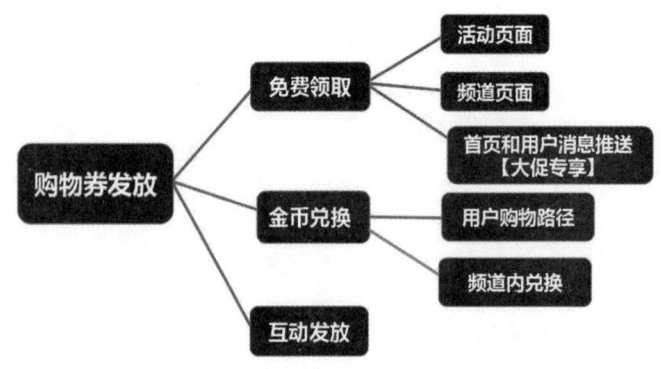

图 3-8-10　购物券发放渠道

购物券会在买家端多渠道进行展示，其主要展示位置如表 3-8-1 所示。

表 3-8-1　购物券展示位置表

位置	展示内容
买家【My AliExpress】	展示已领取的购物券信息
搜索	1. 商品打标（购物券标识） 2. 增加搜索条件（参加购物券活动商品） 3. 搜索加权
店铺	店铺 sale items 页面、活动承接页面
收藏夹（商品、店铺）	显示店铺支持购物券标签
购物车	显示店铺支持购物券标签
place order【买家订购页面】	显示支持购物券下单使用
买家订单详情	订单购物券的抵扣信息

3. 如何报名购物券活动

第一步，在购物券活动列表中找到相关购物券活动，点击"报名活动"，如图 3-8-11 所示。

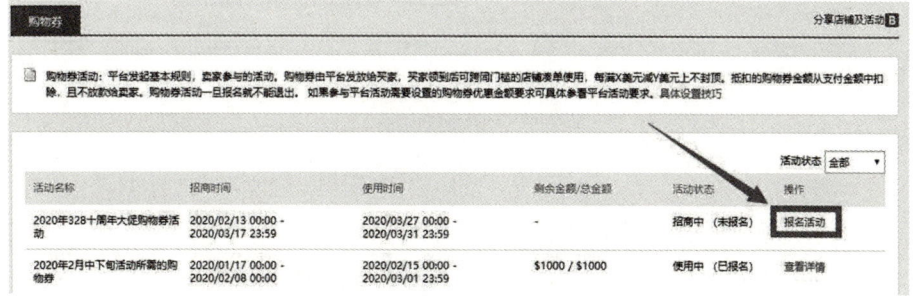

图 3-8-11　购物券活动报名页面

第二步，根据活动要求，设置优惠总金额并选好购物券面额门槛，如图 3-8-12 所示。

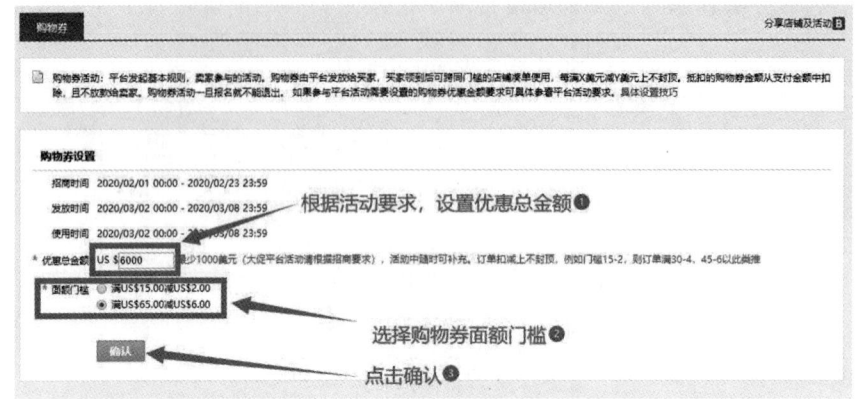

图 3-8-12　购物券活动设置页面

编辑好后点击"确认",整个购物券活动报名完成。

同时针对使用中的优惠券,可以点击"查看详情"来补充购物券金额,如图 3-8-13 所示。

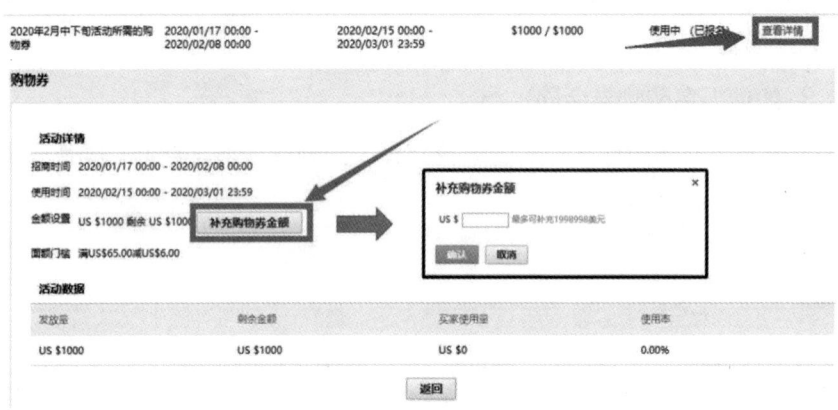

图 3-8-13　购物券活动补充金额页面

4. 买家如何使用购物券

(1)使用购物券的条件。买家在下单使用时,必须同时满足 3 个条件:仅支持参加购物券活动的店铺使用;店铺还有剩余购物券;买家购买的金额必须符合卖家设置的门槛。

(2)购物券可与其他店铺级别和平台级别优惠叠加使用,这种情况下,下单时优惠的计算先后顺序为:单品折扣—店铺满减—店铺优惠券—购物券—平台 coupon—平台满减。

（3）购物券优惠每满 x 美元减 y 美元，上不封顶，使用前提是买家购买产品的金额达到购物券要求。例如，订单金额满 15 美元减 2 美元，满 30 美元减 4 美元，满 45 美元减 6 美元，满 60 美元减 8 美元，等等。

（4）购物券的扣减问题。单张购物券可以用于跨店订单，可拆分到多店使用，即买家可以跨店凑单满足门槛使用购物券。但这些店铺支持的门槛必须相同，按照订单金额比例拆分，前面店铺按照四舍五入单个扣减至小数点后两位，最后一个卖家扣减的购物券金额为使用购物券金额（前面所有购物券扣减总和），如图 3-8-14 所示。

购物券总额	购物券支持门槛	购买金额	扣减金额
20美元	A店铺15-2，B店铺15-2	A店铺10美元，B店铺5美元	两个店铺门槛相同，门槛15-2，买家购买了15美元，满足了15-2扣减2美元，其中A店铺扣减1.33美元，B店铺扣减0.68美元
	A店铺15-2，B店铺15-2	A店铺20美元，B店铺10美元	跨店满15-2，买家购买了30美元，按照门槛15-2买家满足了每满15-2即30-4，则扣减2的两倍买家扣减4美元，其中A店铺扣减2.66美元，B店铺扣减1.34美元
	A店铺15-2，B店铺150-8	A店铺20美元，B店铺10美元	买家只满足了A店铺的门槛15美元，所以在A店买家扣减2美元，B店铺不满足门槛不可扣减，其中A店铺扣减2美元，B店铺扣减0美元

图 3-8-14　购物券跨店扣减示意

（5）购物券下单后规则，即售后规则如下。买家下单时，购物券部分金额直接在订单金额中扣减。例如，买家订单满 15 美元，符合 15 美元减 2 美元购物券要求，则买家实际只需支付 13 美元。

购物券的抵扣金额不放款给卖家，该部分金额也不扣佣金（不涉及账户资金）。

使用购物券的订单可以正常纠纷退款（如是跨店使用，按支付比例退款），但买家可提纠纷退款的金额仅为支付金额（不含购物券金额）。只有使用购物券的订单全额退款，且购物券仍在使用有效期内，购物券才会退还到买家购物券余额内，否则不退还。

七、Flash Deals 活动

1. 活动介绍

Flash Deals 是平台的爆品中心，简称"FD"，它一方面帮助店铺打造爆品，另一方面也可以通过 Flash Deals 使更多买家有机会认识和体验商品品质和服务能力，报名入口如图 3-8-15 所示。

图 3-8-15　平台活动 Flash Deals 活动入口

Flash Deals 活动每天 4 场，每场 6 小时。

时间（美国太平洋时间）如下：

第一场：00:00:00—06:00:00；

第二场：06:00:00—12:00:00；

第三场：12:00:00—18:00:00；

第四场：18:00:00—24:00:00。

2. 报名技巧

卖家报名 Flash Deals 活动时，所选择的商品评分最好大于或等于 4.7 分，且优先选择收藏加购数据比较好的产品，同时报名商品的库存数量尽量填写 50～200 件（前期报名商品库存不要填写过多，避免影响活动售罄率及下次报名）。所选报名的商品不要提价打折。

3. 俄罗斯团购报名技巧

俄罗斯团购简称"俄团"，是较好的平台活动之一，主要面向俄语系地区用户，俄罗斯团购页面：http://group.aliexpress.com。

报名商品满足并高于活动要求，优先选择销量好评高的商品。在商品评价中最好带有俄语系地区买家带图好评，这样会大大提升活动通过率。近期报名过的产品不要频繁报名，商品的折扣力度越高，活动的审核通过率就越高，卖家需要结合自身产品的利润来提报。

八、无线金币活动

无线金币频道是目前速卖通无线端流量、用户黏度较高的频道。频道包括各类游戏玩法和红包优惠，吸引全球买家定期回访和后续转化。无线金币的英文名称是 Coins & Coupons，参加活动后，买家可以使用金币进行商品兑换，活动包含 0.01 美元全额抵扣和大额抵扣，无线金币活动无线端入口如图 3-8-16 所示。

图 3-8-16　无线金币活动无线端入口

店铺需先提报图 3-8-16 中一款 0.01 美元的全额抵扣商品，才可报名其他商品（要求满足 30 天最低价）的活动，利用巨额流量带动其他部分抵扣商品实现盈利，如图 3-8-17 所示。

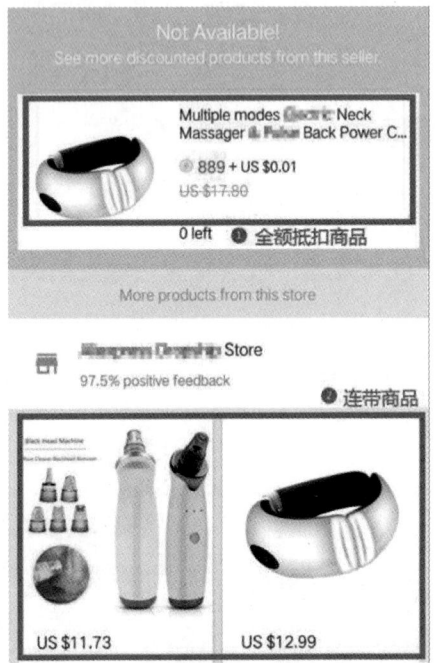

图 3-8-17　无线金币活动展示页面

此活动要求店铺须是金银牌店铺，且店铺好评率大于 92%，DSR 商品描述、卖家服务评分均高于 4.5 分，包邮区域包括美国、俄罗斯。

九、无线试用活动

无线试用活动即卖家提供商品报名，买家以 0.01 美元的价格申请试用产品。

此活动的作用在于帮助新品提高曝光率，促进新品收藏加购数据的提升，同时可以快速提高店铺的粉丝量。在每个试用活动结束后，活动申请成功的买家都需要提交试用报告（带图好评），以很好地促进转化，利于产品快速切入市场，无线试用活动无线端入口如图 3-8-18 所示。

图 3-8-18　无线试用活动无线端入口

无线试用活动主要针对60天内发布的商品。商品活动要求库存量大于或等于5件且小于或等于100件。若商品单价高于50美元，则要求库存量大于或等于2件且小于或等于100件。90天店铺好评率必须大于或等于92%。无线试用活动电脑端报名入口如图3-8-19所示。

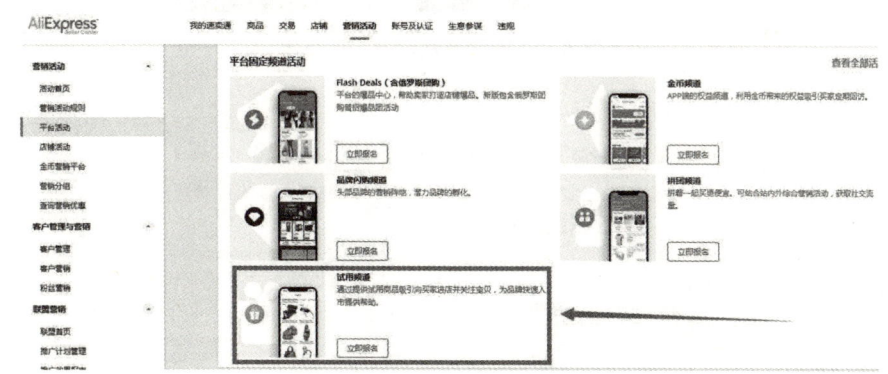

图 3-8-19　无线试用活动电脑端报名入口

店铺报名无线试用活动时，尽量选择在一周内上架的新品。单价在5美元以上的产品入选概率更大，产品销量在10个以内，零销量更好。同时报名产品的货值越高，活动的通过率就越高。

第九节　巧用联盟营销，解锁流量极限

一、什么是联盟营销

联盟营销是速卖通的付费推广工具之一，是一种按成交付费的推广方式，曝光和点击均不会产生扣费。卖家开通联盟营销之后，如果买家通过联盟推广的链接进入店铺购买商品并成功交易，那么订单就会扣除相应的联盟佣金。其运作流程如图3-9-1所示。

联盟推广设置入口如图3-9-2所示。

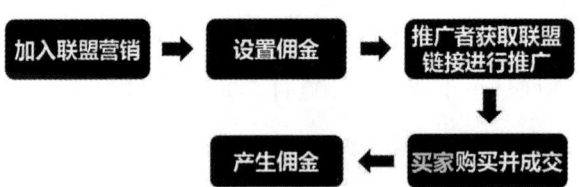

图3-9-1　联盟营销推广运作流程

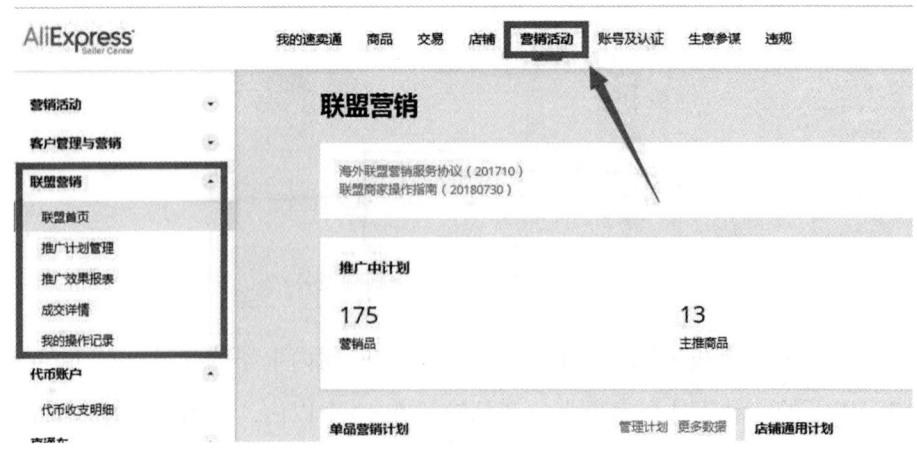

图3-9-2　联盟营销推广入口

二、如何加入及退出联盟营销

1. 加入联盟营销

未开通联盟营销的店铺，通过店铺后台营销活动进入联盟首页时，会出现加入联盟计划页面，勾选"我已阅读并同意此协议"，点击"下一步"，如图 3-9-3 所示。

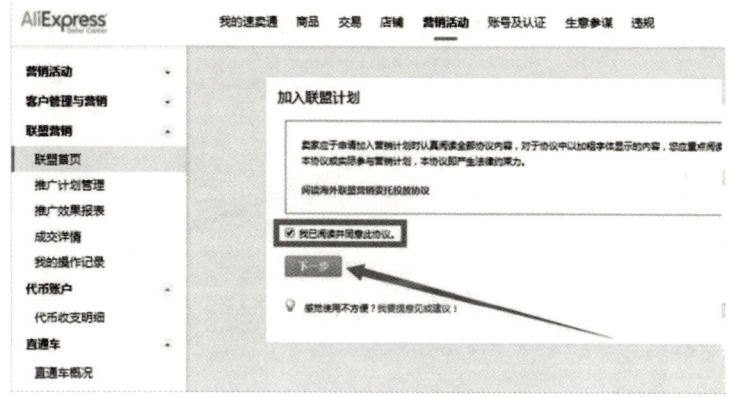

图 3-9-3　加入联盟营销推广页面

设置店铺通用佣金，即店铺所有商品加入联盟营销进行推广。店铺加入后可以在联盟营销后台页面操作管理，即表示已成功加入。店铺所有商品都会通过联盟营销进行推广并产生相应佣金，如图 3-9-4 所示。

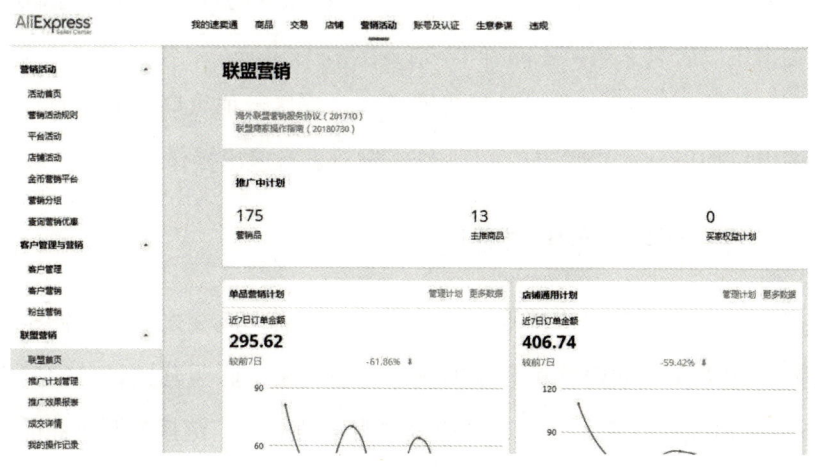

图 3-9-4　联盟营销后台首页页面

2. 退出联盟营销

若店铺中途退出联盟营销推广，需在浏览器中输入退出联盟链接：https://afseller.aliexpress.com/affiliate/exit.htm，如图 3-9-5 所示。

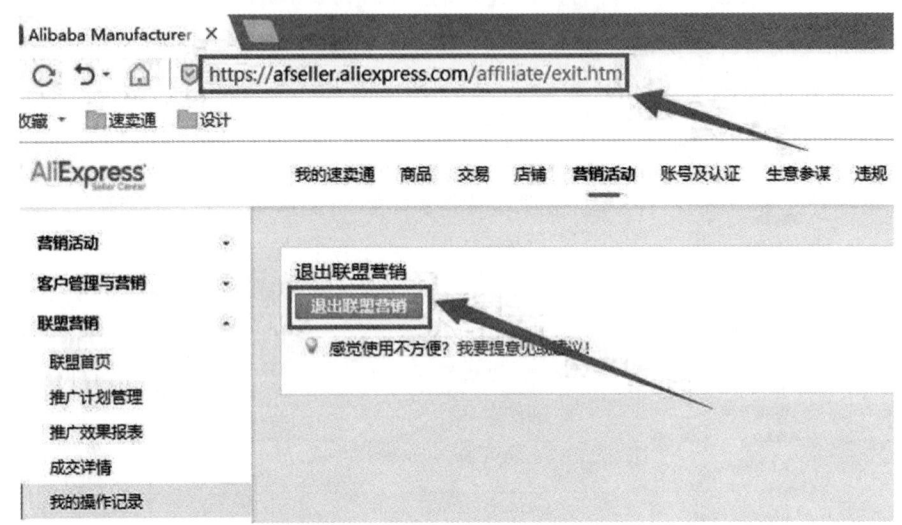

图 3-9-5　退出联盟营销页面

点击"退出联盟营销"—"确定"即可。

店铺加入联盟推广 15 天后，才可以申请退出。退出联盟推广之日起 7 天后，才能重新加入联盟推广。

店铺申请退出联盟操作后第二天 0 时起，联盟的推广链接会立即失效。对于退出生效后买家所产生的订单，不会产生佣金。

店铺退出联盟后，进入联盟营销后台，若显示加入联盟营销页面，说明已退出；如仍显示"联盟首页"，则需重新进行退出操作。

三、联盟营销的扣费规则

只有买家通过联盟营销推广的链接下单购买，成交之后才会产生相应的扣费。这里涉及联盟营销订单的判定问题。关于联盟营销订单的判定会有 15 天的追踪有效期，只要买家通过联盟营销的推广链接打开过商品，那么在之后的 15 天内不管通过什么渠道打开商品链接下单购买，都会被算作联盟营销订单。

例如，买家在 1 月 1 日打开过一款产品的联盟推广链接，在 1 月 16 日之前通过任何途径（如官网搜索、广告等）点击浏览到该产品都算作联盟订单。

联盟营销佣金 = 商品实际成交金额（不含运费）× 商品佣金比例（下单时的佣金比例）。例如，订单的实际成交金额为 100 美元，商品佣金比例为 5%，通过联盟营销的推广链接下单购买，则会产生 5 美元的联盟营销佣金。

四、联盟营销的展示规则

加入联盟营销推广的商品会在速卖通站内和站外进行展示，在站内的展示渠道主要为联盟流量阵地（best.aliexpress.com）。

联盟流量阵地是站外渠道引流到 AliExpress 主站（www.aliexpress.com）后在站内的流量承接阵地。买家可以在该阵地上按照关键词、类目搜索商品，所不同的是该页面只展现联盟商品，属于"千人千面"的展示机制，对非首次来访的买家会依据其在网站的历史浏览购买行为推荐。对首次来访的新买家会依据流量来源的喜好展示对应的商品，爆品增设单独展示专区。联盟流量阵地的销量会对商品在主站的搜索有加权的作用。

站外展示主要针对全球性的网站、区域性的网盟、本地的媒体，如海外社交网站、视频网站等全球性的网站，华为、三星等手机厂商。区域性的网盟即类似该区域的流量一级代理概念，在 AliExpress 的重点国家和地区基础上辐射全球，拓展流量的一级联盟来拓展更多的流量，如俄罗斯的 admited、欧洲的 Awin。在流量的一级分销商的下游就是本地的垂直媒体，包括导购类的网站，如 slickdeals、groupon 等；返现类的站点；测评或者内容类的网站，类似国内的"小红书"，就是把使用商品的一些经验转换成软文形式去引导交易；比价类的网站，在上面搜索某个商品可以看到不同平台、不同商家的该款商品的价格；网红、主播等。

五、联盟营销的计划类型

联盟营销推广包含多种推广计划类型,主要有店铺通用计划和单品营销计划两大类,不同的计划类型有相应的佣金设置策略。

1. 店铺通用计划

店铺通用计划是指加入联盟后店铺的统一佣金比例。店铺通用计划下也可针对店铺不同的类目产品单独设置通用佣金,如图3-9-6所示。

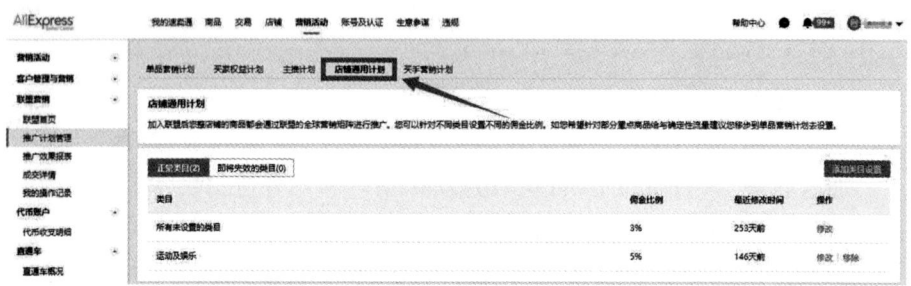

图3-9-6 联盟营销店铺通用计划管理页面

例如,通用佣金比例设置为3%,那么店铺所有商品都按3%的佣金比例进行扣费。

店铺通用计划中,可以针对目前店铺所经营的不同类目单独进行类目通用佣金设置。默认佣金(所有未设置的类目)无法移除,其他类目可以移除,如图3-9-7所示。

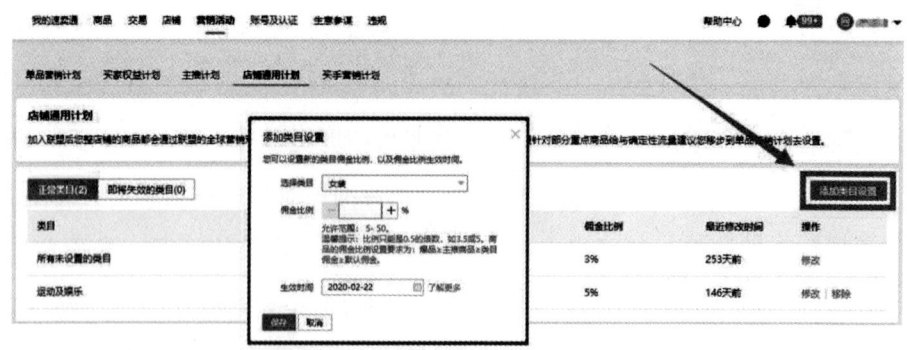

图3-9-7 店铺通用计划佣金调整页面

2. 单品营销计划

单品营销计划主要针对店铺商品单独进行佣金比例设置，短期内重点提升产品销量，每个店铺最多可以设置 1000 个商品。对于想要提高销量的商品，可以尝试设置高佣金，具体效果还要综合考量商品的销量、评分、转化数据等。

相对于其他计划类型，单品营销计划在推广者后台有推广链接领取专区，且针对设置的商品或店铺，带来确定性流量的推广者，会优先进行推广链接展示，增加推广者推广单品或店铺的动力。同时，在 best.aliexpress.com 阵地，所有商品推荐场景，在商品因素都一致的情况下，会优先推荐佣金较高的商品。

六、不同计划的佣金比例关系

联盟营销推广中，不同计划的佣金比例设置需要注意各个计划之间的佣金比例关系。

例如，联盟营销中，店铺通用计划的佣金比例为 30%，单品营销计划的佣金比例为 20%，那么单品营销计划的佣金设置就毫无意义。既然店铺通用计划佣金的比例都比单品营销计划的比例高，那么联盟的推广者自然会以店铺通用计划的推广链接进行推广，因为所获取的佣金更高。若针对店铺商品设置单品营销计划进行推广，就会严重影响单品营销计划的推广效果。

所以店铺在设置不同计划的佣金比例时一定要遵循各个计划类型佣金比例的高低设置顺序，例如，单品营销计划佣金＞类目佣金＞店铺通用计划佣金。

如果店铺计划佣金比例为 5%，则类目佣金比例设置为 5%~50%；如果类目佣金比例为 10%，则单品营销计划佣金比例设置为 10%~90%。三者范围由小到大，逐渐递减。

七、联盟佣金的生效时间

联盟佣金的生效时间包含首次设置和中途调整两种情况。首次设置佣金推广是实时生效。若是中途修改佣金比例则会有相应延迟，如果在美国时间0点之前（23：59）修改，则会在新的一天0点生效；如果在0点之后（00：01）修改，则在隔一天的0点生效。

例如，美国时间1月1日23：00修改，佣金比例会在1月2日0点生效；美国时间1月1日00：30修改，佣金比例会在1月3日0点生效。

在设置或修改佣金比例时也可以选择佣金生效时间，如图3-9-8所示。

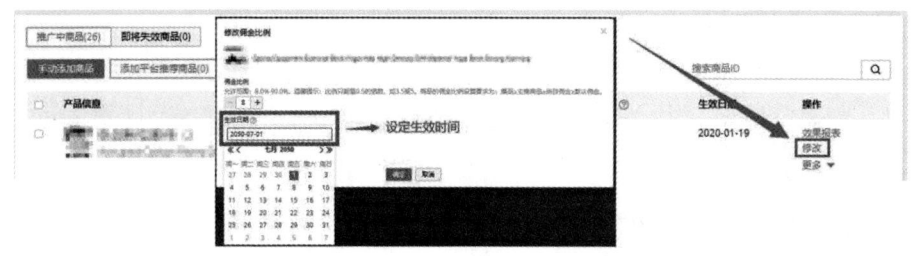

图3-9-8 修改佣金生效时间页面

在修改佣金比例时，订单佣金的扣除以买家下单时的佣金比例来判断该订单按照哪个值收取。

例如，买家下单支付时商品的佣金比例为10%，而后卖家更改比例为15%，该订单交易完成后，以下单时的佣金比例10%收取佣金。

佣金是在订单交易成功（买家确认收货）时扣除。

例如，买家在1月1日下单，于1月15日收到包裹，订单确认收货后，佣金就在买家点击确认收货时扣除。在店铺后台交易页面的资金结算记录中，卖家可以查看店铺所有订单的联盟佣金扣款情况记录，如图3-9-9所示。

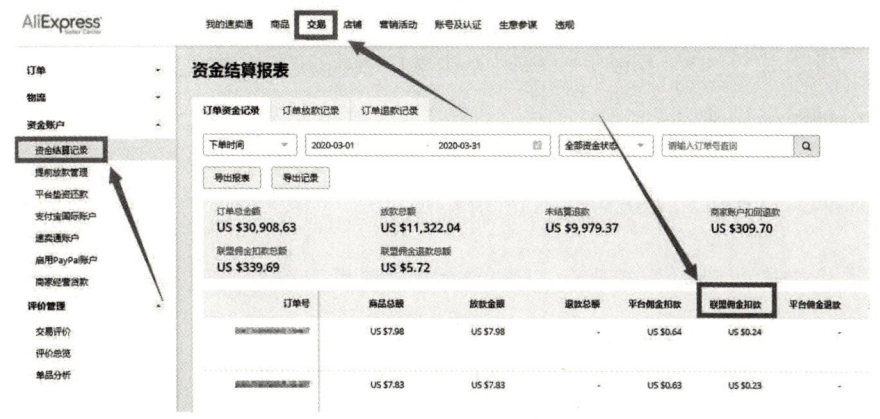

图 3-9-9　店铺后台资金结算记录页面

八、单品营销计划佣金比例的设置策略

联盟营销中主要针对单品营销计划的佣金设置有一定技巧。笔者建议店铺通用计划的佣金比例设置为 3%～5%，不需要设置太高。而单品营销计划佣金比例则需要针对店铺不同商品的状态分别设置。

在设置单品营销计划佣金时，卖家可以先把店铺出售中的商品大致分为以下 3 种类型。

1. 热销品

参考店铺或速卖通同行店铺或海外同类型网站热销并在店铺经营范围的商品。店铺已经热卖的商品可参考保守的佣金策略，按商品类目下所要求的最低佣金比例设置即可。

2. 潜力爆品

参考转化效果好但是流量较低的商品，或近期在网站的搜索走势呈上升趋势的商品。这类商品往往只是缺少流量，所以佣金比例的设置可以较热销品稍高一点，以 20% 左右为宜。

3. 应季新品、清仓品

有竞争力或海外市场匹配度高的新品，在参考价格、物流、售后等方面有优势，以及有压货或店铺部分滞销的商品。这两种类型的商品可以使用"前期激进+后期保守"佣金策略。前期用联盟可激进的佣金策略来测款，笔者建议30%及以上，每周关注推广数据，有效果之后可酌情调整佣金，同时采用站内关键词竞争+活动等方式补足流量，助力新品。

九、如何查看联盟营销推广数据

店铺通过联盟营销后台的推广效果报表可以分别查看不同时间段联盟整体数据和单品的推广数据，如图3-9-10所示。

图3-9-10 联盟营销推广店铺数据

店铺在"营销活动"报表中更是可以查看所推广每款单品的数据，如图3-9-11所示。

店铺通过查看联盟营销的推广效果，可以了解产品在相应佣金下所获取的浏览量、访客数、支付金额、支付订单数及整体佣金扣除情况。

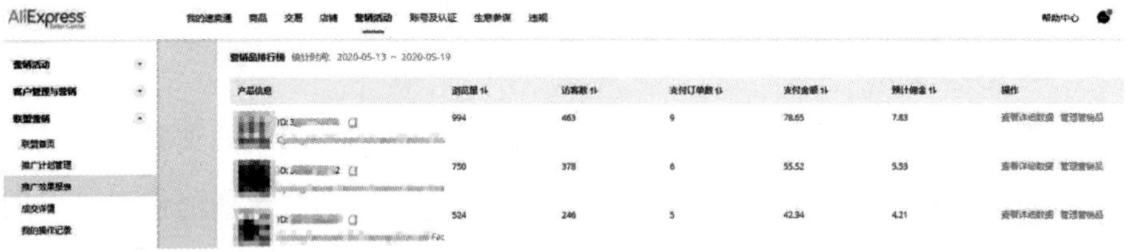

图3-9-11 联盟营销推广产品数据

第四章

速卖通『进阶』攻略

本章面向由团队运营，或者有空余时间、想要进一步提升店面规格和层级的卖家；主要介绍卖家如何成为一个优秀的客服，如何打败竞争对手，以及中小卖家运营趋势等内容；让读者知道客服的重要性：客服能为店铺降低差评纠纷，提高买家回头率，帮助中小卖家通过多种方法打败直接竞争对手，拥有成为大卖家的潜力。

第一节　速卖通客服的售前售后技巧

在运营店铺过程中卖家离不开与买家沟通，经常与买家沟通可以建立信任感，让更多买家成为店铺的回头客。

客服的工作内容包括买家拍下产品不付款怎么办，产品缺货怎么处理，如何减少物流纠纷，买家没收到货怎么处理，如何提高 DSR 评分与好评率，如何二次营销买家，恶意买家处理方式等。

一、买家拍下产品不付款怎么办

很多时候买家下单了但不付款。对于每天有大量的店铺来说，有几个不付款的订单是正常的，但是对于订单不多的店铺来说，问题十分突出。

卖家只有了解买家拍下产品不付款的原因，才能采取正确的对策。买家拍下产品不付款一般有以下几点原因：

（1）正要付款时，被朋友打断，准备过后再付款。

（2）准备付款时发现银行卡里钱不够，放弃购买。

（3）拍下时犹豫到底要不要买。

（4）拍下付款时，发现拍错产品或者没用店铺优惠券，想重新购买。

若出现以上 4 种情况，客服可以给买家发一段催付的文案，但是又不能明显催促，不然很容易适得其反。例如，Hello, friend, the order you took, I have packed it, and you will be shipped immediately after payment. If you have any other questions, please contact me.（你好，朋友！您拍下的订单，我已经打包好，您付款后立即给您发货，如果有其他疑问，请联系我。）

这样既能委婉催促买家付款,也能询问买家对产品是否有疑问。若及时为买家解决了疑问,大多买家都会选择支付。客服可以根据自己的想法,采取其他方式委婉地催促买家。

二、产品缺货怎么处理

产品缺货一般归结于产品原材料缺少而暂时断货,或者供应商不再生产此款产品。

1. 原材料缺少而暂时断货

依据产品的图片,通过百度识图或者1688识图、淘宝识图等电商渠道寻找同款产品。

寻找当地的档口或工厂的同款货源,即使产品贵一点,也可以进少量的产品暂时发给买家。

如果产品比较特殊,外面没有相同的产品代替,只能和买家沟通,能否发同类型的产品代替,然后向买家赠送具有特色的礼品(手工艺品在国外比较受欢迎)。如果产品比较便宜,经过买家同意,可以给买家多发一个产品,因为与其一个成交不卖造成负面影响,还不如让一些利。

2. 供应商不再生产

如果该商品确定不生产了,客服跟买家沟通后,该产品链接可以下架删除,除非有相似度极高的产品可以替代。但是卖家以后找供应商拿货就要选热门一点的产品,避免日后再出现缺货的情况。

三、如何减少物流纠纷

店铺以5美元以下的产品为主,物流纠纷5%属于正常范围;店铺以5美元以上的产品为主,物流纠纷1%~2%属于正常。当然客服要尽量减少纠纷,物流纠纷过高,会影响店铺权重。

一般物流产生纠纷原因有:

(1)买家未收到货,包裹在运输途中丢失。

（2）包裹运输途中破损，导致产品损坏。

（3）物流运输时间太长或者超过物流运达时间，买家不愿意等待。

（4）地址错误，导致投递失败，或者买家未签收。

针对以上物流纠纷原因，笔者建议卖家发货时，包裹打得严实一点，这样可以避免包裹破损，或者因为破损，买家拒收等问题。在打单发货之前，客服需要与买家确认一下地址，以及运输期间，提醒一下买家包裹运输的位置（除没有物流追踪的包裹）。包裹快到目的地国家和地区时，提醒买家保持电话畅通，尽量保持和买家的联系。这些都是一个优秀客服应该做的工作，这可为二次营销买家以及好评打下基础。

店铺前期发货渠道可以设置多个，来测试物流渠道的丢包率，很多包裹可能还没出国就丢失了。经过一段时间物流测试，就知道哪些渠道丢包率高，然后选择丢包率较低的物流渠道，在运费模板中将丢包率高的渠道删除。

例如，物流模板支持多种渠道发货，如果发现某渠道丢包率较高，笔者建议在运费模板中取消该渠道发货，保持其他渠道发货即可。线下物流渠道发货也是一样的，一开始就选择多渠道多货代以测试丢包率。

四、买家没收到货怎么处理

超过物流运达时间，而买家未收到包裹，买家向客服询问时，笔者建议及时回复买家。首先安抚买家，避免买家提纠纷退款；然后赶紧查询包裹的状态，如果包裹长时间未派送，或者查询不到包裹信息，及时和物流客服进行沟通，确认包裹是否丢失。如果因为买家没清关或者地址填写错误而导致未收到包裹，客服配合买家妥善处理即可。确认包裹丢失情况下，客服和买家沟通可采用以下3种方式。

（1）劝说买家对丢失的包裹确认收货，再重新下单，客服把产品改价或者发送定向优惠券，买家以0.01美元购买，由卖家再向买家赠送具有中国特色的礼品；如果产品价格较低，可以额外赠送买家一个产品。

（2）如果因为买家的问题没收到货，客服要积极配合买家操作。如果买家写错了地址，可以跟买家说清楚，让买家自己取一下包裹，或者让买家联系派送物流人员更换地址。如果实在沟通不了，产品只能退回来。劝说买家在提纠纷的时候，选择自己的原因比如不想要或者其他，客服直接同意买家退款即可。以后发货之前，注意跟买家核对一下收货地址，避免类似情况再次发生。

（3）如果是海关扣押，确认一下是买家不愿意清关还是因为产品限制的问题。如果是买家不愿意清关，问清楚原因，能解决的尽量解决，解决不了的只能退回。及时沟通很重要，最后提纠纷退款的时候客服尽量让买家选择自己的原因或其他。

五、如何提高 DRS 评分与好评率

客服要提高产品好评率，以及让买家晒图，不是给买家发送一段好评这么简单，最主要的是让买家觉得物美价廉，并且有良好的购物体验。在此前提下，再给买家发送一条求好评的话，有利于大大提高买家的留图好评率。

1. 照顾买家购物体验

（1）买家咨询产品及时回复。

（2）通过跟买家的沟通，推荐更适合的产品给买家。

（3）买家购物过程中解决买家的疑惑。

（4）产品出现任何问题时，及时联系买家，配合买家解决问题。

从买家购买产品至产品发货，最后将产品送到买家手上，全程照顾买家的购物体验，这样不仅可以提高产品转化率，而且能够提高店铺客单价，为买家的好评以及二次营销打下基础。

如果是个人创业的卖家，需要服务好主动咨询的买家；如果是团队的卖家，有单独的客服人员，笔者建议针对所有店铺的买家，从及时、推荐、解答、处理4个方面照顾买家购物体验。

2. 好评话术模板

Hello friends, I am glad that you can buy goods in my store. After receiving the goods, please check whether the goods are damaged or have other problems. If you have any questions, please contact customer service in time. If you like our products, please give a five-star praise and upload pictures, thank you!（朋友您好！很高兴您可以在我的商店购买商品。收到货物后，请检查货物是否损坏或有其他问题。如有任何疑问，请及时与客服联系。如果您喜欢我们的产品，请给予五星级的好评并上传图片，谢谢！）

客服无须把好评模板一字不落地发给买家，可以按照模板大概意思，自己写一份好评话术。切记：写完之后多翻译几次，确保准确性，若表达错误将会适得其反。

六、如何二次营销买家

卖家给买家发货时可以赠送一些小礼品，礼品可根据产品售价决定价值（赠品价值1~10元不等），以此建立买家第一次成交时的好感。

客服最好在买家下单后与其进行交流，向买家赠送具有中国特色的小礼品，让买家收藏关注店铺，为以后粉丝营销打下基础。店铺以后上传新品，客服可以给所有买家留言：店铺上传了最新款，吸引买家进行选购，或者店铺积累到一定粉丝数量后，通过FEED发帖通知买家。

对于国外的经销商或者个人买家，客服可想办法将其变成长期的老客户。买家第一次在店铺购买产品后，给买家留言，能够提升5%的客户回头率。例如：朋友您好，您现在是我商店的VIP客户。您可以在第二次购买时获得额外的折扣。您可以邀请亲朋好友一起购买，每次购买都将获得额外折扣，以及具有特色的礼物。

有卖家不理解什么是VIP客户，其实VIP客户只是一个噱头，目的是让客户以后经常在店铺购买产品。众所周知，做跨境电商，发货周期比较长，所以买家可能会介绍朋友一起购买，这样就会和朋友同时收到购买的产品。

客服可以引导买家在亲人朋友之间宣传产品，对于买家自己需要什么产品，客服直接告知买家可以免费送给他，这样能够激励买家在朋友中进行推广。虽然赠送了买家一个产品，但是多个产品一起发货，卖家只会赚更多。

七、恶意买家处理方式

首先要区分什么是恶意买家。一般纠纷分为以下三方面。

（1）自身原因：卖家给买家发货时，产品颜色、属性、规则等方面选择错误导致货不对版，或者给产品打包太随意导致产品破损，或者产品图片与产品本身差距过大。

（2）平台原因：主要是物流丢包，或者未按物流未按时送达。

（3）买家原因：恶意退款，恶意差评。

有时候卖家很容易把自身原因和平台原因归到买家身上，总认为买家不对。运营店铺一定要清醒，心态一定要摆正，如产品外包装破损，产生了纠纷，是谁的问题？当然是自己的问题。虽然外包装破损不影响产品使用，但是给产品打包的时候，如果细心一点，就不会出现破损纠纷。正常来说，自身问题和平台问题都属于自己的原因。

笔者认为恶意买家是指收到产品后，拍一个其他产品图片，给卖家提货不对版纠纷，直接退款不退货，或者包裹到目的地国家或地区之后，买家不清关等，导致产品被迫退回；还有个别买家，收到产品使用半个月之后，说产品不好用，或者以其他理由提出纠纷，申请退款退货。

对于恶意买家，笔者建议这样处理：能退就退，该换货就换货，尽量满足买家的要求。处理完问题后，拉黑恶意买家。拉黑买家操作步骤：速卖通后台营销活动—客户营销—黑名单—搜索买家，选择加入黑名单。这样该买家以后就不能在本店购买产品了，如图4-1-1所示。

4 速卖通"进阶"攻略

图 4-1-1　店铺黑名单页面

如果和这样的买家对着干,吃亏的永远是卖家自己,所以心态要摆正一点。理智的做法是,处理好之后,以后不再理睬这样的买家。

对于因为产品破损、确实没收到货,或者物流时间太长耽误了,抑或因为产品问题沟通不了且给差评等问题,这是卖家自己的问题或平台的问题,只能自己来承担,不要随意拉黑买家。

第二节　打败竞争对手的有效"姿势"

如果把速卖通每一个类目的市场体量比喻为一个蛋糕,那么所有卖家就是分这块蛋糕的人,自己店铺多分一块蛋糕,竞争对手就少分一块。

根据自己的实力,卖家每次只需要打败比自己略强的对手。如果是新手卖家，需要打败的对手只是每天能出几单的店铺；当自己店铺每天能够出几单后，才需要打败更强的对手，而不是一开始就想着打败首页大卖家，除非资本雄厚。所以卖家需要找到自己产品的直接竞争对手，这样才可以有效打败竞争对手。

一、如何锁定直接竞争对手

在速卖通前台搜索一个产品关键词，少则几万竞争产品，多则十万百万竞争产品，难道产品的竞争对手真的有那么多吗？以关键词 mouse（鼠标）为例，搜索后的显示结果如图 4-2-1 所示。

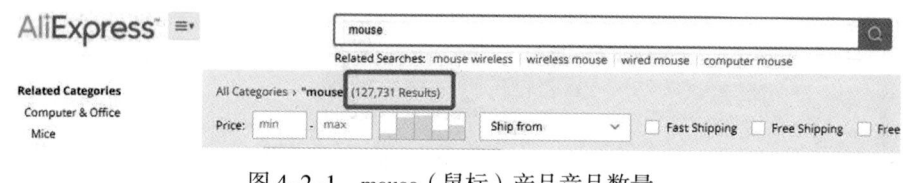

图 4-2-1　mouse（鼠标）产品竞品数量

并不是做同样产品的就是竞争对手，也不是不管什么产品都需要找竞争对手，只有针对店铺主推的产品找到直接竞争对手，才能真正地打败竞争对手。

例如，主推产品为售价 6 美元的笔记本无线鼠标，那么 3 美元的光电鼠标就不算直接竞争对手，因为人群定位不一样。

人群定位是指买家经常使用笔记本，那么这类人群很可能会购买无线鼠标，如果这类人群购买 3~5 美元的产品，那么 10 美元以上或者 2 美元以下的鼠标，很可能就不会购买，人群定位相当于刻画人物群像。

所以，寻找直接竞争对手的标准是与本店铺产品的风格、属性、功能等接近、售价接近且销量略高的产品。根据本店铺产品数据，搜索产品主关键词 wireless mouse（无线鼠标），寻找直接竞争对手，如图 4-2-2 所示。

图 4-2-2　查找产品实际排名位置

假设本店铺产品售价为 3.5 美元左右，产品定位为多功能无线鼠标，产品销量为 200 单左右。那么，店铺的直接竞争对手产品售价为 3~5 美元，产品定位是多功能无线鼠标，产品销量为 300~500 单，超过这些区间的产品，就是间接竞争对手。只有找到本店铺产品的直接竞争对手，才能使用有效的方法打败竞争对手。

二、打败竞争对手之低开高走法

首先理解什么叫低开高走。例如，一款产品售价为 10 美元，但是有一个 SKU 只卖 8 美元，这个时候前台就会显示 8~10 美元，主图上面显示的却是 10 美元的产品。买家看到主图的产品，以为只需 8 美元就能购买，可能会吸引买家点击。低开高走是为了让买家进入店铺，如图 4-2-3 所示。

图 4-2-3　产品售价的低开高走示例

买家只有进到店铺，才有可能形成转化，或者优先获得优化的可能。如果买家不点击产品，无论店铺营销、详情图片做得多好，都毫无意义。

如何让本店铺产品形成低开高走呢？

（1）根据产品的类型，有些产品可以拆开销售。例如袜子，正常是一打 10 双，可以分为 1 双、5 双、10 双，分成 3 个 SKU 进行销售，产品主图展示 10 双袜子的图片。

（2）选择一个不常卖的 SKU，低于市场价销售，形成低价。例如，衣服有很多颜色，假设红色的很少有人购买，S 码的尺寸也很少有人购买，就可以把红色 S 码的 SKU 低于市场价销售，其他颜色尺码正常销售，如果有买家购买，就相当于人为操作订单了。

（3）部分类目适合搭配同类型产品一起出售，也能让链接形成低开高走。例如，在主推链接中加入 iPhone4 的手机壳，iPhone4 的手机壳低于市场价，其他型号手机壳正常出售，毕竟现在很少有买家购买 iPhone4 的手机壳，这样既能形成低开高走，也不怕买家过多购买低价 SKU，但是上传一些过时的产品，需要和主产品是同类型才行，不然就属于 SKU 作弊。

（4）如果订单销售稳定，而且有海外仓的资源，可以申请海外仓。无须担心囤货太多，实际不需要从海外仓发货，只是为了使价格形成低开高走。海外仓的价格低于市场价，但是运费模板设置不包邮，国内发货的产品正常售价，但是给买家设置包邮。例如，产品正常售价为 10 美元包邮，买家实际只需支付 10 美元，海外仓售价 8 美元，但是买家需要付 5~8 美元的运费，实际需要支付 13~16 美元，基本上买家会选择国内发货，毕竟实际售价低于海外仓售价。

三、打败竞争对手之精准定价法

有 90% 的速卖通卖家不清楚产品的精确成本，只知道大概是多少，所以不敢给产品精准打折，这样就不能使产品售价体现优势。如果卖家精准算好本店铺产品的成本，那么产品售价就比竞争对手多一点优势。

精准定价可以使用产品定价器（本书第二章有精准定价的图解）。要使产品成本有一定的优势，要注意以下几点：

（1）产品成本中不包含国内运费。

（2）产品成本中不添加联盟佣金。

（3）运费模板设置精细模板。

能打败竞争对手的产品一般属于主推产品。产品每天有稳定的订单，所以国内运费与联盟佣金是无须添加的。能够出单的产品需要设置精细运费模板，可以节省成本，并且使用产品公式定价器能够更加清楚地计算产品的售价。

四、打败竞争对手之店铺营销法

卖家找到产品直接竞争对手后，分析竞争对手店铺开展哪些营销活动。例如，向买家赠送礼品，或者赠送优惠券、精品详情页的溢价等。但最重要的是产品在各方面超过竞争对手，提高产品的转化率。

1. 向买家赠送礼品

竞争对手向买家赠送价值 1 元的礼品时，本店铺可以选择赠送 2~3 元的礼品，并且和本店铺产品配套使用。例如，买家购买同款手机壳，对手赠送1个手机膜，本店铺就可以赠送1个手机膜和1条手机吊绳。

2. 店铺优惠券

竞争对手赠送买家满10美元减1美元的优惠券，本店铺就赠送买家满10美元减2美元的优惠券，买家购买多个产品，使用满10美元减2美元的优惠券，实际上卖家是不亏本的。

3. 精品详情页

一般在速卖通上很少有用产品打造精品详情页的。本店铺可以在详情页中体现出产品卖点图、买家痛点图、产品优劣对比图、产品打假图以及正品证书图，这些图片都属于素材，可以从各大图片网站收集。

打造精品详情页是为了让产品实现溢价。假设读者在国内电商平台看到两款差不多的产品，一款产品只有展示图，并且表达得不是很清楚，而另一款把产品用图片表达得清清楚楚，一看图片就觉得这款产品很好。两款产品售价相当的情况，买家一般都会选择图片精致的产品。对于能够出单，并且准备主推的产品，必然要打造精品详情页。

五、打败竞争对手之降低成本法

主推产品或者店铺引流款才需要与对手竞争，其中价格是很重要的一点，除了精准定价外，降低产品成本也是必要的。降低产品成本主要通过以下两种方式。

1. 物流运费

新店或者订单不多的店铺，一般前期发货都是在线上。店铺整体订单一旦每天达20单以上，3天发一次货，每次就有60~90个订单。如果选择线下物流渠道，就有资格跟货代谈一下运费折扣，比如至少打9折。如果店铺的订单量持续加大，8.5折、8折都是正常的，所以在运费上卖家就可以节省不少开销。例如，线上运费20元，线下货代打9折，产品的成本就可以便宜2元左右。

2. 进货成本

同样的道理，店铺每天出 20~30 单，在供应商那里就可以多拿一些产品。基本上囤 10~20 天的货很正常，这样就可以一次性在供应商那里进 300~500 个产品。有了销量才有跟供应商还价的资本，一般情况下，至少可以优惠 5%。

物流优惠加上产品进货成本的优惠至少为店铺节省 3~4 元产品成本，能够给产品售价带来 0.5 美元左右的优势空间。

六、打败竞争对手之十二字真言

速卖通有这么多类目，每个类目都有其适合的方法。有些类目拼价格，有些类目拼图片、拼运营，有些类目拼店铺营销，所以卖家一定要选择适合自己的方法去打败竞争对手。

1. 人无我有

这主要针对不同款式的类目。不要和竞争对手做一模一样的产品，这样在售价、销量等方面就鲜有竞争对手了。例如，服装、鞋子、箱包、手表等类目，完全可以做到不和竞争对手做同样的产品。

2. 人有我廉

这主要针对一些拼价格的类目。产品类型相差无几的情况下，可以使用低开高走、降低成本等方法，以打败竞争对手。

3. 人廉我优

这主要针对整个类目的买家。卖一模一样的产品，也是高客单价的产品，就主要打造精品详情页；让买家买到便宜的产品不算便宜，让买家感觉占到便宜才算便宜；在产品视觉方面打败竞争对手，也可占有一席之地，让买家一看产品图片就知道本店铺的产品高档，而高档的产品却卖低端的价格。

中小卖家不要和大卖家硬拼，而且不要拿全店所有产品去拼，可以拿两三个产品去让利，无须让产品价格全平台最低，只要能够打败本店铺的直接竞争对手即可。当销量积累到一定程度时，各方面数据自然会提升。

有些类目，产品各方面都没有竞争优势，店铺也做了很久，不愿意放弃，笔者教各位卖家一个屡试不爽的方法——"田忌赛马"，让本店铺获得提升，打败竞争对手。

一般情况下，每个店铺都会有自己主推的产品，同行的竞争对手也不例外，所以主推产品一般利润会比较低。同行店铺的产品不可能全部为低利润或者不赚钱的产品，所以各位卖家可以抓住对手的弱点进行竞争。

第一步，收集同行店铺的引流款、普通款、利润款，然后进行分类。

第二步，将本店铺产品进行分类，将主推的产品分为引流款，将偶尔出单的产品分为普通款，将可能会偶尔出单并且有利润的产品分为利润款。

第三步，本产品的分类与同行产品的分类错开。例如，竞争对手的引流款为 A 产品，普通款为 B 产品，利润款为 C 产品；本产品利润款为 A 产品，引流款为 B 产品，普通款为 C 产品。

第四步，将所有资源放在本店铺 B 产品上面，虽然本店铺 A 产品竞争不过对手的 A 产品，但是可以拿本店铺引流款 B 产品与对手的普通款 B 产品竞争，这样就事半功倍了。

第三节　速卖通运营趋势与展望

从 2010 年速卖通开始对外招商至今，无论后台页面的改版，还是运营玩法的迭代，都有巨大的改变。从最开始的淘代销，随意上传产品信息，到后来垂直类目铺货就能出单，发展至现在小而美、精细化运营店铺，很多卖家因跟不上平台的变化节奏而被淘汰，速卖通玩法只会越来越完善，想让自己不被淘汰，就要站在未来看现在。

一、中小卖家的出路是什么

中小卖家甘心一直是现在的地位吗？相信大部分都想成为大卖家，那么成为大卖家的目的是什么？赚更多的钱？笔者认为应该是轻松地赚更多的钱，这才是最终的目的。

笔者经常和学员交流分享，在速卖通轻松赚更多的钱，首先要让自己成为运营高手，然后申请多个速卖通店铺，最后组建运营团队，让自己从运营店铺变成运营团队。

1. 从零基础到精通

为什么学校要分为小学、初中、高中、大学？因为不同阶段，学习不同内容。运营店铺亦如此，新手相当于小学，有基础的相当于初中，精通的相当于高中，高手相当于大学。笔者建议不要越级学习，生活中，有几个人开始上学就直接读初中、高中的？哪怕是天才，也要按顺序跳级。

（1）新手只需学会如何分析数据、如何布局店铺的产品即可。

（2）欲成为有运营基础的卖家，学习本书第二章内容，如何按照买家的喜好选择产品，然后细节上传测款。

（3）欲成为精通运营的卖家，学习本书第三章内容，如何使产品成为爆款。

（4）欲成为高手运营卖家，需要学习无线端运营、站外引流推广等。

本书根据零基础到精通的顺序编写，各位读者根据自己的运营能力依次学习，从新手成为有运营基础的卖家，学习正确上传产品信息后，需要操作店铺一两个月，按照要求上传 50~100 款产品。笔者和读者分享部分 VIP 学员的店铺执行规划，如图 4-3-1 所示。

序号	店铺规划			执行时间														
	项目	注意事项	执行事项	五 15	六 16	日 17	一 18	二 19	三 20	四 21	五 22	六 23	日 24	一 25	二 26	三 27	四 28	五 29	六 30	日 31	一 1
1	上新（本期100款）	1.按照课程所讲内容结合数据纵横选品专家分析平台热销产品属性并做好店铺产品布局；2.通过产品热销价格区间分析，前期以买家能接受的价格进行定价；3.主图按平台要求制作尺寸规范，如有同款在售，使用差异化主图，通过测款测试主图点击率；4.如果是拿货产品，在供应商提供的内容基础上，使用英文文本做好货款卖点文案描述；5.根据课程内容设置精细化运营模板；6.制定上架产品标题，通过热搜分析，挑选合适热搜精准词制作产品标题，写满128个字符；7.结合课程内容发布上架产品；8.设置好店铺产品单品折扣活动；9.以上执行事项完成后，上架产品通过直通车或者店铺自然流量进行测试，7天数据为一周期，主要观察产品的曝光、点击率、收藏加购几项数据。	店铺布局 定价 选品 标题 详情页 主图、营销图 单品折扣活动 精细化运营模板 发布产品 测款							25款												

图 4-3-1 店铺执行规划

新手卖家操作店铺时，很容易混乱，不知道每天需要做什么。给自己制定目标后，只需要每天完成相应的任务即可。需要整套店铺规划的卖家，可以联系笔者索取。

通过一两个月的循环操作后，店铺一般会有 30~50 款产品能够出单，能够出单的产品开始执行本书第三章内容，筛选 3~5 款数据较好的产品，进行主推。

一般情况下，新手卖家从零基础至精通需要两三个月，之后只需循环操作，以融会贯通。

2. 精细化运营店群模式

卖家把一个店铺月销做到 5 万~10 万美元之后，就可以开始店群模式。申请多个速卖通店铺，使用同样的方法，把店铺运营起来。

有卖家会问，把一个店铺月销做到 5 万~10 万美元，甚至更高，不是更好吗？运营一个月销 10 万美元的店铺与运营 5 个月销 2 万美元的店铺，哪种方式更轻松？显然运营 5 个月销 2 万美元的店铺更轻松，因为当自己有能力把一个店铺做到月销 10 万美元时，那么运营一个月销 2 万美元的店铺就会特别轻松。

当店铺达到一定数量时，就可以组建团队，一个员工打理 2~3 家店铺会比较轻松。笔者身边有很多这样的朋友，通过两三年时间，从当初的一个店铺，变成 30~50 个店铺，个别朋友的店铺更多。

申请多个店铺的注意事项：

（1）第1家公司可以申请6个店铺，建议做6种不同产品类型。

（2）第2家公司主做的产品类型可以与第1家公司的产品类型相同。

（3）多家店铺可以在同一个网络运营，目前没有店铺关联。担心店铺关联的卖家，可以选择每家公司申请的店铺分属不同网络。

（4）流动资金较少的卖家，不要过快申请多个店铺，循序渐进增加即可。

（5）3家店铺以内无须组建团队，可以和家人共同打理，节省部分费用。

二、笔者对速卖通未来发展的看法

速卖通已经开放10年了，很多读者觉得现在才开始做速卖通会有点晚。笔者则认为什么时候加入都不晚，只是加入时间越晚，对运营能力要求越高。以淘宝平台为例，淘宝平台已经运营17年了，需要的运营能力包括直通车、人为控制订单、粉丝营销、老客户营销、视觉营销、视频带货等多个方面。

速卖通目前还处于发展阶段，很多淘宝、天猫大卖家还未进入，只需有精细化运营能力，就有机会成为大卖家。

一般电商平台，时间越长，运营的玩法越多，需要的运营能力也就越强。2019年，速卖通更新产品新版详情页，开始看重产品图片质量。但是很多卖家还是不重视产品的视觉营销，有位淘宝大卖家"戏言"：淘宝产品图片与速卖通产品图片经过对比，速卖通产品图片简直不够看。

速卖通未来的运营趋势会和淘宝一样，卖家需要掌握的运营能力越来越强，体现在产品的视觉营销、粉丝营销、无线端运营、站外推广等方面。

1. 视觉营销

随着时间的推移，买家会明白"便宜没好货，好货不便宜"的道理。产品售价上升，产品的质量也随之上升。如果产品的图片一直低端，会让买家误以为产品售价上升了，产品质量却还是一样，所以产品的图片需要表达产品的价格。

笔者一位朋友的店铺卖中高端产品,几乎没有订单,经过店铺诊断,发现产品细节处理等方面都没有问题,唯独产品的图片不够格:同行低端产品售价12美元,看图片觉得产品价值20美元;笔者朋友店铺的产品售价23美元,看图片觉得价值10美元。

视觉营销能让产品提高价值,让买家觉得购买产品划算,为什么有人购买仿牌产品?因为穿戴仿牌产品会让他人觉得价值不菲,当然笔者不是让卖家出售仿牌产品,只是让卖家明白产品图片的价值要高于产品本身。

2. 粉丝营销

粉丝营销分为吸引粉丝和粉丝变现,吸引粉丝途径一般有试用活动、FEED频道发帖、粉丝变现,以及产品的受众群体等。

(1)多种吸引粉丝操作。通过速卖通卖家端后台营销活动模板,参加平台试用活动时,笔者建议选择能够出单的产品参加。参加试用活动的产品售价为0.01美元,一般售价高的产品,库存较多,吸引的粉丝数量相对较多,参加一场试用活动增加300~2000个粉丝,增加粉丝的速度较快,付出的产品与收获成正比。

不要觉得没有粉丝就不用发帖了,通过FEED频道发帖,获取粉丝数量。FEED频道有公共流量池,不是店铺的粉丝也能通过帖子看到店铺活动。帖子是根据"千人千面"的机制展示,所以,只要在FEED频道发帖,一般都能增加粉丝数量,刚开始发帖获取的粉丝数量可能较少,坚持发帖,日积月累,获得的粉丝数量会越来越多。

(2)如何在FEED频道发布产品上新帖?

①选品建议:尽可能将统一属性或分类的产品集合在一起,吸引粉丝注意力。注意更换成无"牛皮癣"的产品主图,主图"牛皮癣"会影响公域采纳,降低曝光。一个帖子中的产品数量保持3款、6款、9款或以上,最好是9款,做成九宫格。

②上新描述:描述新品特色、卖点,增加吸引力。使用类型为描述适

用季节、人群特点，传递宝贝信息。互动信息包括引导点赞、评论，表达上新活动或新品价值点，增强粉丝关注度。

③互动活动：设置粉丝专享单品折扣；设置粉丝专享优惠券；选择评论有礼。

完成发帖前的准备工作后，点击卖家端后台"营销活动"—"粉丝营销"—选择"上新帖"，如图4-3-2所示。

图4-3-2　粉丝营销上新帖页面

上新描述中填写吸引买家点击的标题，以及引导买家互动文案。

例如，上新帖主标题：New Arrival 2021 Fashion（2021年新到货时尚）

副标题A：2021 is an unusual year and I hope you are healthy and happy.（店铺名称×××）gives you warmth, this is our new product in this issue. Hope you can buy your favorite products in our shop.［2021年是不平凡的一年，希望您健康快乐。（店铺名称×××）给您温暖，这是本期的新产品。希望您可以在我们的商店购买喜欢的产品。］

副标题B：AliExpress's 10th Anniversary Promotion on March 28 is about to start. During the event, there will be a lot of discounts in the store. Don't miss it.（速卖通3月28日十周年大促销活动即将开始，活动期间店铺会有非常多的优惠活动，您千万不要错过。）

The followings are the new products recently added to our store. You can add them to your shopping cart or collect your products in advance to avoid missing event offers.（下面是我们店铺最近上架的新产品，您可以提前加入购物车或者收藏产品，以免错过活动优惠。）

引导互动文案：

Subscribe & comment to play games for a chance to win prizes-$5（订阅和评论，有机会赢得优惠——减免5美元）。

Hello, my dear friends.（你好，我亲爱的朋友们。）

It's our game time.（这是我们的游戏时间。）

How to play?（怎么玩？）

First, follow our store and leave a comment to flip cards for free.（关注我们的商店并发表评论以免费翻转卡片。）

Second, click "Play". The game allows you to flip 1 card.（单击"播放"。再次允许翻转1张卡片。）

Third, card can reveal $5 coupons or nothing.（卡片显示5美元的优惠券或什么都没有。）

Forth, campaign period: Feb. 26 00：00-Feb. 27 00：00 PT[①]（广告活动时间：2月26日00：00—2月27日00：00 PT。）

Tips: One person only can get a chance to play 3 times in total during the campaign period.（提示：活动期间，每人限玩3次。）

So comment now!（开始评论吧！）

There are some ours hot sale items~（这是我们的一些热销商品~）

再选择新上传的产品或者具有吸引力的产品，这样一个FEED频道上新帖就发布成功了。再次提醒：发布帖子是一项长期工作，既能够获得粉丝，还能够通过FEED频道实现粉丝变现。

---

① PT 即 Pacific Time，太平洋时间。

3. 无线端运营

店铺流量大部分来源于关键词搜索、平台活动、首页推荐流量等，所有的流量分为电脑端和无线端，一般情况下，无线端店铺流量占比70%左右，以后速卖通流量会越来越集中于无线端，所以无线端的运营尤为重要。

无线端需要运营的工作包含：

（1）单独制作无线端详情页。

（2）产品搭配活动。

（3）店铺互动活动。

（4）店铺拼团活动。

（5）店铺试用活动。

（6）店铺金币活动。

（7）单独制作无线端店铺装修。

（8）单独制作产品的场景图与白底图。

以上知识点与无线端运营息息相关。无线端运营是一个整体流程，包含无线端流量解读、流量特点、运营步骤等。

4. 速卖通的运营趋势

无论是店群模式还是无线端运营、粉丝营销、视觉营销、站外推广，都离不开产品的本质，当然这些也是速卖通后期必须掌握的运营知识。

以淘宝为例，2010年以前的淘宝，很多卖家也不重视这些知识，但是从2015年开始，大部分淘宝卖家在无线端、粉丝、视觉、站外淘客推广等方面发挥得淋漓尽致。如今的淘宝在各种网红带货、直播带货、人为控制订单等方面不断创新。速卖通与淘宝同属阿里系平台，日后的发展方向也会类似。

目前，速卖通相当于2010年前淘宝的运营水平，平台每次更新一个功能，一般卖家需要3~5年，甚至更长时间，才会重视。如果想要提升运营能力，那么需要紧随平台的发展。例如，2020年，速卖通开始开通直播功能，其实这也是速卖通未来的一种趋势。

当店铺产品稳定出单后，笔者建议各位卖家给自己设计一个每日工作安排，这样能够清楚地知道店铺每天需要做哪些操作。在平常运营店铺过程中，笔者喜欢给自己制订一个每日工作计划表，如表4-3-1所示。

表4-3-1 每日工作计划

时间/内容		基础工作	备注
9:00—9:10	信息回复	针对晚间买家的询单内容进行回复	每日必做
9:10—9:30	售后处理	买家发起售后、纠纷、退款订单处理	
9:30—9:40	评价管理	统计中差评内容，并有针对性地进行评价回复	
9:40—10:40	交易管理	晚间未付款订单，进行订单催付	
		已收货订单，回访及催好评	
10:00—10:05	库存把控	店铺主推产品库存核对，避免缺货	
营销推广			
10:05—10:30	橱窗推荐	检查是否有未使用的橱窗推荐位，避免遗漏	每日必做
	店铺活动	折扣、满减、优惠券等店铺活动检查，分析活动效果及查看活动有效期	
10:30—11:30	直通车	推广各项数据分析，查看计算推广账户整体ROI	两项付费推广内容，结合自身实际情况进行安排
		结合数据，优化主推广产品推广信息，选词、创意及出价调整	
		分析测款数据，筛选潜力产品转入重点推广	
10:30—11:50	联盟营销	查看联盟昨日成交情况，针对单品营销计划产品进行调整	
10:50—12:00	平台活动	关注固定频道活动或促销活动的招商信息，选择适合的活动进行报名	
13:00—14:00	FEED频道	日常帖子发布（上新帖、文章、买家秀）等	长期坚持的工作内容
		粉丝互动，针对帖子评价进行回复	
14:00—14:30	老客营销	根据店铺目前不同的营销活动，进行老客户召回和回访	
数据分析			
15:00—15:30	数据概览	某首页，各项数据同行业数据对比。清楚目前店铺哪些数据存在不足	每日必做
	数据追踪	观察店铺爆品pv、uv变化，及时做出调整	
	服务评价	关注每日服务分、DSR三项评分、好评率数据	
产品管理			
15:30—17:00	产品优化	滞销产品清理优化	结合产品实际情况
		数据下滑产品，对比不同数据指标，调整优化产品信息	
17:00—20:00	产品上新	制订下一期的产品上新计划，新款选品	上新需定期进行，每阶段的上新内容需持续进行制作
		上新产品信息制作，标题、主图、详情、定价、运费	
20:00—	工作总结	总结整日工作内容，回顾每项工作内容哪些还没做好，哪些方面还存在不足并且需要及时改善的	

备注：各项工作内容及时间点仅供参考，具体需结合店铺和自身实际情况合理安排。

由于本书篇幅有限，店铺后期运营知识点未能详细描述，但是希望所有卖家能够重视起来，也希望后续能给各位卖家带来详细的店铺后期运营知识。最后预祝各位卖家学习本书的运营知识后，能够让店铺经营水平得到一定的提升。